中国国际问题研究基金会

国际问题研究报告

STUDIES ON INTERNATIONAL ISSUES

2021—2022

主　　编：兰立俊

执行主编：沈国放

副 主 编：郭崇立

世界知识出版社

图书在版编目（CIP）数据

国际问题研究报告.2021—2022 / 兰立俊主编.—北京：世界知识
出版社，2023.7

ISBN 978-7-5012-6666-1

Ⅰ.①国… Ⅱ.①中… Ⅲ.①国际问题—研究报告—2021—2022
Ⅳ.①D815

中国国家版本馆CIP数据核字（2023）第124464号

书　名	国际问题研究报告 2021—2022 Guoji Wenti Yanjiu Baogao 2021–2022
主　编	兰立俊
执行主编	沈国放
副主编	郭崇立
责任编辑	张怿丹　蒋少荣
责任出版	赵　玥
责任校对	陈可望
封面设计	赵　玥
出版发行	世界知识出版社
地址邮编	北京市东城区干面胡同51号（100010）
网　址	www.ishizhi.cn
电　话	010-65265923（发行）　010-85119023（邮购）
经　销	新华书店
印　刷	北京虎彩文化传播有限公司
开本印张	710毫米×1000毫米　1/16　26⅝印张
字　数	380千字
版次印次	2023年7月第一版　2023年7月第一次印刷
标准书号	ISBN 978-7-5012-6666-1
定　价	86.00元

编者的话

《国际问题研究报告2021—2022》终于与读者见面了，令人欣慰！本书是中国国际问题研究基金会的重点年度出版物。此前，每年大都是在上半年出版发行。今年由于我们自身工作的不足和遇到的困难，此书出版延误至今。为此，编委会向广大读者，特别是向多年来关心、支持和喜爱此书的老读者表达深深的歉意。

尽管这本书错失了最佳出版时间，书中引用的少量数据、例证显得有点过时（本书所引数据截至2021年12月31日），然而我们认为，本书的知识、学术和参考价值并未因此降低。原因是：首先，书中的作者要么是毕生从事外交工作、实践经历丰富的资深外交官，要么是学术成果卓著的知名国际问题学者，他们在作品中所表达的思想和见解对理解当前国际关系及外交工作仍有可贵的参考价值。其次，面对国际大变局的深入发展，各界读者需要一本内容覆盖全球和地区形势暨中国对外关系的综合性著作，这本国际问题研究报告正是这样一本书。最后，作为一本出版多年、具有一定影响的年度出版物，其形式有点类似国际问题的编年史，其内容具有很强的连续性，对于公共文化机构诸如图书馆、文化馆等，需要保持藏书的完整性、系统性，此书也是不可或缺。衷心希望广大读者能够从阅读本书中受益。

编委会

2022年11月

编委会名单

主　编: 兰立俊
执行主编: 沈国放
副 主 编: 郭崇立

编委会(按姓氏笔画为序):

于振起	兰立俊	刘宝莱	关华兵
孙海潮	吴长胜	陈永龙	沈国放
姜跃春	郭崇立	舒　展	詹永新

前　言

　　辛丑年刚过，转眼已是壬寅年阳春三月。回首一年多来，世纪大变局加速演进，全世界疫情反复延宕，冷战阴影回潮，地缘政治冲突激化，世界经济复苏艰难，和平与发展遭遇"逆风"，全球治理面临严重困境，整个世界变乱交织，很不太平。同时，经济全球化出现逆流但仍是时代大潮，全球经济重心继续东移，新一轮科技革命和产业变革快速发展，世界经济的分化加剧国际经济格局的调整，国际主要力量加快重组，正在改变国际政治、安全、社会发展态势。

　　在世界大动荡大变革的重要拐点，中国始终站在历史前进的正确方向上，高举和平、发展、合作、共赢的旗帜，倡导全人类共同价值，坚持真正的多边主义，秉持共同、综合、合作、可持续的安全观，维护以《联合国宪章》宗旨为基础的国际关系基本准则，维护自由、公平、非歧视的多边贸易体制，加强团结合作，同舟共济、共克时艰，为推动构建人类命运共同体不懈努力。

　　拜登在美国国内政党、种族严重分裂中就任美国总统。美国从阿富汗仓皇撤军，战争虽结束，但难掩失败残局。美国回归特朗普退出的许多国际条约和组织，伊核协定谈判得以重启，但前景未卜。拜登政府力图恢复遭特朗普破坏的同盟关系，然而美与盟友深层矛盾依旧。拜登政府坚持对华错误战略判断和冷战思维，认定中国是美"首要战略竞争对手"，发布"北约"版新"印太战略"，强化"五眼联盟""四边机制"，建立"三方安全伙伴关系"，严重损害中美关系。美俄延长了《新削减进攻性战略武器条约》，双方高层也多次接触，但两国关系并未走出僵局，乌克兰危机更将美俄关系推向激烈对抗和破裂。拜登总统上任后力图拉近美欧关系，但美欧间一系列冲突事件使二者嫌隙扩大。乌克兰危机打破冷战后欧洲安全格局，促使欧美关系有所加强，但随之而来的能源、难民等危机致欧洲陷入困境，多重矛盾促使欧洲战略自主步伐不会止步。

中国周边形势总体稳定，但局部动荡加剧，各种挑战增多。阿富汗局势突变，阿富汗塔利班重新上台执政，阿国内局势总体可控，国际环境有待改善。朝鲜半岛局势基本平稳，未来存在变数。韩方为打破僵局，曾多方力促就朝鲜半岛终战宣言达成协议。朝鲜对美国也做好"对话和对抗两手准备"。2022年初韩保守派在大选中胜出，对外政策面临调整，影响半岛形势走向。与此同时，受美负面对华政策和日本国内思潮右摆影响，日对华关系出现后退。2021年是上海合作组织成立20周年，中俄关系持续巩固，形成相互依托，带动上合组织成员国合作加强，促进"一带一路"建设与各自国家发展战略对接，为促进区域和平发展作出贡献。拜登政府为围堵中国，加快"重返"东南亚的节奏。然而中国同东南亚国家友好合作关系根基深厚，美国拉拢有关国家对抗中国的图谋难以得逞。中国和东盟等国共同推动的《区域全面经济伙伴关系协定》（RCEP）已于2022年1月1日正式生效，对实现区域经济一体化具有里程碑意义。

中东地区局势呈现出变中有乱、乱中有治、总体可控的局面。地区疫情严重，经济复苏缓慢。热点地区问题有所降温，全面化解艰难。地区国家良性互动增强，随着伊核谈判的推进，美伊（朗）关系亦酝酿变化。美国从中东地区实行战略收缩，美国的中东外交处在转折关口，有关各国也将经历一个不确定时期。

非洲国家积极应对疫情，总体保持稳定，但受到较大冲击。百年变局和世纪疫情进一步叠加共振，深刻影响非洲大陆形势发展，不少国家后续发展不确定性突出，政治局势动荡面明显上升，反恐安全出现新趋势，经济发展陷入新困境。与此同时，非洲发展也迎来新机遇，大国对非外交呈现新态势，掀起国际对非合作热潮。尽管疫情发展不确定性同地区政治安全不稳定因素交织，但非洲发展潜力巨大的客观条件未变，未来可望重新恢复快速发展势头。

拉美地区形势呈现复杂多变、稳乱交织、孕育变革的发展态势。各国抗疫斗争接踵取得初步成效。多国在乱局和动荡中完成大选和政府换届，地区政治"左强右弱"趋势明显。地区外交和一体化取得进展。美国对拉美展开"柔性外交"，但干涉和控制的本质未变。地区经济总体形势好于预期，但复苏基础仍不牢固，未来形势发展不容乐观。

2021 年迎来中国共产党百年华诞。中国共产党百年奋斗重大成就和历史经验对外交工作具有重要指导意义。党的领导是中国外交的根本遵循、最大政治优势和开展中国特色大国外交的根基。人民至上是中国外交的力量源泉。胸怀天下是中国外交的初心。独立自主是中国外交的优秀传统。敢于斗争是中国外交的鲜明品格。在以习近平同志为核心的党中央领导下，中国外交高举构建人类命运共同体旗帜，讲好中国故事，服务民族复兴，推进和平发展，书写了中国特色大国外交新篇章。

元首外交发挥领航作用。习近平主席同90多个国家领导人和国际组织负责人通电话和致电函130余次，以视频形式出席重大外事活动40起，同各国领导人加强战略沟通，在全球范围内凝聚共识，谋划合作，为构建人类命运共同体描绘了宏伟蓝图，汇聚了强大合力。元首外交有力促进了大国关系的总体稳定，深化了与周边国家的睦邻友好，提升了同亚非拉发展中国家的互利合作，为中国构筑起更加全面、更为坚实的全球伙伴关系网络。

抗疫外交彰显国际担当。中国始终站在国际抗疫合作"第一方阵"，秉持疫苗公共产品"第一属性"，担当疫苗公平分配"第一梯队"，开展了新中国成立以来最大规模人道主义行动，最早支持疫苗研发知识产权豁免，率先同发展中国家开展合作生产，最先同世卫组织联合开展全球新冠病毒溯源合作，带头倡导反对"疫情政治化"和"病毒标签化"。中国已同19个国家合作生产疫苗，已向120多个国家和国际组织提供近20亿剂疫苗，成为对外提供疫苗最多的国家，以实际行动为全球抗疫贡献中国智慧和力量。

大国外交持续推进。2021年中俄隆重纪念《中俄睦邻友好合作条约》签署20周年，两国元首正式宣布条约延期，是新时代中俄全面战略协作伙伴关系深入发展的重大标志。一年多来，中俄元首多次会晤通话，保持密切战略沟通。2022年2月双方发表《中华人民共和国和俄罗斯联邦关于新时代国际关系和全球可持续发展的联合声明》，对重大国际问题阐明共同立场，"中俄力量"成为世界稳定的中流砥柱。2021年11月和2022年3月中美两国元首举行两次重要视频会晤，对处于困境、面临挑战的两国关系把舵定向。中美元首视频会晤是建设性的，双方同意采取实际行动，争取中美关系重返稳定发展的轨道,并为妥善解决乌克兰危机作出各自的努力。习近平主席希望美方不要继续向"台独"势力发出错误信号,防止对两国关系造成颠覆性影响;希望美方落实会晤达成的重要共识,改正对中方战略意图作出的误读误判;强调要管控好分歧、稳定发展的中美关系对双方有利。

中欧全面战略伙伴关系在挑战中取得新进展。2021年中欧关系开局不利,《中欧全面投资协定》被搁置,欧洲对华认知负面因素上升,涉台因素凸显。与此同时,中欧领导人保持密切沟通,为中欧关系大局稳定、向好发展提振信心。中欧关系仍有坚实而广泛的合作基础和共同利益,双方务实合作势头仍然强劲,在共同维护多边主义、致力于国际和地区秩序的稳定等方面有共识。中欧应直面彼此关切,加强沟通,明确底线,以合作亮点压过矛盾分歧,营造良好的政治氛围。

睦邻外交持续发展。其中,中国与东盟国家关系不断深化,高层密切互动,双方关系进一步提升。习近平主席以视频方式主持中国—东盟建立对话关系30周年纪念峰会,中国—东盟正式宣布建立全面战略伙伴关系。习近平主席强调,这是双方关系史上新的里程碑,将为地区和世界的和平稳定、繁荣发展注入新的动力。中国—东盟还就深化合作达成多项重要协议,凸显双边关系具有"高水平、全方位、宽领域"的特点。中国对阿富汗睦邻友好政策从未改变,两国合作前景广阔。

中国非洲关系取得丰硕成果。面对新冠肺炎疫情蔓延,中非双方守望相助,共克时艰。在中非合作论坛第八届部长级会议上,习近平主席提出"坚持团结抗疫、深化务实合作、推进绿色发展、维护公平正义"四点主张,扩大对非抗疫物资援助和民生项目合作,为非洲农产品输华建立"绿色通道",设立中非跨境人民币中心,支持非洲大陆自贸区建设和"非洲绿色长城"建设等，体现了中非双方共谋发展的强烈愿望，展现出中非合作的巨大潜力和广阔前景。

中国阿拉伯关系稳步发展。在高层往来指引下，双方政治互信不断加深，务实合作全面推进，创新合作动力强劲，人文交流亮点纷呈。王毅国务委员兼外交部长三访中东遍及八个阿拉伯国家，并实现中阿外长级接触全覆盖，为深化中阿战略伙伴关系注入新活力。

中国拉美关系稳中有进。克服疫情带来的困难和障碍，保持着稳中向好的积极趋势，呈现出政治关系的紧密性，经贸交流的强韧性，抗疫合作的创新性，工作机制的完备性和合作恢复的全面性等特点。疫情后，中拉关系将面临政策沟通契合、优先发展产业、深化金融合作、重视新兴科技、互为发展选择等新机遇。与此同时，需警惕来自第三方的干扰给中拉关系健康发展造成负面影响。

多边外交坚守公道正义。中国高举多边主义火炬，倡导全人类共同价值，坚定维护以联合国为核心的国际体系和以国际法为基础的国际秩序。积极参与全球气候、环境、卫生、数字治理体系建设，深入阐释人与自然生命共同体、地球生命共同体，为全球治理体系变革提出中国方案，注入中国力量。2021年是新中国恢复联合国合法席位50周年。50年来，中国参与全球治理的深度和广度显著拓展，在全球治理中的角色和地位发生了巨大变化，在全球治理中的身份经历了"适应者""参与者""引领者"的转变。百年变局与世纪疫情交织共振下，以联合国为核心的全球治理体系面临挑战，国际社会对联合国的需求也更加凸显。中国将坚定地立足于构建人类命运共同体的全球治理理念，推动全球治理体制向着更加公正合理方向发展。

《国际问题研究报告》作为中国国际问题研究基金会的品

牌学术专著，今年已是连续第十二年出版。基金会30多位资深外交官和著名专家学者为《报告》奉献了他们的经验、智慧和心血，弥足珍贵。此外，感谢基金会秘书长杨云龙，副秘书长马向兵和办公室主任李莉为本书的编辑出版工作付出的辛勤努力。每年的《报告》内容翻新，有不少新观点、新思路、新建议，始终不变的是"资政、育人、促学"的初衷。衷心期待广大读者能从书中有所收益。

中国国际问题研究基金会理事长

2022年3月

目　　录

第四章　欧美战略重点有别　政策歧见不降反升

第五章　美国强化"印太战略"　亚太形势稳中有忧

第六章　中东局势相对平稳　美国调整地区战略

第七章　非洲形势喜忧参半　拉美政情左强右弱

第八章　中国外交胸怀天下　为国为民勇毅前行

第九章　多边外交成果丰硕　中国担当彰显正道

第一章
疫情变局相互共振
世界经济深陷泥潭

疫情下世界经济复苏前景与
国际力量格局演进*

陈凤英

【内容提要】2021年全球经济呈现恢复性增长态势，但中长期潜在增长率将普遍放缓。新冠疫情正在改变国际经济社会发展态势，全球持续发展面临诸多瓶颈，公共卫生危机叠加世界经济衰退正演变为全球发展危机。全球经济的分化走势加剧了国际经济格局的调整，发展重心进一步向美国和中国倾斜，导致世界经济愈益离不开两国经济牵引。其他新兴经济体，特别是"金砖国家"，受冲击较大，尾部风险不断使其在世界经济的地位趋降，再次陷入"中等收入陷阱"难以自拔。

【关键词】世界经济；二十国集团；金砖国家；全球通胀；发展危机；国际经济格局

【作者简介】中国国际问题研究基金会世界经济研究中心执行主任，中国现代国际关系研究院研究员。

2021年，全球新冠疫情大流行态势不减，但世界经济复苏

---

* 本文所引用数据截至2021年12月31日。

依然持续，全球经济虽以"V"形反弹，但恢复到疫情前尚需时日。全球经济复苏进程分化，主要发达经济体曲折复苏，新兴市场和主要发展中经济体经济复苏面临复杂挑战，中美仍是世界经济主要引擎。公共卫生危机、世界经济衰退正演变成全球发展危机，联合国2030年可持续发展议程恐难按期实现，全球发展面临诸多瓶颈。

一、世界经济呈现恢复性增长态势

世界经济复苏势头尚可持续。2021年，全球经济整体复苏态势不错，但中长期潜在增长率将普遍放缓，尤其是新兴市场国家及发展中国家。据经合组织（Organization for Economic Co-operation and Development, OECD）最新预测，2022年全球经济在2021年反弹5.6%基础上增长4.5%，2023年将放缓至3.2%。这与国际货币基金组织（International Monetary Fund, IMF）的预测基本一致，IMF预测2023—2026年世界经济年均增速将放缓到3.3%。其中，发达国家和新兴市场国家及发展中国家经济增速将分别放缓到1.6%和4.4%，明显低于2003—2013年的年均增速。

（一）世界经济呈现分化发展趋势

此轮全球经济复苏与以往历次复苏路径不尽相同，由于新冠疫情在危机中起到重要作用，疫苗获取能力和政策支持力度差异等成为直接影响各国经济复苏进程的主要因素，发达国家在疫苗获取和财政政策方面均拥有较大优势。好消息是，全球所有地区和主要经济体均能维持复苏态势。据OECD预测，2022年，二十国集团经济（占世界经济80%以上）将增长4.7%，高于全球平均增速。这对世界经济持续复苏非常重要。尤其是二十国集团中的发达国家经济复苏势头普遍强劲。2022年，欧元区经济将增长4.3%，其中德、法、意将分别增长4.1%、4.2%和4.6%；美、日、英经济将分别增长3.7%、3.4%和4.7%。然而，二十国集团中的新兴市场国家的经济复苏势头普遍趋弱，"金砖国家"中的巴西、南非和俄罗斯经济增长将分别由2021年的5%、5.2%和4.3%放缓到2022年的1.4%、1.9%和2.7%。其中，到2023年，俄罗斯和南非经济增长将进一步滑落至1.3%和1.6%，下降趋势更加明显；即使是中国和印度，经济增长也将由2021年的8.1%和9.4%减缓到2022年的5.1%和8.1%。到2023年，印度经济增长将降到5.5%。其他新兴市场国家，如阿根廷、墨西哥和土耳其，2022年和2023年的经济增速将分别减缓到2.5%、2.3%、3.3%和2.5%、3.3%和3.9%。

（二）全球经济恢复到危机前水平尚需时日

虽然全球经济呈"V"形强劲反弹，但仍未能恢复到疫情前水平。据OECD估计，到2021年中，全球各国国内生产总值（Gross Domestic Product, GDP）仍比疫情前的预测低3.5%。IMF则估计，发达经济体的总产出将在2022年恢复至疫情前的趋势水平，2024年将超出疫情前趋势水平0.9%。然而，新兴市场国家与发展中经济体经济将遭受持续的产出损失，即使到2024年，其总产出仍将比疫情前的预测值低5.5%。结果是，新兴市场国家与发展中国家的居民生活水平出现更严重的倒退，全球南北贫富差距正在再次扩大，其直接原因是"疫苗鸿沟"和政策支持的巨大差异。根据IMF2021年10月的数据统计，发达经济体超过60%的人口已完成疫苗接种，且正在接种加强针，但低收入国家仍有约90%的人口未接种疫苗。此外，尽管新兴市场国家与发展中经济体的产出缺口更大，但融资环境趋紧。这些国家通胀预期风险增大，政府却以更快速度取消政策支持。IMF悲观预测，新冠病毒变异影响持久化，未来五年全球GDP可能比当前预测累计收缩5.3万亿美元。事实上，一些新兴市场国家，如土耳其、巴西、南非、阿根廷、墨西哥、俄罗斯等存在陷入"中等收入陷阱"的风险。随着美联储加速减债和升息周期的开启，尾部风险恐难避免。这从2021年底土耳其陷入经济金融危机可见一斑。这些新兴市场国家的发展空间被进一步收窄，本币会持续贬值，资本会加速外流，形势或将更加严峻。

（三）支撑全球经济复苏因素增多

新冠疫情下，全球正经历着一场不同寻常的经济复苏，危机和复苏均受疫情影响。短期内，即使新冠病毒毒株仍在变异，全球经济复苏依然能持续，支撑因素主要有：一是国际贸易和全球直接投资恢复增长，将激活国际市场和商业活动。贸易与投资是世界经济的两大引擎。世贸组织在最新报告中上调了2021年和2022年货物贸易增长的预测，分别调高至10.8%（前值为8.0%）和4.7%。IMF报告预测，2021年和2022年国际贸易将由2020年下跌8.2%的低谷分别恢复增长9.7%和6.7%，这一增速高于世界经济的增长。全球直接投资（FDI）继2020年下挫38%后，2020年下半年跨国公司已经开始恢复跨境并购活动，特别是受冲击严重的航空业、旅游业、能源公司等。新兴产业，如新能源汽车、数字经济相关的产业等开始加速布局跨境投资和跨境并购，由此推动全球FDI恢复增长。二是区域经济一体化高潮迭起。疫情中，区域经济一体化进程不仅不停，反而加快，正成为推动全球化的主要因素。新一轮区域经贸安排覆盖面广，涵盖跨边境与边境内两个领域，包括联合国《21世纪议程》中的所有内容，数字贸易、电子商务等新业态也在其中。尤其是，RCEP于2022年1月1日开始生效，将大大推进亚洲经济一体化进程，促进区域内贸易、投资、经济技术的发展，以及物流和人员交流，区域供应链和产业链将形成稳固的棘轮效应。这将极大地促进成员国、亚太地区乃至全球贸易和投资的发展，拉动区域和全球经济增长。同时，RCEP在一定程度上将起到地区政治关系紧张的缓冲器。三是全球制造业企稳回升，发达国家就业形势好转。从全球看，据中国物流与采购联合会发布的数据，全球制造业依然在缓慢复苏中，2021年10月全球制造业采购经理人指数（Purchasing Managers'Index, PMI）较上月回升0.1个百分点至55.7%。其中，亚洲、欧洲和美洲的制造业都在慢慢复苏，这种势头应能持续。随着疫苗的普及接种，酒店与休闲行业招聘激增，美欧等发达国家的劳动力市场正在持续改善。

二、全球持续发展面临诸多瓶颈

新冠疫情改变着国际经济社会发展态势，全球发展进入不确定和不稳定的高风险期，公共卫生危机、世界经济衰退正演变成全球发展危机。

（一）全球通胀压力上升，或将演变成滞胀风险

新冠肺炎疫情初期，由于需求与供给两端同时收缩，使全球市场陷入通缩风险，核心全国居民消费价格指数（Consumer

Price Index, CPI）全面下滑。近期，随着疫苗普及和防控常态化，全球市场猝不及防地由严重萎缩转为强劲反弹，而全球供应链远未恢复常态。各国生产，尤其是发达国家的生产远未恢复，叠加就业严重不足，导致供应中断，市场极度恐慌，且政府调控失灵，通胀迅速"爆表"。此外，全球流动性异常宽松，导致大宗商品价格上涨。加之，全球同步加速低碳转型，上游投资转向新能源，中游供应明显滞后，下游传统能源需求旺盛，供求关系严重失衡，全面推涨油气煤电等价格，同时带动大宗商品价格齐涨，给恐慌的市场情绪火上浇油。且新冠病毒加剧变异，经济增长明显放缓，使各国宏观政策进退维谷。最近，美联储不得不删除通胀"暂时性"词眼。鲍威尔只得承认，通胀可能会更持久，通胀和疫情是充分就业的两大威胁。美联储大幅高调2021年的通胀预期至5.3%，核心通胀（扣除食品和能源）的通胀率至4.4%。同时将经济增长预期放缓到2021年的5.5%和2022年的4%。

短期，在新冠肺炎疫情仍在蔓延的背景下，全球产业链、供应链很难恢复常态，全球通胀预期很难回落。如汽车芯片短缺导致汽车价格上涨，上游原材料价格上涨等，正导致企业生产成本上升。而劳动力市场人才紧缺，造成供应链人为中断。如美国集装箱堆积于码头，卡车司机短缺致使英国油气运输紧张甚至中断。员工短缺又迫使企业加薪，进一步加大通胀压力。一旦全球疫苗接种普及，劳动力市场恢复，发达国家复工复产，供应链产业链或将改善，大宗商品价格或企稳回落，通胀可能会逐渐退却，商品价格将回归常态。问题是，疫情前日欧经济已经陷入通缩陷阱，美国通胀也持续低迷。这正是美联储和欧洲央行面对通胀飙升仍迟迟下不了决心的主要考虑。

需要警惕的是，疫情后全球可能面临"滞胀"风险。如果将当前形势与20世纪70年代的滞胀做比较，两者具有相似的供给冲击和货币超发特征，中短期通胀压力不会马上消失。但不同之处是，本次面临的是由卫生危机引发的经济复苏周期，加大了对疫情防控下的经济复苏与通胀预期的判断难度。IMF发出"滞胀"警告，认为全球经济复苏失去动力，同时通胀风险正在上升，一些国家正在出现"滞胀"现象，如通胀率飙升同时经济增速下降，结果导致物价上涨超过经济增长。这将是世界经济持续发展的严峻挑战，国际社会必须高度关注。

（二）全球已债台高筑，各国又别无选择

事实上，疫情前全球债务已居高难下，是2008年金融危机后遗症，抗疫举债则雪上加霜。2008年金融危机过去10余年，但美欧等发达国家经济金融化、债务货币化问题一直未能得到解决，却愈演愈烈。据国际金融协会（Institute of International Finance, IIF）统计，2010—2019年，非金融私人部门的全球杠杆率由138%升到152%，企业杠杆率达到GDP的91%，创历史新高。新冠疫情暴发后，各国为抗疫、救人、救市、救经济，纷纷出台超宽松货币和财政政策，使全球流动性空前泛滥，加之经济大衰退，财政赤字暴增，所有国家的宏观债务率均出现飙升。据IIF统计，全球总债务（政府、家庭、企业和金融部门债务）于2021年中达到296万亿美元，再创历史新高，且呈体大、失衡、高风险特征。在疫情暴发后的一年半中，全球总债务增加36万亿美元，债务与GDP之比达到353%。另外，这次不同于金融危机后，当时政府加杠杆，企业去杠杆，而本轮危机以来企业债务成为推高全球债务的主力军。在超低利率刺激下，非金融企业加速加杠杆，全球企业债增至80万亿美元的历史高位，家庭负债规模也增至50万亿美元。据IIF统计，到

2021年3月底，发达国家的企业杠杆率达到101.6%，新兴经济体的企业杠杆率为100.4%，较疫情前增加约10个百分点。全球利率已经转向，高债务企业必将陷入债务危机，高债务国家或将出现债务违约。

（三）尾部风险掀起，新兴经济体存在再次陷入"中等收入陷阱"的风险

新兴市场国家与发展中国家正面临更加糟糕的债务危机和严峻的尾部风险。全球通胀压力上升，使各国央行开始考虑升息，高负债企业将陷入债务深渊而破产；美元汇率由弱转强，使资本加速撤离新兴市场国家，高债务国家不可避免会陷入偿债危机。事实上，尾部风险风暴已经刮起。一些新兴市场国家央行开始匆忙加息，以遏本币贬值和通胀飙升，自身融资条件恶化，借款成本增高。而一些发达国家央行，如美联储加速缩表进程，而后一两年内将加速加息进程。这将使全球融资环境收紧，融资成本上升，对债台高筑和金融脆弱的新兴市场国家与发展中国家，必然产生非常严重的冲击。2021年底土耳其正经历着经济金融危机，阿根廷早已在债务危机中挣扎；一些国家，如巴西、墨西哥、南非、俄罗斯、印度等存在再次陷入"中等收入陷阱"的风险，独自无力摆脱困境；一些新兴市场国家，如土耳其、俄罗斯、墨西哥等经济尚未摆脱危机，却无奈逆向加息，更激化本国债务利息兑付负担，反向触发更多资本撤离。实际上，全球资本早已在加速撤离除中国以外的新兴市场国家和发展中国家。IMF数据显示，2021年10月流入新兴市场国家股票和债券的资金已从2020年11月创纪录的1074亿美元，大幅降至249亿美元，且54.6%流入中国。IMF认为，当主要央行货币政策收紧时，对新兴市场国家产生不利的溢出

效应，特别是负债高、融资需求大的经济体影响十分严重。这一场"完美"的尾部风险正在向其他新兴市场国家和发展中国家蔓延，2022年对新兴市场国家和发展中国家将是一个严峻考验。

（四）大衰退加剧贫困化，全球面临发展危机

新冠疫情冲击最严重的是穷人和穷国，尤其是依靠国际贸易、国际旅游业、大宗商品出口、外资和外籍劳工的低收入国家，使数以亿计的民众陷入极端贫困。据IMF估计，因疫情冲击和防控造成的经济"停摆"，使2020年全球人均收入下降3.6%，超90%的国家人均收入萎缩，是自1870年以来人均收入下降经济体数量最多的一年，造成1亿人陷入极端贫困，其中56%在非洲地区。IMF估计，2021年虽然经济形势比危机最严重时有所改善，但与疫情前的情景相比，到2021年底陷入贫困的人口将再增加6500万—7500万人。IMF总裁克里斯塔利娜·格奥尔基耶娃（Kristalina Georgieva）极度担忧，认为新冠疫情加剧贫困和饥荒问题，导致8亿多人口营养不良。她强调，即使全球经济复苏步履不停，仍有太多国家正在遭受贫困、饥荒、疾病等煎熬。联合国悲观预测，到2030年全球尚有1.3亿人口处于极端贫困线以下。这对消除极端贫困和饥饿的全球努力将产生沉重打击，联合国2030年全球可持续发展议程消除贫困的目标恐难按时实现。

另外，新冠肺炎大流行与经济大衰退进一步拉大全球贫富差距。疫情下，由于各国央行超宽松放水，股市和房地产市场异常兴旺，全球财富，尤其是富人财富不减反增。据瑞士信贷（Credit Suisse）统计，2020年全球家庭财富总额达418.3万亿美元，同比增长7.4%。全球成年人的人均财富近8万美元，创

历史新高。其中，全球百万富翁(以美元计算)超过5600万人，比疫情前的2019年增521.1万人。全球最富有10%人群的财富占比上升0.9个百分点，全球最富有1%人群的财富占比上升1.1个百分点。处于全球财富底层的50%人群拥有的财富占比不足1%，全球最富有的10%人群拥有82%的财富，其中最富有的1%人群拥有近半即45%的财富。

至今，卫生危机、经济衰退正演变成一场影响深远的全球发展危机。一方面，大多数低收入发展中国家无力维持严格的防控措施，其大多数人口本身处于最低生活水平。另一方面，这些国家的政府管理能力弱，财力薄弱，工作效率低，基本国情不清，例如对贫困人口数量掌握不清，即使出台政策，也难惠及困难群体。同时，在疫情中，穷国又很难持续获得国际足够支持，疫情造成的永久性"创伤"将损害其长期发展前景，使过去数十年国际社会的减贫成果危在旦夕。国际机构对此非常担忧。世界银行估计，2020年极端贫困(按购买力平价计算，每天生活费不足1.90美元)扩大到占全球人口的9.1%—9.4%。这表明，一年疫情使全球贫困率倒退3年，至2017年的9.2%的水平。关键是，这些新穷人主要集中在贫困率本来就很高的国家，其中约82%的新穷人集中在中等收入国家，大量人口再次跌入极端贫困线之下。世界银行使用每天3.2美元和5.5美元生活水平的标准作为贫困线（衡量中低收入和中高收入国家的贫困线），结果发现，全球近四分之一的人口生活水平低于每天3.2美元，40%以上人口(近33亿人口)的生活水平低于每天5.5美元。世界银行认为，新冠肺炎疫情、地区冲突和气候变化三重叠加冲击，到2030年全球贫困率可能在7%左右，全球消除贫困的目标无法实现。IMF则预测，按人均计算，未来五年超过四分之一的新兴市场国家和发展中国家经济增长将低于发达国家，与发达国家的生活差距将进一步拉大，南北差距将因此再次扩大。

三、疫情推动国际力量格局演进

全球经济分化发展加剧国际经济格局调整，发展重心进一步向美国和中国倾斜，导致世界经济愈益离不开两国经济牵引。其他新兴经济体，尤其是"金砖国家"受冲击明显大于发达国家，尾部风险不断使他们在世界经济的地位趋降，有再次陷入"中等收入陷阱"的风险。事实上，今天的世界经济格局失衡前所未有，凸显两个"金字塔"叠加效应，从国家看，全球经济呈正"金字塔"架构，从规模看，全球经济呈倒"金字塔"架构，新冠肺炎疫情则加剧了上述架构。国际经济格局失衡与变迁，是当前全球经济治理难题层出不穷、国际经济关系错综复杂的主要原因。

（一）主要大国经济消长加剧全球力量格局演进

全球主要大国经济规模起伏加剧了全球力量格局演进。全球GDP规模1万亿美元以上的国家共16个，包括9个发达国家（美国、英国、法国、德国、日本、意大利、加拿大、西班牙和澳大利亚）和7个新兴大国（中国、俄罗斯、印度、巴西、韩国、墨西哥和印尼）。据IMF估计，2021年上述16国GDP总和达到72.87万亿美元，占世界经济比重高达76.76%。按GDP规模，16国可分成第一梯队——美国和中国；第二梯队——GDP规模在3万亿美元以上，有3个国家——日本、德国和英国；第三梯队——GDP规模在2万亿美元以上，有4个国家——

印度、法国、意大利和加拿大；第四梯队——GDP规模在1万亿美元以上，有7个国家——韩国、俄罗斯、巴西、澳大利亚、西班牙、墨西哥和印尼。从国家看，这是一个典型的正"金字塔"结构，顶层只有两个国家——美国和中国。但从GDP规模看，这又是一个倒"金字塔"结构，美中两国经济规模占16国经济总和的54.6%。关键是，第一梯队与第二梯队间经济规模悬殊，未来几乎无单一国家可逾越这一差距。从格局变迁看，在第一梯队，中国与美国经济规模差距越来越小，中国经济相当于美国经济的比重由2019年的67%上升到2021年的73.5%，到2025年中国经济将是美国的83%以上；在第二梯队，德国经济规模日益接近日本，由2019年比日本少12471亿美元降到2021年比日本少872.94亿美元。估计，用不了多久德国经济或接近甚至超过日本，成为世界第三大经济体。另外，2021年英国经济规模超3万亿美元，超越印度，由全球第六升到第五，从第三梯队跃升到第二梯队；在第三梯队，加拿大经济超过巴西，排名由第十升到第九位，从第四梯队跃升到第三梯队；在第四梯队，韩国经济超过俄罗斯和巴西，由第十二升到第十位，巴西则由第十位退至第十二位。澳大利亚经济超过西班牙，升一位到第十三位。16国经济规模变迁充分说明，新冠肺炎疫情对印度、巴西、俄罗斯等新兴经济体（中国除外）打击非常大，而对美国等发达国家的影响基本可控。事实上，疫情中的世界经济格局演进愈益向中美倾斜。疫情前，两国经济对世界经济增长的贡献率超过一半。疫情中，世界经济复苏依然由两国牵引。疫情后，中美经济前景依然将分别好于新兴市场国家和发达经济体。

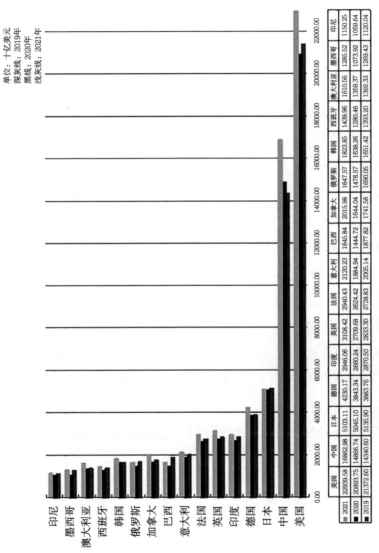

	美国	中国	日本	德国	印度	英国	法国	意大利	巴西	加拿大	俄罗斯	韩国	西班牙	澳大利亚	墨西哥	印尼
2021	22939.58	16862.98	5103.11	4230.17	2946.06	3108.42	2940.43	2120.23	1645.84	2015.98	1647.57	1823.85	1439.96	1610.56	1285.52	1150.25
2020	20893.75	14866.74	5045.10	3843.34	2660.24	2709.68	2624.42	1884.94	1444.72	1644.04	1478.57	1638.26	1280.46	1359.37	1073.92	1059.64
2019	21372.60	14340.60	5135.90	3883.76	2870.50	2833.30	2728.83	2005.14	1877.82	1741.58	1690.05	1651.42	1393.20	1392.33	1269.43	1120.04

单位：十亿美元
深灰线：2019年
黑灰线：2020年
浅灰线：2021年

图1　2019—2021年全球前16大经济体GDP规模变迁

资料来源：IMF《世界经济展望》数据库，2021年10月。

（二）中国超欧盟真正成为全球第二大经济体

迄今，在全球主要经济体中，只有中美两大经济体的经济发展基本恢复到疫情前水平。尤其是中国通过严控疫情、成功复工复产、科技创新与产业转型、深化改革开放等，成功实现转危为机，在世界经济中的地位和影响持续提升。2020年，中国经济增长2.3%，是全球主要大国中唯一实现正增长的。特别值得一提的是，2020年，中国GDP规模达到101.6万亿元人民币，折合成美元为14.8667万亿美元，增量达到5261亿美元，而同期世界经济则收缩2.419万亿美元（见图2）。其结果是，中国经济在世界经济的比重由2019年的16.4%升至17.5%。2021年中国经济增长8.1%，GDP规模达到1143670亿元，占世界经济的比重增到18.5%。IMF预测，2022年中国经济增速放缓到5.8%，GDP规模则增至18.463万亿美元，增量依然高达1.6万亿美元，超过排在全球第13位的西班牙的经济总量。据IMF预测，到2022年，中国经济总量将超过欧盟27国（见图2）的总和，名副其实地成为仅次于美国的全球第二大经济体。然而，据中国国家统计局数据，中国经济规模于2021年第三季度已经超过欧盟27国经济的总和。事实上，早在2018年，中国经济规模已经悄无声息地超过欧元区19个国家的总和（见图2）。

单位：按美元计算，十亿美元

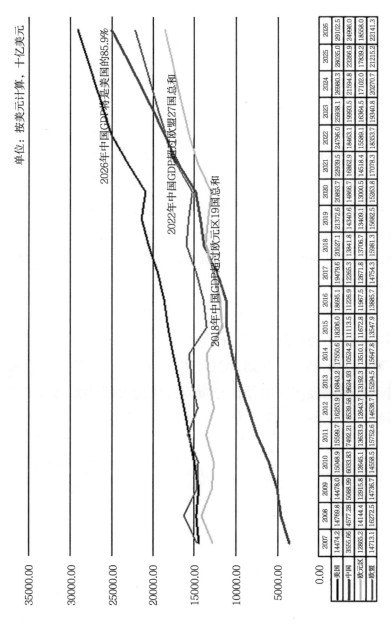

	2007	2008	2009	2010	2011	2012	2013	2014	2015	2016	2017	2018	2019	2020	2021	2022	2023	2024	2025	2026
美国	14474.2	14769.8	14478.0	15048.9	15599.7	16253.9	16843.2	17550.6	18206.0	18695.1	19479.6	20527.1	21372.6	20893.7	22939.5	24796.0	25938.1	26980.3	28035.0	29102.5
中国	3555.66	4577.28	5088.99	6033.83	7492.21	8539.58	9624.93	10524.2	11113.5	11226.9	12265.3	13841.8	14340.6	14866.7	16862.9	18463.1	19993.5	21594.8	23266.9	24996.0
欧元区	12865.2	14144.4	12915.8	12645.1	13633.9	12643.7	13192.3	13510.1	11672.8	11967.5	12671.8	13706.7	13409.1	13000.5	14518.4	15589.1	16864.5	17102.0	17839.2	18558.0
欧盟	14713.1	16272.5	14736.7	14558.5	15752.6	14638.7	15294.5	15647.8	13547.9	13885.7	14754.3	15981.3	15682.5	15263.8	17078.3	18353.7	19340.8	20270.7	21215.2	22141.3

2026年中国GDP将是美国的85.9%

2026年中国GDP将超过欧盟27国总和

2022年中国GDP超过欧元区19国总和

2018年中国GDP超过欧元区19国总和

图2 2007—2026年美国、中国、欧元区和欧盟预计经济规模变迁比较

资料来源：IMF《世界经济展望》数据库，2021年10月。

（三）美国经济前景好于其他发达经济体

据美国商务部统计，2020年美国经济全年衰退3.4%，跌幅小于预期，也小于欧日英等发达经济体。尤其是，美国经济在2020年的第三、第四季度就开始止跌反弹，分别增长33.4%和4%，经济规模虽然收缩了4789亿美元，降到20.8937万亿美元，但在世界经济的比重不降反增，由2019年的24.45%上升到24.6%。虽然IMF将2021年的美国经济增速下调一个百分点为6%，但还是高于发达国家5.2%的平均增长率，超过欧元区的5%和日本的2.4%。这一增速已经远远高于疫情前（2010—2019年）2.3%的年均增长率。据IMF估计，鉴于通胀率上升，2021年美国经济规模将达到22.9395万亿美元，一年增量超过2万亿美元。

综上所述，新冠肺炎疫情正在改变世界经济发展态势，而中美两国经济逆势强劲反弹，占世界经济总量的比重由疫情前（2019年）的40.85%上升到2021年的42.1%，使世界经济发展愈益离不开两国经济的引领，经贸或许成为国际关系紧张中不可多得的"再挂钩"和缓冲器。

第二章

美国加紧对华围堵
经济反弹趋向减缓

拜登政府第一年的外交

陶文钊

【内容提要】拜登就任一年，做到了前几任总统想做没有做的事情：从阿富汗撤军，结束了长达20年的战争。但撤军计划不周，组织混乱，形同逃逸。他也兑现了竞选承诺，回到了特朗普退出的许多国际条约和组织，如《巴黎协定》、世界卫生组织等。美伊讨论伊核协定履约的谈判得以重启，但美国和伊朗双方都提出了条件，2022年3月谈判终止，迄今谈判前景不明。拜登政府努力恢复遭特朗普破坏的同盟关系，在改善跨大西洋关系和美日、美韩关系方面都取得了进展。2021年拜登外交的重点是"印太战略"，包括强化美日印澳四边机制，建立美英澳三方同盟，注重对东南亚的外交。美俄延长了《新削减进攻性战略武器条约》，双方进行了多次接触，但关系仍未走出僵局。美国通过视频形式举办所谓的"民主峰会"如同一场闹剧，这种以意识形态划线的做法遭到国际舆论广泛批评。

【关键词】阿富汗战争；气候变化；同盟关系；印太战略；美俄关系

【作者简介】中国社会科学院荣誉学部委员，中国国际问题研究基金会高级研究员。

2021年2月4日，美国总统拜登在国务院发表讲话，宣称："美国回来了。外交重新成为我们外交政策的核心。我们将修复我们的联盟，再次与世界接触，不仅是为了迎接昨天的挑战，也是为了迎接今天和明天的挑战。"① 拜登表示他的外交将与特朗普的"美国优先"政策决裂，重新在国际社会展现"领导力"。一年过去了，他的外交既有对特朗普的继承，也有对前任的纠正。下面就一些重要问题进行简要梳理。

一、结束阿富汗战争

2021年7月8日，拜登总统在记者招待会上宣布，美军从阿富汗撤出的时间将从他先前宣布的9月11日提前到8月31日。他振振有词地为撤军决定辩护说："只有阿富汗人民有权利、有责任来决定他们的未来，以及如何来治理这个国家，而不应当在这场无法取胜的战争中再牺牲一代美国人。"② 话说得冠冕堂皇，实际意思是：阿富汗这个包袱美国背了20年，现在美国要甩包袱了。

20年，确实不是一个短时间，美国总统换了四位，上任了又卸任了，共和党、民主党轮替着来；各种战略和政策宣布了

---

① Joseph R. Biden, "Remarks on United States Foreign Policy at the Department of State," February 4, 2021. Online by Gerhard Peters and John T. Woolley, *The American Presidency Project*, https://www.presidency.ucsb.edu/node/347934.

② Joseph R. Biden, "Remarks on United States Military Operations in Afghanistan and an Exchange with Reporters," July 8, 2021, https://www.presidency.ucsb.edu/node/350746.

一大堆，战争还在继续，阿富汗人民的苦难和流血还在继续、还在加深。布什政府2001年10月发动阿富汗战争后，不出两个月就推翻了塔利班政权，胜利实在是来得太容易了。如果在这种时候，美国下力气训练阿富汗的安全部队、维护国家的稳定，加强民选政府、帮助这个政府逐步走上国家治理的正轨，并促使阿实行民族和解，那么往后的情况也许就不一样。但布什政府中的那帮"火神爷们"，尤其是副总统切尼、国防部长拉姆斯菲尔德、副防长沃尔夫威茨，他们念念不忘的是推翻伊拉克的萨达姆。他们对阿富汗战争本来就三心二意，在巩固胜利方面又掉以轻心，到2003年底只有6000名阿政府军接受了训练，又把塔利班排除在政治解决方案之外。2003年3月，他们绕开联合国安理会，打着"意愿联盟"（The Coalition of the Willing）的旗帜，发动了伊拉克战争，并把伊作为"反恐"的主战场。本该用于阿富汗的注意力和资源被转移到了伊拉克，这是布什政府的一个战略性错误。

奥巴马是反对伊拉克战争的，他在竞选中承诺上任后要在16个月之内从伊撤军。他兑现了这个承诺，但美军的撤离在伊拉克留下了巨大的实力真空，恐怖主义组织"伊斯兰国"伺机崛起，控制了伊拉克和叙利亚的大片国土，给中东人民带来了新的灾难。奥巴马于2009年3月提出了"阿富汗—巴基斯坦"反恐新战略，2011年5月1日海豹突击队猎杀了本·拉登后，奥巴马就正式宣布了从阿富汗撤军的计划，但计划基本是纸上谈兵。塔利班则从最初的挫败中恢复过来，重整旗鼓，逐渐扩大自己的势力。

特朗普的竞选承诺之一就是要结束阿富汗战争。美方与塔利班进行了接触，并于2020年2月29日在多哈与塔利班的代表达成了协议，美方承诺在协定宣布后14个月之内完全撤军，塔利班承诺不再让任何人利用阿富汗对美国及其盟国发动进攻，美方并表示与阿通过谈判成立的新政权保持积极关系。协议未及实行，特朗普自己走人了。这次谈判的重大缺陷是，阿富汗合法政府非但没有参加谈判，甚至没有在协议中被提及。这真是天下奇闻：美国自己扶植了这个政府，现在居然完全无视其存在，真是美国式的傲慢。

拜登政府上任后即表示要结束阿富汗战争。阿总统卡尼6月下旬访美，恳求拜登推迟撤军，或作出某种安排。但拜登决心已下，对卡尼说："阿富汗人将不得不决定自己的未来"[①]，美国是不能再为阿作牺牲了。确实，这20年，美国耗费了1万多亿美元，阵亡了2400多人，还有2万多人伤残。据称阿富汗4.7万多人丧生，至于难民就难以统计了！战争带来了多少的混乱和破坏！

拜登政府结束阿富汗战争只是做了前两位总统想做没有做成的事情。令人感到意外甚至吃惊的是，美军从阿撤军的计划十分草率，行动非常仓促。未撤侨先撤军，然后又派兵回去护侨；要撤侨却不清楚有多少美国人在阿富汗；从巴格拉姆空军基地撤走形同逃逸；更没有与盟国事先充分沟通。凡此种种均受到国内外的严厉批评。这是拜登执政第一年的一大败笔。

另外，撤军是以美国价值观改造阿富汗尝试的失败。小布什政府将输出民主作为美国外交的终极目的，要"在全世界结束专制"，还拟定了"推进自由议程"，将阿富汗战争定名为"持久自由行动"（Operation Enduring Freedom）。布什政府

---

① Joseph R. Biden, "Remarks on United States Military Operations in Afghanistan and an Exchange with Reporters," July 8, 2021, https://www.presidency.ucsb.edu/node/350746.

异想天开，拟订了宏伟的"大中东计划"，要在整个大中东地区，包括22个阿拉伯/伊斯兰国家，包括阿富汗，推行西式民主。难怪塔利班说，这是"一场针对伊斯兰文明的战争"。但是，民主不是可口可乐，全世界一个味。民主是某种文明、历史演进的产物，不同的文明有不同的民主，美式民主到了伊拉克、阿富汗遭遇水土不服是毫不奇怪的，结果美国自己跌入了这个"文明冲突"的陷阱。

拜登在2021年8月31日的讲话中说，美国从阿富汗撤军的决定"终结了以大规模的军事行动改变别的国家的时代"。[①]美国以20年的时间，付出了极其高昂的代价，如果真的学到了这个教训，还算是一个进步，但仍远远不够。在当今时代，以非军事的手段，政治的、经济的、意识形态的手段改变别的国家的做法同样是行不通的。

普遍的腐败是政府军丧失战斗力的重要原因。美国和欧洲都对阿富汗重建提供了巨额援助，但这些援助没有造福于阿人民，除了美国的军工集团养肥了一批贪腐的官员和上层人士，阿政府及军队从上到下形成了系统性的腐败。美国撤军后短短几个星期，以美式先进武器装备起来的30万安全部队，面对数万塔利班的进攻，竟毫无还手之力，兵败如山倒。一支腐败的军队是不会有战斗力的，阿安全部队早就丧失了战斗意志，他们的精神土崩瓦解了。

当前的阿富汗充满了不确定性。现在在阿富汗有十几个恐怖组织，塔利班虽然已经承诺，不再让阿富汗成为恐怖主义的

---

① Joseph R. Biden, "Remarks on the End of United States Military Operations in Afghanistan," August 31, 2021, https://www.presidency.ucsb.edu/node/352164.

藏身之地，但塔利班究竟会如何对待这些恐怖组织，能不能真正与它们进行切割，划清界限，是国际社会最关注的问题，也是塔利班新政权能否被国际社会接纳的最主要的指标。美军撤军后，阿富汗已经发生了多起恐怖袭击事件。时值冬天，阿富汗老百姓饥寒交迫，面临着人道主义危机，而美国非但没有帮助解决由它造成的危机，还对阿实行制裁，扣押着阿中央银行的近百亿美元，这不能不引起国际社会的强烈不满。

二、重返《巴黎协定》，回归国际组织

特朗普政府奉行"美国优先"的极端单边主义政策，退出了应对气候变化的《巴黎协定》、与伊朗的核协定，退出了世界卫生组织等多个国际组织及联合国下属机构。拜登在竞选时就表示，如果当选，美国将重返《巴黎协定》。入主白宫的第一天，2021年1月20日，拜登就正式宣布重新加入《巴黎协定》，并签署行政命令，向《联合国气候变化框架公约》秘书处正式递交重新加入的文书。

接着，拜登又相继签署了保护气候环境、重建科学机构、应对气候危机等一系列能源政策和环境政策的行政命令。拜登采取了所谓"全政府"气候变化应对战略，首次在白宫设置气候政策办公室，并提名前环保署署长麦卡锡担任国家气候顾问，统筹各个相关部门的协调配合。同时，拜登还任命了前国务卿克里为总统气候变化问题特使，开展气候外交，将其确定为美国外交政策和国家安全的基本要素。在国际上，拜登政府要重建美国的领导地位。克里先后到访欧洲多国、印度、孟加拉国、阿联酋、韩国，并两次访华，就应对气候变化及各方举

措协调立场，并为拜登力推的地球日气候峰会做准备。克里还在联合国安理会、达沃斯经济论坛、慕尼黑欧洲安全会议等多个国际场合就气候变化问题发声。

2021年4月22—23日，拜登邀请包括中国、俄罗斯在内的共40国领导人参加领导人气候峰会，拜登政府的所有内阁成员都出席了此次峰会。

2021年11月，拜登和美国前总统奥巴马一起参加了在英国格拉斯哥举行的联合国气候变化框架公约缔约方大会第二十六次会议（COP26），试图恢复美国在气变问题上的全球"领导地位"。拜登还试图让世界各国领导人相信，美国已经摆脱了特朗普的政策，在应对气候变化的斗争中美国是值得信赖的。拜登承诺到2030年美国的温室气体排放比2005年减少50%至52%，2050年实现百分之百的清洁能源经济和净零排放。11月1日，拜登在会上发表的讲话中，就特朗普政府退出《巴黎协定》的决定向各国领导人道歉。

拜登就职后，立即派出首席医疗顾问安东尼·福奇（Anthony Fauci）率领美国代表团，通过视频参加正在举行的世卫组织执委会会议。福奇2021年1月21日在世卫组织会议上表示，美国将恢复对世卫组织的资金和人员支持，并计划加入"新冠肺炎疫苗实施计划（COVAX）"，拜登政府"将停止削减借调到世卫组织的美方工作人员"，恢复与世卫组织的"定期接触"。

拜登政府还重返了联合国人权理事会。

2015年7月，安理会"五常"及德国在与伊朗进行了多年艰难谈判后达成了关于伊核问题的《全面联合行动计划》（即伊核问题全面协议）。根据协定，伊朗承诺限制其核计划，国际社会解除对伊朗的制裁。特朗普于2018年5月宣布退出伊核协定，但英、法、德仍坚持维护该协议。拜登政府表示愿意重回核协议，并与伊朗进行了接触。2021年4月至12月底，关于伊朗核协议进行了八轮会谈。美伊双方都提出了各自的条件，伊朗的条件是：一、美国和欧盟必须解冻伊朗被冻结的100亿美元资产；二、美国和欧盟解除2017年以来对伊朗实施的所有制裁，包括解禁伊朗的石油出口，解除对伊朗官员的制裁；三、美国必须保证守信协议，不再擅自违背协议内容。[①] 美方的条件是要把伊朗发展导弹也纳入协定之中，伊朗反对，称协定是多边谈判的结果，是不可修改的。同期，伊朗与国际原子能机构之间产生分歧。后者称该机构要在伊朗的一家工厂里安装监视摄像头遭到伊朗拒绝。

三、恢复和强化同盟关系

美国在全球的同盟体系是美国全球霸权的支柱。特朗普实行极端的"美国优先"，损害了美国的同盟体系。恢复和加强这个体系，成为拜登就任后面临的一个紧迫事项。

2021年3月，在美国国务卿布林肯、美国国家安全事务助理沙利文与中共中央政治局委员、中央外事工作委员会办公室主任杨洁篪，国务委员兼外交部长王毅进行战略对话（安克雷奇）之前，布林肯与美国防部长奥斯汀访问东亚，分别与韩国和日本举行了2+2对话。对话的矛头明确地指向中国。美日联合声明诬蔑"中国的行为不符合现有的国际秩序，给同盟和国

---

① 《伊核会谈在即》，2021年11月23日，https://www.163.com/dy/article/GPH4L9TC0534QA9L.html。

际社会带来了政治、经济、军事和技术方面的挑战"。[①]

2021年4月，日本首相菅义伟访问美国，成为拜登总统在白宫接待的第一位外国领导人。中国议题仍然是"拜菅会"的重要内容。双方的联合声明确认了2+2对话的内容，盛赞美日同盟已经成为"印太地区和全球和平与安全的一个基石"，双方承诺打造一个自由和开放的印太地区，反对任何单方面改变日本对钓鱼岛等岛屿施政的现状，"反对任何单方面改变东海现状的努力"，"重申反对中国在南中国海非法的海洋诉求与行为"。声明还公然干涉中国内政，别有用心地提到了新疆、香港、台湾等中国内政问题，"重申海峡两岸和平与稳定的重要性，鼓励和平解决两岸的问题"。[②] 中国政府外交部发言人严厉批驳美日联合声明粗暴干涉中国内政，严重违反国际关系基本准则，并通过外交渠道向美、日表明了严正立场。

拜登政府为修复遭特朗普破坏的跨大西洋关系花费了巨大精力。2021年6月9日，拜登开启了为期八天的访欧之旅，这是拜登就任后的首次出访。此行第一站是英国。在美国外交中，盎格鲁-撒克逊关系是核心，而美英特殊关系是核心中的核心。在特朗普任内，美英关系搞得别别扭扭。拜登有意加强与英国的传统关系。拜登与约翰逊进行了会晤，双方还发表了新的《大西洋宪章》。这自然让人联想到1941年8月罗斯福与丘吉尔在纽芬兰的一艘军舰上签署的历史性文件《大西洋宪章》。但那是美英领导人面对法西斯侵略，同仇敌忾，协调战

---

① 朱海燕：《日美同盟的新特点与新趋向》，《现代国际关系》2021年第7期，第19页。

② Joseph R. Biden, "U.S.- Japan Joint Leaders' Statement: 'U.S.-Japan Global Partnership for a New Era'," April 16, 2021, https://www.presidency. ucsb.edu/node/349582.

略的檄文，是奠定同盟国基础的一份重要的历史文献。现在的《大西洋宪章》就大不一样了，国际社会也没有把它太当一回事。

接着，拜登出席了七国集团峰会。2021年6月11日至13日，峰会在英国的康沃尔郡海滨度假小村卡比斯贝举行，由英国首相约翰逊主持。除七国领导人外，澳大利亚、韩国、印度和南非领导人应邀参加此次峰会。自2008年金融危机以后，二十国峰会成为处理全球金融经济问题的主要平台，七国峰会的景象就大不如前了。6月13日，七国峰会发表了一份联合公报，涉及从抗击疫情到全球经济、税收、贸易等一系列问题。峰会之前，七国在6月5日发表声明称，将支持将全球最低企业税率设为15%，并将在改革国际税收规则、取消数字服务税等领域进行协调。这算是当年的一个实际成果。

2021年6月14日，拜登去布鲁塞尔出席了北约峰会。拜登在会上会下反复传递一个信息是：美国"回来"了，但凡有机会，他总把"回来"挂在嘴边。如何应对中国、俄罗斯的"挑战"是此次北约峰会的一个重要议题。会议公报中前所未有地提到中国，妄称中国"对以规则为基础的国际秩序及对与联盟安全相关的地区提出了系统性的挑战"，同时又表示，只要可能，北约将继续与中国进行建设性对话，欢迎与中国一起应对如气候变化这样的共同挑战。①

这八天里，拜登有多次机会与欧洲国家领导人反复见面，举行了多次双边和多边的会谈，体现了他对跨大西洋传统关系的重视，算是把被特朗普破坏的关系基本修复了。拜登访欧的

---

① NATO, "Brussels Summit Communique," June 14, 2021, https://www.nato.int/cps/en/natohq/news_185000.htm.

最后一站是与俄罗斯领导人普京的会晤。

2021年10月，拜登再次出访欧洲，去意大利出席二十国集团峰会，并在英国格拉斯哥出席了气候峰会。

四、实施"印太战略"

拜登政府继承了特朗普政府提出的"印太战略"，2021年在三方面发力：打造四边机制，建立美英澳三方同盟，拉拢东南亚。

美日印澳四边机制(Quad)是这个战略的主要抓手。2021年1月27日拜登与菅义伟通话，2月3日与澳大利亚总理莫里森通话，2月8日与印度总理莫迪通话，都谈及四国峰会事宜。2月18日，布林肯与澳大利亚外长佩恩、印度外长苏杰生和日本外务大臣茂木敏充举行闭门视频会谈，重启了"四边安全对话"。3月12日，美方发起举行了美、日、印、澳四边线上首脑会议，就应对新冠肺炎疫情、气候变化和把控关键的高新技术用于建设"自由、开放、包容、有韧性的印太地区"进行了讨论。[1] 四边机制成立的背景是应对中国崛起、围堵中国，但峰会却不敢亮明这一点，主要原因是印度与其他国家的态度有差距。四边机制中的关键是印度。印度一直自诩为世界大国，奉行独立自主的外交政策，不愿跟在其他国家后面充当"小兄弟"，同时也不愿为了对美关系而过分得罪中国、俄罗斯和伊朗，它有自己的国家利益。

---

[1]　Joseph R. Biden, "Fact Sheet: Quad Summit," March 12, 2021, https://www.presidency.ucsb.edu/node/348708.

　　拜登政府显然也知道发展对印度关系的局限性，于是又别开生面，搞了美英澳同盟关系（AUKUS）。美国远不是对所有盟国都一视同仁的，同盟体系的核心是盎格鲁-撒克逊关系，即美、英、澳、新西兰、加拿大五眼联盟。在此基础上拜登政府策划了美英澳同盟，2022年9月15日，三国宣布签署了三方防务与安全协议。协议规定，考虑到澳大利亚的安全关切，美、英将帮助澳大利亚建造8艘核潜艇，以取代澳大利亚海军过时的12艘柴电潜艇；三方将在网络能力、人工智能、量子技术和其他水下能力方面进行合作，美英将帮助澳获得新的空军、海军和陆军的远距离打击能力。这一同盟对美国来说具有几方面的意义。第一，它加强了澳大利亚这个南太平洋"安全之锚"的作用；第二，它把英国引入"印太地区"；第三，三方同盟似乎可以在一定程度上弥补印度不愿过于亲近美国、东盟，不愿在中美之间选边站的欠缺。

　　美国的算计可谓高明，但因此带来很大问题：澳大利亚取消了2016年与法国订立的8艘常规潜艇的合同。澳大利亚为了美国的利益而放弃购买法国潜艇的600亿欧元的合同，在法国引得群情激愤。2021年10月29日，拜登在出席二十国峰会期间在美国驻意大利大使馆会晤马克龙，公开向他道歉，表示没有比法国更好的盟友了，美澳签署潜艇协议时"很笨拙"。双方还发表了联合声明，拜登表示美国欢迎法国和欧盟作为"印太地区"的持久伙伴发挥作用。① 话都说得很好听，但两国关系中的挫折感不会通过发表一个声明就消失了。

---

　　① Joseph R. Biden, "Joint Statement by President Biden and President Emmanuel Macron of France," October 29, 2021. Online by Gerhard Peters and John T. Woolley, *The American Presidency Project*, https://www.presidency.ucsb.edu/node/353127.

国际社会对美英澳进行制造核潜艇的合作可能导致核扩散表示了极大的关切。2021年11月26日，国际原子能机构该月理事会首次专门讨论了"美英澳核潜艇合作所涉核材料转让及其保障监督等影响《不扩散核武器条约》（NPT）各方面的问题"。中俄两国均表示，美英澳三国合作加剧地区紧张局势，推升军备竞赛风险，如三国核潜艇合作继续推进，澳将获得成吨的武器级核材料，这将严重冲击国际核不扩散体系，将对《新削减战略武器条约》、无核武器区建设造成严重消极影响。[①] 一些东盟国家，如印尼、马来西亚、菲律宾以及巴基斯坦等都表示了对三国核潜艇合作的担心。

为了实施"印太战略"，拜登政府对东南亚表现出了特别的关注。副国务卿舍曼2021年5月和6月访问印尼、柬埔寨和泰国，国防部长奥斯汀7月下旬访问了新加坡、越南、菲律宾三国。布林肯先是访问印度，8月上旬又分别参加了东盟系列会议。8月下旬，副总统哈里斯访问了新加坡、越南。拜登政府集中对东南亚发力，除了一般性地加强双边关系外，还有两个重要的目的：一是在东南亚进一步落实"印太战略"，二是企图搅局南海。

拜登政府在东南亚寻求更多的轮驻基地，强化在地区的前沿存在。奥斯汀到访的重点无疑是修复与菲律宾的关系。菲律宾虽是美国的盟国，但在杜特尔特任内，美菲关系的常态是摩擦多于合作。然而，菲律宾对美国毕竟是极其重要的。1998年订立的美菲《访问部队协议》如果被终止，双方2014年达成的《加强防务合作协议》根本无从谈起，菲美军事同盟也就形同

---

① 《中俄共同抨击美英澳核潜艇合作》，《光明日报》2021年11月29日，第12版。

虚设了。这次奥斯汀总算没有白跑，杜特尔特撤销了终止《访问部队协议》的决定。奥斯汀在记者会上对菲方表示"感谢"，称"由于这一协定，美国国防部每年可以与菲律宾军队进行300多项双边交往"。

美国的另一目的是重新在南海搅起风波。近年来，中国与地区国家积极稳妥地推进"南海行为准则"谈判，并取得一定进展，南海的稳定大致得到维护。但美国仍滥用所谓"航行与飞越自由原则"频繁派遣舰机到南海地区活动，并且怂恿欧洲盟国到南海搅局，举行军事演习。布林肯又就菲律宾仲裁案"判决"出台五周年发声，在2021年8月5日东亚峰会外长会议上重申美国拒绝中国关于南海的主张。

但美国拉拢东南亚国家、围堵中国的图谋难以得逞。首先，东盟国家集体奉行"东盟中心地位"原则，美国难以把东盟融入"印太战略"。其次，中国与东盟建立对话关系30年来，在政治安全、经济贸易和人文交流等三方面结出了丰硕成果，双方的相互依赖越来越深，东盟已经成为中国最大的贸易伙伴，双方关系不是美国用"中国威胁论"所能动摇的。新加坡总理李显龙近年多次表示，东南亚不会在中美之间选边。2021年8月3日，在美国阿斯彭研究所的安全论坛上，他再次强烈呼吁中美双方理性看待对方，恢复接触和交流，避免一场对双方和世界都是灾难的冲突。美方理应考虑东盟的呼声。

2021年12月中旬，美国国务卿布林肯又计划到访印尼、马来西亚、泰国。他是继美国商务部部长雷蒙多、东亚和太平洋事务助理国务卿康达之后，一个月中来访东南亚的第三位美国高官。布林肯还在印尼发表了"关于自由和开放的印太地区"

的讲话，渲染"中国威胁"。① 12月15日，布林肯结束对印尼的访问后来到马来西亚，因其随行人员中有人核酸检测呈阳性，提前结束访问，未去泰国。

五、对俄关系未走出僵局

2010年美俄达成了《新削减战略武器条约》，并于2011年2月5日正式生效，有效期10年，也就是说，到2021年2月5日，条约就到期了。拜登上任后，双方就此问题进行接触，并同意不附加任何条件延长该条约5年，即到2026年。这对国际军控、对维护全球战略平衡都是重要的。但除此之外，2021年的美俄关系实在乏善可陈。

2021年6月16日，拜登在日内瓦与普京举行会晤。在此之前，美俄首脑通了三次电话，就两国共同关心的问题交换意见。此次会晤真正解决的问题只有一项，双方同意各自大使返回任所。安东诺夫于6月20日返回了华盛顿任所，约翰·沙利文也于24日返回了莫斯科任所。

美俄之间的一个棘手问题是北溪-2号。拜登欧洲之行前，美国为了取悦欧洲盟国，尤其是德国，减轻了对北溪-2号的相关制裁。但拜登政府的目标依然是"确保管道不会投入使用"。果不其然，布林肯于2021年11月22日宣布，对参与北溪-2号管道建设的一家与俄罗斯有关的公司及两艘作业船实施新的

① "Secretary Blinken's Remarks on a Free and Open Indo-Pacific," December 14, 2021, https://www.pacom.mil/Media/News/News-Article-View/Article/2873340/secretary-blinkens-remarks-on-a-free-and-open-indo-pacific/.

限制措施。德国的态度也发生改变，其能源监管机构于11月16日紧急暂停批准批准北溪−2号项目的许可证，遭到俄罗斯坚决反对。

俄乌关系长期僵持，顿巴斯地区仍然处于战火和动荡之中，这是美俄关系中的一个突出问题。美方在多个场合重申，"美国一如既往支持乌克兰的主权和领土完整，以对抗俄罗斯在顿巴斯和克里米亚的侵略"，[①]并对乌克兰增加军事援助，去年的援助金额为4亿美元，今年将增加到4.6亿美元，包括军火和两艘巡逻艇。2021年12月7日，美俄首脑举行视频会晤。双方讨论了方方面面的问题，但重点是乌克兰问题，双方立场依然尖锐分歧。会晤后，俄方一再表示不接受北约继续东扩，美方应向俄方提供"有法律约束力"的安全保证，并向美方提出了具体建议。12月15日，美总统国家安全事务助理杰克·沙利文与俄总统外事助理尤里·乌沙科夫举行了电话交谈，双方同意寻求通过外交手段解决乌克兰问题，同意继续就此进行对话。12月23日普京在年终记者招待会上明确表示，绝对不会接受北约继续东扩。

六、强调意识形态，推行价值观外交

拜登政府虽然口口声声表示不搞新冷战，但十分重视外交

---

① The White House, "Readout of President Joseph Biden, Jr. Call with President Vologymyr Zelenskyy of Ukraine," April 2, 2021, https://www.whitehouse.gov/briefing-room/statements-releases/2021/04/02/readout-of-president-joseph-r-biden-jr-call-with-president-volodymyr-zelenskyy-of-ukraine/.

中的意识形态，重视推广美国的价值观。在对俄外交中，美国将持不同政见者纳瓦利内的个案置于突出地位。在对华关系中，美方一再拿新疆、香港的人权状况做文章打压中国。

更有甚者，拜登政府还以意识形态划线，于2021年12月9日、10日在线上主办了所谓"民主峰会"，受到国际舆论的广泛批评。舆论指出，美国精挑细选，邀请了100多个国家和地区参加会议，中国和俄罗斯被排除在外，与中、俄关系密切的一些国家也未受邀请。显然，这次会议与民主本身没有什么关系，而是出于政治和意识形态的目的，是为了美国的地缘战略和经济利益。美国的做法正在破坏基于国际法、以联合国为核心的国际关系体系，企图搞"唯我独尊"，分裂世界，是典型的冷战思维。冷战结束后，美国向海外输出民主，造成一些地区和国家动乱不止，无数难民流离失所，所作所为与民主、自由背道而驰。美国国内近年来两党恶斗，政治、经济、族群深度分裂，"民主倒退"，有的美国学者批评说，拜登政府应该多花精力搞好国内的事情，而不是去对各国的事情指手画脚。

美国在所谓的"民主峰会"上高调宣布一项"总统民主复兴倡议"，表示将在未来一年投入4.244亿美元用于"对外援助"，在其他国家"支持媒体自由、打击国际腐败、支持民主改革者、推进促进民主的科技、捍卫公平选举"。布林肯还宣布，将设立名为"全球反腐败协调员"的新岗位，以及一个鼓励告密行为的"反贪腐基金"，鼓励那些"能够提供有关腐败的外国领导人在美国藏钱线索的人"。使美国能够打击海外洗钱和非法金融活动，同时加大对国内逃税者的执法力度。据财政部称，光是2020年，这些人就让财政部损失了6000亿美元的收入。原来，设立这个新岗位，一方面美国是要为其长臂管辖增添工具，另一方面也是要为其国库补血，真可谓一举两得！

　　两天的虚拟会议没有通过什么文件，与会者各说各话，会议匆匆收场，但拜登总算是又履行了一项竞选承诺。

美国经济增速减缓

周世俭

【内容提要】2021年第三季度，美国经济增长明显放缓。其原因一方面是德尔塔毒株袭来导致新冠肺炎疫情再次失控，加之供应链危机，严重拖累经济复苏步伐；另一方面也与特朗普执政期间种种政策失误造成的"烂摊子"紧密相关。此外，特朗普、拜登两届政府大搞赤字财政，致使美国爆发了30年来最严重的通货膨胀，迫使美联储提前开启温和缩表。展望未来，拜登政府出台大规模基建计划或将对美经济复苏有一定提振作用，但居高不下的债务负担仍是威胁美国经济正常运转的最大隐患。
【关键词】美国；经济增速放缓；供应链危机；美债危机

【作者简介】清华大学中美关系研究中心高级研究员。

2020年新冠肺炎疫情严重失控，致使美国经济受到重挫，出现了战后最严重的经济衰退，GDP下降了3.5%。2021年美国经济开始恢复性增长，一季度GDP增长6.3%，二季度增长6.7%，三季度仅增长2.3%，四季度GDP增长6.9%。2021年10月12日，国际货币基金组织下调了对美国经济增长的预测，从

7月27日预测的2021年GDP增长7.0%下调为6.0%。最终按照IMF的统计，美国2021年经济增速为5.7%。

一、疫情失控和特朗普留下的"后遗症"是经济放缓的主因

拜登政府上台头半年，由于采取了一系列比较严格的防疫措施，如强制规定公共场合佩戴口罩，强力推行注射疫苗等，收到了一些效果。到2021年6月15日，新冠肺炎累计患病人数3348万，累计死亡人数60万。但是到了夏季，由于德尔塔变异毒株，再加上两党恶斗，注射疫苗和佩戴口罩政治化加剧，致使新冠肺炎疫情迅速恶化。到了11月24日，累计患病人数达4809万，达国民总数七分之一，患病死亡人数达77.5万。由于疫情严重，大批职工为了自身安全主动辞职。根据美国劳工部的数字显示，8月，美国劳工辞职人数430万，9月增加到440万。8月至9月连续两个月辞职人数刷新了有统计以来的最高人数。辞职人数最多的行业是食品业和酒店业，其次是零售服务业。其他辞职的重灾区还包括娱乐、艺术、休闲以及教育和卫生服务行业。这些行业具有感染风险高、收入低等特点。疫情恶化严重地影响了第三产业，打击了消费和经济，致使美国2021年第三季度GDP增长率从第二季度的6.7%下降到2.3%。

当然，美国经济放缓的主要原因除了德尔塔变异毒株导致疫情加剧之外，也与特朗普执政期间政策不力，留下各种经济隐患紧密相关。首先，特朗普政府严重失职，造成新冠肺炎疫情在美严重失控。美国总人口3.3亿，占世界总人数的4.3%。到2021年1月20日，美国新冠肺炎患病人数高达2443万，占

全世界新冠肺炎总数9496万的25.7%，超过了四分之一；因病死亡人数40.6万，占全世界因病死亡总数205万的19.8%，将近五分之一。美国是世界头号强国，医疗资源最为丰富，竟然成为新冠肺炎疫情最深重的国家。新冠肺炎患病人数激增，致使大批工厂停产停工，特别是第三产业受到严重打击，致使美国经济出现了战后最严重的衰退。

其次，特朗普为了连任急功近利，强压美联储降低美元存款利息与扩大资产负债表。从2019年7月31日到2020年3月5日，美联储连续五次降息。美元存款利息从2.25%—2.50%降到0—0.25%。美联储从2019年10月30日起，每个月购买600亿美元的短期国债，到2020年6月开始每月购买1200亿美元的国债和抵押贷款支持证券（Mortgage-Backed Security, MBS）。数据表明，美联储的资产负债表已从2020年1月6日的4.15万亿美元扩大到2020年底的7.41万亿美元。由于美联储超印美元，财政部滥发国债，造成市场上货币超量流通。超量的货币除了刺激股市暴涨以外，还有一个严重的副作用，即为2021年美国爆发的通货膨胀准备了货币条件。

再次，特朗普大搞赤字财政，给美国经济造成巨大压力。特朗普入主白宫后急功近利，根本不考虑经济的可持续发展。联邦政府的财政赤字急剧增加。在特朗普任期四年时间里，美国财政赤字累计高达5.56万亿美元。2020财年财政赤字高达3.13万亿美元，占GDP之比高达15.2%。由此造成美国国债急剧增加，2017年1月19日，美国债为19.97万亿美元，到2021年1月19日，美国债已达到27.81万亿美元。特朗普四年任期下来，共计举债7.84万亿美元，创下最高纪录。国债大幅度增加导致联邦政府偿债负担明显加重，也给美国经济的平稳运行带来了严重干扰。据美国专家估算，2021财年美需支付的国债利息将达4380亿美元。

最后，特朗普发动贸易战拖累了经济发展，促进了通货膨胀。特朗普为了减少贸易逆差多次发动贸易战，给大量进口产品加增高额进口关税。进口关税是由美国进口商、销售商、生产企业和广大的消费者来负担的。例如，2018年3月，特朗普对全部进口钢材和铝制品加增高关税，涉及了3592万吨钢材，金额690亿美元，造成钢铁制成品价格猛涨，整个美国制造业成本上升。特朗普几乎对全部从中国进口的产品加增25%的关税。而中国对美国出口产品有三分之二是日用消费品，据统计，中美贸易战致使美国家庭一年增加1030美元的消费开支。2020年9月中旬，美国有3600多家大中企业就政府对超过3000亿美元的中国商品加增高关税，在纽约的联邦国际贸易法院起诉特朗普政府违法，要求退还所加的关税及相应的利息。

二、赤字财政和供应链危机是致美通胀严重的重要背景

（一）大规模财政刺激政策是导致美通胀高企的首要原因

拜登政府上台后继续大搞赤字财政刺激经济发展。统计显示到2021年9月30日为止的2021财年财政赤字高达2.77万亿美元，占GDP之比为12.4%；仅次于2020财年赤字3.13万亿美元，占GDP之比为15.2%。这两个财年的赤字均大大高于百年一遇的金融危机中2009财年财政赤字1.41万亿美元，占当年GDP之比为9.9%。据美国国会预算办公室预测，2022财年的财政赤字将下降到1.15万亿美元，而且超过万亿美元的预算赤字将持续到2031财年。

为了应对疫情，美国政府对遭遇特殊困难的行业和企业，如航空运输业等给予大量补贴，对失业者发放失业救济金，对低收入阶层发放补助金。2020年3月第一轮纾困法案金额为2.2万亿美元，2020年12月第二轮纾困法案金额为0.9万亿美元，2021年3月第三轮纾困法案金额为1.9万亿美元，三轮纾困法案总金额为5万亿美元。这么巨大的纾困金额从何而来？只有靠加印美钞和滥发国债。

按照经济学的原理，一个国家滥印钞票的结果会造成通货膨胀。美国的通胀之所以来得迟是因为沾了美元是国际货币的光。2021年的春季，美国的通胀终于爆发了。一般来讲，发达国家的通胀率应该维持在两个百分点以下。但2021年3月通胀率为2.6%，4月上升为4.2%，从5月开始进入了5个点的时期：5月5.0%，6月、7月均为5.4%，8月5.3%，9月5.4%，10月竟然达到了6.2%，是1990年11月份以来的最高值。能源和食品价格上涨是通货膨胀的主要因素，低收入阶层对此苦不堪言。

众所周知，减少货币发行量和较大幅度提高银行存款利息，将货币从市场上回笼到银行是治理通货膨胀的良方。20世纪70年代末80年代初美国爆发了两位数的高通胀，当时美联储主席沃尔克就是采取了大幅度加息的方法，迅速平息了通货膨胀。但是，当前的新冠疫情还很严重，经济尚处于恢复性增长阶段，如果采取较大幅度加息的方法，将导致经济下滑，甚至出现衰退。所以，美联储决定将提高银行存款利息安排在2022年下半年。当前只能采取提前开启温和缩表。11月4日美联储决定每月缩减1200亿美元债券的购买规模，幅度为每月减少150亿美元，其中100亿美元为美国国债，另外50亿美元为抵押贷款支持证券。并于2021年11月开始执行，2022年6月底完全结束缩表进程。摩根士丹利首席经济学家认为2022年6月底缩表结束时美联储的资产负债表规模将达9万亿美元左右。面对严重的通货膨胀，美联储仅是小心翼翼地采取一些温和的措施，只能使美国的通货膨胀持续一段时期，不会短期就下降或结束。

（二）供应链危机是造成通货膨胀的重要因素

美国2021年出现的供应链的乱局，特别是美国西部出现的供应链短缺危机，是由疫情、船员、美国码头装卸效率、卡车司机短缺等许多重要因素叠加导致的。比如一些关键的食品原材料在亚洲按照通常的速度13—14天就可以运到美国西部港口，而疫情期间已很难做到。洛杉矶港和长滩港的集装箱堆积如山，却没有足够的大卡车将其运到工厂和商店，其结果造成市场上商品供不应求，价格上涨。2021年10月20日，美联储在褐皮书（the Beige Book）经济报告摘要中说美国供应链瓶颈和劳动力短缺已经减缓了大部分地区的经济增长速度。由于对商品和原材料需求的增加，大部分地区的商品价格大幅上涨。许多企业提高了销售价格，表明在需求强劲的情况下他们更有能力将成本上涨转嫁给消费者。

面对供应链短缺的危机，2021年10月以来，拜登政府已采取了一系列措施，调集人力、物力，斥巨资对老旧设施进行升级改造，调集陆军工程兵改造沿海港口。10月，拜登政府公布了一项计划，让洛杉矶港和长滩港这两个占美国海运总量40%的港口全天候运转并采取罚款措施，以消除货船堵塞等。预计美国供应链短缺的状况将会逐步得到改善。

由于新冠肺炎疫情恶化、经济增长放缓、阿富汗仓皇撤军和通货膨胀等，拜登总统的支持率迅速下降。盖洛普咨询公司

2021年10月22日发布的调查结果显示拜登第一季度支持率为56%，第三季度的支持率为44.7%，下滑了11.3个百分点。而美国有线电视新闻网（CNN）2021年11月8日公布的调查结果显示拜登总统的支持率已跌至38%，还在继续下滑。

当前拜登政府最紧迫的问题是控制通货膨胀，这是当务之急，因为它关系到民心和选票，关系到2022年11月的中期选举的胜败。除了控制美元和美债的增发和解决供应链短缺危机之外，控制通货膨胀的另一个有效途径是缓解和改善中美经贸关系，取消对从中国进口的产品加征的高关税，物美价廉的中国日用消费品有助于缓解美国的通货膨胀。根据美国海关2017年的统计，从中国进口的玩具占总进口的86%、箱包占61%、鞋类占60%、家具占50%、纺织品和服装占40%、笔记本和平板电脑占94%、数码相机占40%、家用彩电占27%等。给这些高达3350亿美元的中国产品加增25%的高关税也就必然大幅度提高了其销售价格，加大了通货膨胀。2021年10月4日，美国政府贸易代表戴琪就拜登政府贸易政策发表讲演时公开承认搞对华贸易脱钩是不现实的，美国将努力在不同基础上"重新连接"而不是脱钩。他也承认"这些关税并没有任何战略利益，还增加了美方的成本"。

统计数据表明，在如此严峻的中美关系形势下，最近两年中美贸易不仅没有下降反而有较大幅度的增长。据中国海关总署统计，2020年中美贸易额同比增长8.8%，对美出口增长8.4%，从美国进口增长10.1%。2021年，中美贸易额同比增长28.7%，对美出口增长27.5%，从美国进口增长32.7%。从2007年至今中国始终是美国最大的货物进口国。这充分说明中美经贸是互惠互利、相互依存，合则两利，斗则俱伤。

三、美国经济前景喜忧参半、不容乐观

展望美国经济前景，大规模基础设施建设或许为经济复苏增加一定动力，但美国屡创新高的政府债务，作为"定时炸弹"始终将是威胁美国经济的巨大隐患。

美国的基础设施绝大部分年久失修，早已老化。特朗普在上任之初就提出准备动用2万亿美元的巨额资金用于改善美国的基础设施。他曾戏称看看基础设施，美国像一个第三世界国家。2017年3月美国政府派代表团来华研讨中美两国在这一领域如何加强合作，笔者还参加了这一研讨会。后来由于没有资金来源，此事不了了之。拜登上台之后，也将基础设施建设作为其拉动经济的重要手段，经过几个月的争论，2021年11月5日，美国众议院通过了1.2万亿美元的基础设施建设法案，参议院早在8月10日就已通过。这个法案会拉动美国经济增长和增加就业。11月15日，拜登总统正式签署法案生效。

该法案将拨款用于维修老化的公路、桥梁和高速公路等。另外，还将拨款改善机场设施、铁路交通以及加强电网现代化和农村互联网建设等。11月10日，《华盛顿邮报》发表题为"拜登的基础设施法案将提振中国公司"的文章。该文称："美国上周通过的1.2万亿美元基建法案所开展的铺垫工作将提振中国企业，从高速公路到互联网，如今这项具有里程碑的法案将为美国的各种基础设施提供建设资金，建筑活动将会迅猛增加，这意味将需要更多的机器。对于中国工业机械制造商来说，拜登的礼物来得恰逢其时。"也就是说，美国即将开展的大规模基建法案为中美经贸合作开辟了一个新的合作机遇。

美国基建法案所需的1.2亿美元资金主要来源一是联邦政府和州政府共同分担，因为美国实施的是联邦政府和州政府两级财政制度。二是拜登政府准备推行加税的税改方案。按照计划要向大企业加税，向亿万富豪加税，向年收入40万美元以上的人群加税。拜登总统的税改提案预计将在2022—2031财年提高2.3万亿美元的税收收入，其中包括1.7万亿美元企业税收增加额和6600亿美元的个税增加额，再扣除约1万亿美元的税收抵免。此外，联邦政府计划加强税收征管，预计会带来7180亿美元的额外财政收入，最终2022—2031财年税收增收将超过2万亿美元。但是这个庞大的加税方案能在国会顺利通过吗？代表富裕阶层的共和党一定会大打折扣、变相缩小规模等。因为共和党的传统理念是给企业减税以刺激投资，给富裕阶层减税以刺激消费从而促进经济发展。

然而，美国屡创新高的债务作为美国经济的"灰犀牛"始终威胁着经济的正常运行。2021年8月1日，国债债务上限在暂停两年后恢复生效。美国财政部已采取非常措施为联邦政府提供临时性融资。财政部部长耶伦多次发出警告，国会若不及时解决债务上限问题，财政部将于11月18日用尽举债空间，联邦政府届时将面临历史上首次债务违约——不仅是政府，而且要引发严重的金融危机，甚至会引发世界性金融动荡。然而，民主、共和两党围绕债务上限问题始终僵持不下。一直拖到10月7日，参议院通过短期调高债务上限法案，将债务上限问题推迟两个月到12月3日，但这只是让政府获得暂时的喘息，风险依然存在。这充分表明民主共和两党恶斗而产生的恶劣影响。到2021年8月24日，美国国债累计已达28.86万亿美元，占GDP之比已高达125.64%。多位专家预测提高债务上限后到2021年底，国债将达到30万亿美元。美国的国债增加像滚雪球一样越来越大。美国政府依然无休止地滥发国债，而当今世界越来越多的国家的中央银行已停止购买，甚至抛售美国国债。长此以往，难以承受的美国国债和日益增加的偿债利息负担迟早会引发新的金融危机。

拜登续推特朗普"印太战略"重建亚洲联盟体系

刘学成

【内容提要】冷战结束以来，亚洲的迅速崛起和一体化进程改变了亚洲大陆地缘政治经济版图。特朗普政府2019年正式颁布"印太战略报告"，阐述美国新的亚洲战略和政策框架。特朗普下台前夕又抛出他2018年批准的、30年后才应解密的"美国印太战略框架"文件。拜登政府上台后不久就发布《临时国家安全战略指南》，扼要阐述美国面临的国内外安全威胁和挑战。这三份文件均认同世界进入大国竞争时代，发誓要确保美国在亚洲的领导地位，主张重塑美国在亚洲的联盟体系，认定中国为最主要的安全威胁和战略竞争对手，妄称要阻止中国在亚洲建立势力范围。为继续推行特朗普的"印太战略"，拜登政府采取了一系列新的举措。

【关键词】"印太战略"；"印太经济框架"；"太平洋威慑倡议"；美英澳三方安全伙伴关系；美日澳印四边机制

【作者简介】中国国际问题研究基金会研究员，中国国际问题研究院研究员。

冷战结束以来，亚洲的迅速崛起和一体化进程极大地改变了亚洲大陆地缘政治经济版图。美国应对亚洲崛起出台了多个冠以不同名称的战略，无论使用"亚太"还是"印太"，其核心议题都是聚焦亚洲大陆。特朗普政府上台后不久就宣布以新的"印太"地区取代传统的"亚太"地区，把亚太司令部改为印太司令部。2019年6月正式颁布"印太战略报告"（Indo-Pacific Strategy Report），阐述美国新的亚洲战略和政策框架。特朗普政府2021年1月下台前一周，决定提前30年公布特朗普总统2018年2月批准的"美国印太战略框架"（U.S. Strategic Framework for the Indo-Pacific）文件，这份秘密文件正式把中国界定为头号战略竞争对手。拜登政府上台后一个月，匆匆发布了《临时国家安全战略指南》（Interim National Security Strategic Guidance），扼要阐述美国面临的国内外安全威胁和挑战，在"印太地区"继续把中国视为首要战略竞争对手。这三份文件均认同世界进入大国竞争时代，发誓确保美国在亚洲的领导地位，主张重塑美国在亚洲的联盟体系，把中国界定为最主要的安全威胁，渲染中国在亚洲的潜在"侵略行动"和日益扩大的"影响力"，妄称要阻止中国在亚洲建立势力范围。本文着重介绍拜登政府继续推行特朗普的"印太战略"的新举措，分析拜登政府在"印太地区"的战略目标及其发展前景。

一、拜登续推特朗普的"印太战略"

民主党总统拜登2021年1月执政后，迅速决定继续推行前共和党总统特朗普的"印太战略"，旨在使特朗普的"印太战略"构想变为"印太"地缘政治经济板块的现实。虽然美国两党在国会就各种议题打得不可开交，但是特朗普政府和拜登政府对推进"印太战略"这一重大外交安全议程却达成了共识。

拜登总统执政以来，在推行其"印太战略"过程中，强调从实力地位推行其对外政策。拜登政府宣扬民主党传统的自由国际主义，以意识形态划线，召开全球民主峰会，在"印太战略"的框架下大搞"分而治之"，拼凑美国主导的小圈子和小集团，分化以东盟为代表的亚洲合作组织。在对华政策上，拜登政府继续执行没有特朗普的"特朗普主义"。但不同于特朗普政府后期把中国当作敌人予以打击的做法，拜登在界定中国为最严峻的战略竞争对手的同时，把中美关系定性为"竞争"，提出"竞争、合作和对抗"为一体的政策。过去近两年的事实表明，竞争为拜登政府的对华政策的主调。由于担心中美因无序竞争可能陷入灾难性的直接对抗，拜登政府多次宣称要设"防护栏"以免这种竞争陷入对抗。

拜登执政后，人们期盼这位美国政坛老人能以合作的建设性姿态开展美国外交。然而人们遗憾地发现，拜登政府近两年来的外交宣示和行为表明，其亚洲外交延续了特朗普的"印太战略"的宗旨，美国优先是其外交的运作规则，美国主导是其外交的核心价值，重整亚洲的联盟体系是其外交的中心目标，拜登政府继续把中国界定为最主要的战略竞争对手。

早在拜登就职之初，他的外交安全团队就表达了不会全盘否定前政府的外交安全政策。2021年1月14日，当时还是候任印太事务协调官坎贝尔在美国亚洲协会举办的"美中关系未来"在线会议上明确表示，新政府上台不能全盘否定前任政府，拜登政府应当继承特朗普政府的可行之道。拜登在美国外交关系协会的"交心深谈"节目上坦言，他的首要关切是如何让美国再度成为亚太地区的强权，以便应对崛起的中国。同年1月19

日，国务卿提名人选安东尼·布林肯在国会提名听证会上强硬表态要"战胜中国"。

拜登政府的"印太战略"是美国外交安全战略从国际反恐向大国竞争转型的具体反映。冷战结束以来，亚洲区域合作和一体化进程使外部强权对亚洲事务的影响力日渐式微，亚洲国家和亚洲合作组织自我掌控和主导地区事务的能力日益增强。作为亚洲最大的国家，中国发展的速度和规模超过了美国决策层的预期，中国已经深深融入亚洲合作的进程之中。中国过去10多年来积极有为的外交，使美国决策精英认定中国具有威胁美国领导地位的能力和意愿。因此，中国成为美国特朗普政府和拜登政府遏制和打击的首要目标。尽管美国相当多的有识之士并不认同当前拜登政府的对华政策，但目前难以影响其对华政策团队的思维模式和决策导向。

无论是奥巴马的亚洲再平衡战略，还是特朗普和拜登的"印太战略"，虽然口头声明尊重和支持东盟的"中心地位"，不便明说的实际后果是分化东盟和削弱其在区域合作中的主导权和中心地位，使东盟的各种对话机制边缘化，对冲亚洲地区的其他区域合作机制，重建美国在"印太战略"的霸主地位。对绝大多数亚洲国家来说，希望同时发展与中美两国的互利合作关系，在中美之间选边站队不符合这些国家的安全和发展利益，因此不愿充当美国反华的马前卒。

二、拜登强推"印太战略"的新举措

在过去近两年的时间里，拜登政府在大力推进"印太战略"方面取得新的进展，拜登政府把特朗普的"印太战略"的理念和构想逐步机制化，正在具体落实重建亚洲新联盟体系。美国设计规划中的亚洲联盟体系的框架开始呈现出来。概括起来，美国实施"太平洋威慑倡议"，强化和优化美国在西太平洋的军力部署，遏制中国的所谓"威胁"和"侵略"；同主要盟国和伙伴开展"2+2"外交安全对话机制，已经使美日、美澳、美韩和美印"2+2"外交防务对话机制化；建立3个三边联盟实体形成亚洲联盟体系的中枢，这3个联盟实体分别是美日澳、美英澳和美日韩联盟；强化并扩充美日澳印四边安全对话机制，构建全面合作伙伴关系，还竭力把部分东南亚和南亚国家拉进来；以五眼联盟为依托把欧洲主要盟国纳入亚洲新联盟体系；利用七国集团平台，积极筹划构建"印太"经济框架，力图把安全联盟体系和经贸伙伴关系融为一体。本文主要介绍和分析拜登政府在推进"印太战略"方面的四大举措：组建奥库斯（AUKUS）军事联盟，强化美日澳印四边机制（Quadrilateral Security Dialogue），强势实施"太平洋威慑倡议"（Pacific Deterrence Initiative），以及筹组"印太"经济框架（Indo-Pacific Economic Framework）。

（一）组建奥库斯军事联盟

经拜登政府的秘密运作，美国、英国和澳大利亚三国于2021年9月15日正式宣布建立新的军事联盟"奥库斯"（AUKUS）。这一新的军事联盟架构与美日澳三方军事联盟架构相衔接，在整合西太平洋第一岛链和第二岛链军力部署和防务方面取得重大进展。奥库斯军事联盟涵盖军事、外交，核武技术合作以及信息共享等诸多领域，加强三国防务科技交流、军工产业合作、军队联合训练以及供应链融合等。这个新军事联盟首先帮助澳大利亚建立核潜艇部队。在新核潜艇建成之前，澳大利亚可能先租借美国的核动力潜艇。实际上，美国将很快获得在澳大利亚的核潜艇基地，完善印太南端海域水下布防，监控这一海域的水下军事活动和洋面舰艇巡航信息。拜登政府主导建立新的美英澳军事联盟旨在强化在南太平洋和南海水域对中国的围堵。

（二）强化美日澳印四边机制

美日澳印四边机制又称四方安全对话机制（Quad）。这一机制早在2004年印度洋发生海啸时就出现了。2017年特朗普政府将其激活，从2018年开始美国把美印年度举行的双边军演"马拉巴尔"海军联合演习扩展到美印日三边军演，2020年印度正式邀请澳大利亚参加在孟加拉湾和阿拉伯海的"马拉巴尔"海军联合军演。四国海军联合军演标志四国海上合作平台的设立。

拜登政府继续提升这一安全合作机制的层级。2021年3月12日，美日澳印四国领导人首次举行线上首脑峰会并发表联合声明。四国领导人强调致力于建设一个"自由、开放、包容、健康、以民主价值观为基础、不受胁迫限制的地区"。同年9月24日，美国总统拜登在白宫亲自主持美日澳印四国领导人第二次线下首脑峰会，决定把非正式的部长级四边安全对话机制化，并提升至首脑级会晤机制。这次峰会还确认拓展四方合作内容和领域，除了安全领域合作的议题外，还纳入了应对疫情、气候变化和供应链等内容。

（三）加大实施"太平洋威慑倡议"的力度

2020年美国国会通过了总额7405亿美元的"2021财年国防授权法案"。该法案以单列条款提出设立"太平洋威慑倡议"

基金，确保美国在实施"印太战略"的过程中拥有充分的战略资源和军事能力，以便应对"中国的军事威胁"。"太平洋威慑倡议"同美国2014年开始实施的针对俄罗斯的"欧洲威慑倡议"是异曲同工。该法案授权，在2021财年"太平洋威慑倡议"基金将获得14亿美元的国防预算，并为2022财年设定了55亿美元的预算上限。预算资金主要用于三个方面：一是提升驻太平洋地区美军的导弹防御能力；二是增强"印太战略"美军的前沿部署态势。通过增加远征机场和港口的数量，大力推进兵力分散部署和设施前置构建；三是加强"印太同盟"和伙伴关系，提升互通、互操作性和信息共享能力，增强支持信息行动的能力。"太平洋威慑倡议"与美国战略与预算评估中心提出的"海上压制战略"是一致的。"海上压制战略"聚焦于西太平洋地区"反介入/区域拒止"战略设计和能力建设，旨在削弱西太平洋地区其他大国的反介入/区域拒止能力。

　　2021年美国虽然已经结束了阿富汗战争，但是拜登政府的国防预算不减反增。根据美国国会批准的"2022财年国防授权法案"，2022年的国防预算达到7680亿美元。与五角大楼此前提交的7150亿美元预算相比，增长了约530亿美元。在新预算框架下，"太平洋威慑倡议"预算额度达到71亿美元，比五角大楼提出的50.8亿美元的预算版本高出近21亿美元，比印太司令部前任司令戴维森提出的46.8亿美元的预算版本则高出更多。

　　美国印太司令部计划在关岛投入16亿美元建立"360度持续综合防空能力"，由位于帕劳的高频预警雷达系统和天基雷达系统为其提供支持。还计划投入33亿美元用于研发射程超过500公里的陆基远程导弹，构建第一岛链沿线生存力极强的精确打击网络。国会决定增加对"太平洋威慑倡议"的拨款，要求五角大楼重新调整和平衡资源投向，重点投放到"印太战略"的战备态势部署和战场部队机动迂回能力，并且注重在中短期内加强对中国的军事威慑。

（四）筹组"印太经济框架"

拜登政府构建"印太经济框架"，弥补特朗普聚焦安全的"印太战略"构想。目前，美国既没有参加2021年11月签署的包括中国、日本和韩国在内的15个国家的《区域全面经济伙伴关系协定》（RCEP），也没有加入由日本主导的11个国家的《全面与进步跨太平洋伙伴关系协定》（CPTPP）。

拜登政府注意到美国在"印太战略"中缺少经济和贸易倡议，美国商务部长雷蒙多表示，2022年初拜登政府将启动"印太经济框架"，强化与印太国家的经贸关系。她强调，美国将会非常认真地同"印太战略"的伙伴在经济上重新接轨，与该地区的友好国家建立合作框架，并特别关注在供应链、人工智能和气候变化等领域的合作。美国国务卿布林肯2021年12月在访问东南亚期间表示，拜登政府提出的"印太经济框架"将加强与"印太"国家在贸易便利化、数字经济、供应链弹性、基础设施、脱碳和清洁能源以及劳工标准等议题上的合作。

雷蒙多明确表示，拜登政府希望打造一个超越CPTPP的经济框架，目前不考虑加入日本主导的《全面与进步跨太平洋伙伴关系协定》，也不准备加入东盟主导的《区域全面经济伙伴关系协定》。拜登政府希望另起炉灶，搞一个由美国主导的、按美国的标准和规则建立的新的"印太"经济合作共同体，并计划2022年初启动有关"印太"经济伙伴协议的谈判。

2022年5月23日，美国总统拜登在东京宣布启动一项新的亚太经济伙伴关系——"印太经济框架"（Indo-Pacific Economic

Framework for Prosperity, IPEF）。13个初始成员国分别是美国、澳大利亚、文莱、印度、印尼、日本、韩国、马来西亚、新西兰、菲律宾、新加坡、泰国和越南。2022年5月26日白宫网站宣布，斐济成为IPEF第14个初始成员国，同时也是第一个加入IPEF的太平洋岛国。根据白宫发表的声明，IPEF侧重四个关键支柱：互联互通的经济（贸易）、有韧性的经济（供应链）、清洁的经济（清洁能源）和公平的经济（反腐败）。

三、美国推进"印太战略"的目标和前景

奥巴马的"亚洲再平衡"战略和特朗普的"印太战略"实质上是异曲同工，一脉相承。拜登政府的"印太战略"是奥巴马"亚洲再平衡"战略和特朗普"印太战略"的继承和发展。从奥巴马政府开始，美国两党政府共同推进美国的亚洲战略转型。

自冷战结束以来，面对亚洲大陆不断变化的传统安全和非传统安全环境的演变，美国"深层政府"（deep state）意识到，美国的亚洲战略构想和政策框架需要适应亚洲地缘政治经济的新变化，便开始以海洋地缘政治视角取代传统的大陆地缘政治理念，美国把夹在太平洋和印度洋之间的亚洲大陆整合到两洋地理板块，由此而催生的"印太战略"体现了美国"海洋地缘战略之父"马汉的海洋地缘政治理念。在布什总统和奥巴马总统任期内，美国官员经常挂在嘴上的一句话是："美国是一个常驻亚洲国家"，为其重返亚洲正名。2021年美国国务卿布林肯访问东南亚期间反复强调，"美国过去长久是，现在仍然是，将来也将永远是印太国家"，强调美国的"印太"地理属性，以此

为美国在亚洲构建美国治下的新亚洲联盟体系张目。因此，美国对亚洲地缘政治提法的改变实际上反映了美国制定新亚洲战略或"印太战略"的需要。

传统的大陆地缘战略聚焦在欧亚大陆。冷战结束后，欧亚大陆成为大国博弈的主战场。美国著名地缘战略家布热津斯基在他的《大棋局》中对欧亚大陆的地缘战略地位作了透彻的分析，为新世纪的美国欧亚大陆战略提供了新的框架。他在书中所阐述的核心观点是，谁控制了欧亚大陆谁就控制了亚洲；谁控制了亚洲谁就控制了世界。布什政府的国防部副部长沃尔福威茨称赞该书"是一本必读书，而且是一本好的必读书"。"9·11"事件之后，美国借助反恐战争推进其控制欧亚大陆的宏大计划。美国在这一广阔的大陆地缘政治的主战场发动了几场战争，以狼狈撤离阿富汗为标志，均以失败告终。

美国的"印太战略"是以海洋地缘政治理念在亚洲开展大国竞争的体现。海洋地缘战略家阿尔弗雷德·马汉的至理名言是，谁控制了印度洋谁就控制了亚洲；印度洋是通往七海的钥匙，21世纪的世界命运将在其海域注定。显然，当今美国决策者们正是基于马汉的海洋地缘政治理念推进"印太战略"，以美国超强的海上优势控制亚洲大陆两翼海洋，实现其继续支配亚洲大陆的梦想。

美国政府在"印太地区"大力推进"印太战略"，尽管这一战略仍在酝酿和发展中，但其基本框架已经逐步显现。其总的战略目标归纳起来有三个大的方面：（1）通过构建新亚洲联盟体系重建美国在亚洲的领导地位；（2）以美国主导的联盟体系遏制中国的崛起和在亚洲日益增长的影响力；（3）美英澳新三边军事联盟突出了盎格鲁–撒克逊血统，意图重温西方殖民帝国支配亚洲的旧梦，重建美国治下的"印太"霸权体系。美国白宫印太事务协调官库尔特·坎贝尔声称,"亚洲和欧洲国家迟早也会加入进来"。

美国主观上难以接受自身霸权在亚洲地区被削弱的现状,美国应通过自身发展重塑受损的国际形象,而非打击别国和压制别国的发展。从中美博弈的核心要素来分析,稳定和发展中美关系的三个底线是不可谈判的。这三个底线是:捍卫中国的主权和领土完整;捍卫中国的政治制度和发展道路;以及捍卫中国"从站起来、富起来到强起来"的发展权力和利益。"强而必霸"不是中国的政治哲学。中国在亚洲和全球不搞冷战式的集团对抗,不寻求建立势力范围和称霸。中国对美外交的总方针是,坚持不冲突对抗,相互尊重,和平共处,合作共赢。我们应该努力讲好中国的故事,把一个真实的中国形象展现给美国人民和世界人民,消解当前美国和国际社会对我国的战略误判,为中华民族的伟大复兴创造有利的国际和地区环境。

第三章

欧亚形势变数增加
俄美对抗明显加剧

俄罗斯内政：选举、经济、民生、抗疫和价值观

盛世良

【内容提要】2021年，俄罗斯举行国家杜马换届选举，执政党统一俄罗斯党在国家杜马继续保持宪法多数。国民经济止跌回升，财政状况显著好转。为巩固执政基础，政府努力改善民生，重点关心弱势群体，贫困率略有下降。然而，新冠肺炎疫情形势严峻，政府采取多种举措，效果有待改善。当局着力形成有别于西方价值理念的俄罗斯价值观。
【关键词】俄罗斯；杜马换届选举；经济形势；保障民生
【作者简介】中国国际问题研究基金会研究员，新华社世界问题研究中心研究员。

2021年，俄罗斯成功举行国家杜马换届选举，执政的统一俄罗斯党在议会下院继续保持宪法多数。经济止跌回升，财政状况良好，抗金融风险的能力提高。政府努力改善民生，重点照顾弱势群体，贫困率下降3.2个百分点。新冠肺炎疫情形势严峻，政府多方抗击。俄罗斯着力形成有别于西方价值理念的俄罗斯价值观。

一、杜马换届选举，统一俄罗斯党稳控议会

2021年9月，俄罗斯顺利完成第八届国家杜马选举，投票率为51.68%，统一俄罗斯党得票率为49.83%，都大大超过当局"两个40%"的预期。得票率跨越5%门槛进入国家杜马的政党，由上届的4个增加到5个。执政的统一俄罗斯党不仅稳控议会下院的宪法多数，而且在32个常设委员会中担任17个关键委员会的主席。

普京总统指出，这是1999年大选以来，首次有五个政党进入国家杜马，说明选举制度和程序是民主的，各派政治力量都有参政机会。

俄罗斯已形成一套用法律、行政和民主等多种手段保障大选顺利进行的办法。

（一）依法排除亲西方激进反对派

俄罗斯当局通过运用法律手段把亲西方激进反对派排除在政权结构之外。

第一，把接受境外资助、搞政治活动的组织定为"外国代理人"，禁止此类组织参与各级选举。

第二，依法惩治激进反对派领导人纳瓦利内。2022年3月22日，俄罗斯反对派领导人纳瓦利内被认定犯有欺诈和蔑视法庭罪，被判处9年监禁。

第三，与时俱进修改选举法。在选民积极性下降的情况下，撤销投票率超过50%选举才成立的规定。为避免进入议会的政党过多，一度把政党进入国家杜马的得票率门槛由5%升

为7%，在政党制度稳定后，重新恢复5%。

（二）以行政手段推动政党格局合理化

进入本届国家杜马的五个政党，统一俄罗斯党是中左翼党，俄罗斯共产党和"公正俄罗斯–爱国者–为了真理党"是左中翼党，自民党是民粹主义党，首次进入国家杜马的新人党是中右翼党。

这一政党格局反映了俄罗斯社会政治生态和选民政治取向。列瓦达中心2021年8月的调查结果表明，俄罗斯社会左化。62%的被征询者赞同以国家计划和分配为基础的经济，仅24%的人赞同私有制市场经济；在回答"俄罗斯人心目中最可取的制度"这一问题时，49%的人认为最可取的是苏联政治制度，18%的人倾向于普京体制。

为保障选举的顺利举行，俄罗斯采取了如下行政安排。

第一，总统办公厅推动公正俄罗斯党、爱国者党和"为了真理"党等三个支持政权的左中翼政党合并，扩大其选民基础。该党在新一届国家杜马中得27席，比上届多4席，成杜马第三大党。

第二，中右翼政党新人党，主张在现体制内促进变革，其领导人是普京支持的全俄人民阵线中央委员，该党进入国家杜马，使议会政治色彩更多样。另外三个中左或中右政党祖国党、公民平台党、增长党得票率虽未过5%，但推出的候选人各有一名在单席位选区胜出，三党在新一届国家杜马各占一席。

第三，右派不得人心，几个温和右翼党参选，结果不出所料：从苏联晚期就活跃于政坛的亚博卢党得票率为1.33%。亿万富翁普罗霍罗夫的公民纲领党得票率仅为0.15%。

第四，莫斯科等多个联邦主体提倡电子投票，既有利于防止新冠肺炎疫情传播，又助推投票率提升。莫斯科市政府为鼓励电子投票，设15万份奖品，一等奖10名，奖品为一套一居室住房；二等奖50名，奖品为一辆小汽车；余者为100万、50万、25万、10万卢布积分，可用于慈善和消费。超过110万名选民采用电子投票方式，获得抽奖机会。

（三）以扩大政党参政彰显民主

俄罗斯在普京领导下社会政治稳定。俄罗斯政府适时修订政党法，扩大参政面，展示政治民主。

首先，2012年4月俄罗斯颁布新《政党法》，把组建政党所需的党员起码人数由4万名降到500名。政党提交党员信息和财务报表的手续，由每年一次放宽为三年一次。新法实施后获准登记的政党数目迅速增加，2021年选举前夕在司法部登记的政党有32个。

其次，放宽政党参选条件，政党参加联邦和地方议会选举，无须再征集签名。

最后，宽严结合，惩治大选期间的非法活动。部分俄罗斯共产党支持者在国家杜马选举后不满大选结果，参加小规模抗议集会，警方未予驱赶和拘留。但当局向俄共领导人追责，莫斯科市政府查封俄共办公室，拘留策划非法游行的俄共中央书记奥布霍夫，传唤俄共主席久加诺夫并罚款50万卢布（约合6757美元）。

二、经济形势好于预期

受新冠肺炎疫情等客观因素影响，俄罗斯2020年国内生产总值（GDP）下降3.1%。2021年，经济实现恢复性增长，财政和金融状况良好。

（一）俄罗斯2021年GDP增长4.7%，为10年来最高

2021年9月，考虑到经济从疫情中恢复的速度快于预期，俄罗斯经济发展部将2021年经济增长率从3.8%上调至4.2%。普京9月12日在亚太经合组织领导人非正式会议时说，俄罗斯经济已恢复到疫前水平，2021年经济可能增长4.7%。俄罗斯国家统计局2021年11月预计，2021年GDP增长率将达4.3%，为2011年以来最高。

2021年1—10月与2020年同期相比，工业、建筑业和运输业产值分别增长5%、30.3%和5.7%，零售业和服务业产值分别增长7.9%和18.4%。外贸增长最迅速，达37.4%，其中出口增长43.6%，进口增长28.6%。唯农业产值同比下降2.9%。名义工资增长9.3%，实际工资增长3%。

俄罗斯经济发展部部长马克西姆·列舍特尼科夫2021年11月预计，2022年至2024年经济年均增长率约为3%。

（二）预算收入同比增长三分之一

根据俄罗斯预算法，2021年应出现2.75万亿卢布赤字，实际上2021年头三季度财政收入达18万亿卢布，同比增长三分之一，财政支出16.3万亿卢布，盈余超过1.6万亿卢布。预计

2021年财政收入将比2020年增加5万亿卢布。原因有四：

第一，油气价格高于2020年。2021年前三季度俄罗斯油气收入同比增长68.5%，非油气收入增长21.5%。乌拉尔油平均价为每桶66.1美元（预算法估计油价为45.3美元）。每千立方米天然气价格2020年头三季度为129美元，2021年为241美元。

第二，天然气出口增加，2021年前三季度为1757亿立方米（2020年为1544亿立方米）。

第三，消费踊跃。银行消费贷款同比增长一倍，达3.7万亿卢布。居民积极购买耐用消费品，2021年1—9月，手表、手机、珠宝、小汽车和电脑销售额，同比分别增长37.5%、27.9%、26.6%、24.8%和19%。

第四，卢布贬值，1美元2021年合74卢布，而2020年合70.57卢布，即使油气出口量不变，以卢布计算的出口额也会明显增加。[1]

已经通过的2022—2024年预算案表明，财政收入将继续大于财政支出，卫生、教育和社会保障支出继续增加。[2]

（三）抗金融风险能力明显提升

俄罗斯国际储备近年来不断增加。2021年11月1日，国际储备达6242.37亿美元（2020年同日为5828.45亿美元），其中

---

[1] Как разбогател бюджет России, 8 декабря 2021, https://vz.ru/economy/2021/12/8/1133197.html.

[2] «Важное подспорье»: правительство направит 26 млрд рублей на выплаты неполным семьям и повышение зарплат бюджетникам, 8 декабря 2021, https://russian.rt.com/business/article/936538-vyplaty-odinokie-roditeli-deti?utm_source=Newsletter&utm_medium=Email&utm_campaign=Email.

外汇储备为4913.78亿美元，黄金储备约合1328.59亿美元。

俄罗斯2021年新版《国家安全战略》要求脱离美元体系，以减轻美国制裁对俄罗斯造成的损失。到2021年6月，俄罗斯持有的美债已抛售96.43%，仅剩30亿美元。

到2021年11月1日，用于非常情况下为财政托底的国家福利基金增至13.95万亿卢布，合1977亿美元，相当于GDP的12.1%。

2021年通货膨胀率远远超出预期的4%，到11月22日通胀率达8.23%。俄罗斯国家统计局2021年11月底预估，2021年通胀率将达8.4%，为2016年以来最高。为抑制通胀，俄央行2021年已五次加息，10月底基准利率提高到7.5%。

（四）进口替代小有成果

俄罗斯在克里米亚并入后遭受西方经济制裁，开始实施进口替代战略。食品零售业成效显著，2015—2021年，牛肉和猪肉的进口比例分别由50%和12%降到28%和0.3%。非食品零售业进口比例仍高达75%，其中电信设备、鞋、儿童玩具和汽车零部件的进口比例达86%—95%。

（五）制定低碳排放发展战略

普京2021年10月31日在二十国集团峰会上谈气候变化时说，俄罗斯能源工业的40%是无碳工业（核能、风能和水能）。最近20年来，俄罗斯经济的碳排放年均下降2.7%，优于世界平均值。

根据俄政府2021年11月批准的《2050年前温室气体低排放社会经济发展战略》，俄罗斯将在实现经济增长同时达到温室气体低排放目标。2050年前温室气体净排放量将比2019年下降60%，比1990年下降80%。2060年前将实现碳中和。国家支持低碳和无碳技术的应用和发展，推动二次能源使用，调整税收、海关和预算政策，保护森林和其他生态系统，提高其固碳能力，推广温室气体回收利用技术。

三、提高社会福利，巩固执政基础

前几年俄罗斯经济衰退，居民生活水平下降，2020年GDP和人均实际收入都低于2013年。舆情调查表明，居民最关心的是改善社会福利和稳定物价，关心民主和人权的人数仅占9%—10%。

相比大城市高学历和高收入群体，俄罗斯中老年人、中低收入者，以及中小城市居民和农村居民更支持普京政权。为改善民生，巩固执政基础，当局于2020—2021年密集出台保护弱势群体的社会福利措施。

（一）保民生重于发展经济和增强军事力量

联邦财政支出最大项为社会开支，远远超过军费和发展经济的拨款。2021年，俄罗斯社会、经济和国防拨款分别为6.44万亿卢布、3.69万亿卢布和3.41万亿卢布。2022年财政预算维持这一比例。

（二）减少贫困人口

2021年1月27日在达沃斯论坛上，普京赞扬中俄两国的脱贫成就："根据世界银行人均每天5.5美元收入的标准，中国收入低于这一水平的人数，从1990年的11亿下降到近几年的3亿以下，这无疑是中国的成就。俄罗斯这一数字从1999年的6400万降到当前的500万左右，这也是我国的进步。"

2018年普京开始第四个总统任期时，曾定下2024年贫困人口在2017年基础上减半的目标，即贫困者减至960万名，占人口的6.5%。2020年7月，普京把这项任务的完成时间从2024年推迟到2030年。

俄罗斯法定最低生活标准（俗称"贫困线"）定得较高，2020年为12130卢布，合164美元。2020年前，"贫困线"是根据"消费篮子"价格确定的，其中包括基本食品、日用品和生活服务。以劳动者2019—2020年"消费篮子"为例：食品包括面粉和面包126.5千克、土豆100.4千克、蔬菜114.6千克、水果60千克、食糖23.8千克、肉类58.6千克、鱼类18.5千克、奶类290千克、鸡蛋210个、动植物油11千克、盐3.7千克、茶叶0.5千克、调料0.7千克。2021年，俄罗斯改为按上年度中位数工资的44.2%的标准定"贫困线"。2021年11月，政府决定恢复以"消费篮子"定"贫困线"的做法。

由于就业率恢复到疫情前水平，加上政府多次对弱势群体发补助，俄罗斯贫困率从2021年第一季度的14.2%降为第三季度的11%。[①] 按目前趋势，2030年俄罗斯减少贫困人口的目标能够实现。

（三）保证低收入者温饱

2020年俄罗斯通过法律，保证最低劳动报酬和失业救济金、最低退休金不低于"贫困线"。2020年联邦政府决定，以

---

① 3 миллиона россиян перестали быть бедными, 12 ма, 2021, https://www.ng.ru/economics/2021-12-05/1_8318_poverty.html.

2%的优惠利率（当时央行基准利率为4.25%）向停产企业发放贷款，供发放法定最低月薪。2021年8月，俄罗斯为4340万优抚金领取者每人发1万卢布一次性防疫补助。考虑到2021年通胀率比预期高一倍，普京于2021年11月18日向国家杜马提出议案，把2022年的"贫困线"和最低月薪提高9.8%，从12654卢布增加到13890卢布，这将惠及1900万人。2021年11月，政府拨款170亿卢布提高财政供养人员的月薪。[①]

（四）关怀儿童

俄罗斯2020年9月起为1—4年级小学生每天提供一次免费热餐，为81万名中小学班主任每月增加5000卢布班主任津贴。2020年给每名15岁以下儿童发1万卢布补助，对照料儿童的父母，补助提高一倍；2020年底给每名7岁以下儿童发5000卢布新年补助。2021年7月1日起，对家庭人均收入不高于"贫困线"的有17岁以下儿童的单亲家庭，每月平均补助5600卢布。[②]2021年新学年前为2048万名学龄儿童每人发1万卢布的一次性补助。国家杜马家庭、妇女和儿童委员会提议允许16岁以下儿童免费乘坐公共交通工具。

2021年起，年收入超过500万卢布的部分，个人所得税率

---

① «Важное подспорье»: правительство направит 26 млрд рублей на выплаты неполным семьям и повышение зарплат бюджетникам, 8 декабря 2021, https://russian.rt.com/business/article/936538-vyplaty-odinokie-roditeli-deti?utm_source=Newsletter&utm_medium=Email&utm_campaign=Email.

② https://russian.rt.com/business/article/936538-vyplaty-odinokie-roditeli-deti?utm_source=Newsletter&utm_medium=Email&utm_campaign=Email

由13%提高到15%，一年可增加700亿卢布财政收入，用于普京2021年1月下令成立的重症贫儿救治基金。

（五）奖励生育

俄罗斯人口减少。2020年9月—2021年8月人口减少约100万，死亡率从1.3%上升到1.6%。为奖励生育，一次性付给的母亲基金（用于建房、房贷首付、子女教育费）2021年增长3.7%，生育第一个子女可得483882卢布（约合6720美元），生第二个子女再加155550卢布（约合2160美元）。

四、"亡羊补牢"，加强抗疫

俄罗斯新冠肺炎疫情传播形势严峻。85个联邦主体全都有确诊病例。到2021年12月10日，累计确诊病例近1000万人，病亡人数近29万人，均为世界第五（俄罗斯人口数居世界第九）。集体免疫度仅54%。单日新增确诊病例2021年10月连日突破4万人，单日新增死亡人数10月初以后连续超千名。10月共病亡74893人，超过前一个峰值（7月为51044人）。11月初，住院人数达27万人，其中11%为重症患者。

莫斯科和圣彼得堡疫情最严重。到2021年11月10日，1265万人口的莫斯科，确诊病例近200万人，病亡近3.5万人；334万人口的圣彼得堡，确诊病例近81万人，病亡近2.7万人。

俄罗斯疫情严重有多个原因：一是最初麻痹大意，认为新冠肺炎肆虐亚洲，对欧洲影响不大。二是防疫和隔离措施不严格。2021年10月开始俄罗斯室内公共场所全面实施口罩令，但不少人依然不戴口罩，或是不正确佩戴口罩。三是疫苗接种率低。2021年11月民调表明，30%俄罗斯人不愿意接种疫苗。[①]

为应对疫情，俄罗斯成立了"联邦反新冠病毒行动指挥部"，建议立法规定餐厅、商店、公交、国际交通工具查验健康码的制度。圣彼得堡市政府规定，60岁以上老人和慢性病患者强制接种疫苗。2021年10月25日，普京总统提出12项抗疫措施以加强抗击疫情的力度和效果。具体包括：政府增拨600亿卢布用于救治新冠患者；政府监控地方药品供应情况，拨41亿卢布集中采购抗新冠药品，分发地方医院；军队和紧急情况部参加抗疫；成倍提高核酸检测速度；提高疫苗接种速度；为疫苗接种者提供带薪休息日两天；责成科技部、俄罗斯科学院组织医疗专家小组分赴地方抗疫；保证确诊者住院治疗和隔离，要求密接者自我隔离；责成地方监督居民戴口罩和保持社交距离；禁止餐厅晚11时至晨6时营业，禁止演艺娱乐活动；限制未接种疫苗者进入某些企事业单位；60岁以上未接种疫苗者一律自我隔离。

五、以俄罗斯价值观抵御西方自由主义

苏联曾高度重视意识形态。俄罗斯独立后，宪法第十三条规定，俄罗斯联邦承认意识形态多样性，任何意识形态不得被确立为国家的或必须服从的意识形态。但最近十多年来，俄罗斯越来越感受到西方意识形态的压力，本国传统道义精神和文

---

① Алексей Макаркин: «Опрос ЦИОМ показал, что лишь менее трети россиян (30%) не планируют делать себе прививку», http://politcom.ru/24373.html.

化历史价值遭到美国及其盟国的攻击。[①] 俄罗斯不得不重新关注意识形态问题。普京总统2014年9月在瓦尔代俱乐部年会作主旨演讲时说，应该摒弃"被社会彻底抛弃的苏联时代意识形态、把革命前俄国理想化的保皇主义和原教旨保守主义、西方的极端自由主义"等三种意识形态，提倡理性的保守主义，在人类取得的一切积极经验基础上依据本国国情向前发展。

2021年10月21日，普京在瓦尔代年会上强调，苏联时期培养的爱国主义、重视精神因素和家庭价值观依然是俄罗斯主流价值观。他严词批判西方荒诞家庭观、单性家庭观（不称父母，只称"一号家长"和"二号家长"）。普京在谈到自由主义价值观时说："如果自由主义意味着思想自由、选举自由、决策自由，那么俄罗斯过去是、现在是、未来也将是自由的。但如果自由主义像某些国家认为的那样，意味着俄罗斯应该照搬他国模式，这样的自由主义不可取。"

普京提倡"温和保守主义"和"乐观保守主义"：重视秩序、伦理道德和主权国家的核心作用，不赞同通过暴力革命来解决问题。

对此，俄罗斯宪法有明文规定：国家有义务承认、遵循和捍卫公民的权利和自由；国家的施政目的在于创造保证人的体面生活与自由发展的条件；禁止目的或行为旨在以暴力改变宪法制度基础、破坏俄罗斯联邦完整性、破坏国家安全的社会团体的建立和活动，禁止建立军事组织，煽动社会、种族、民族和宗教纠纷。[②]

---

① Стратегия национальной безопасности РФ, https://strategy24.ru/rf/community/strategiya-natsionalnoy-bezopasnosti-rf-02072021-2.

② Конституция Российской Федерации, http://publication.pravo.gov.ru/Document/View/0001202007040001.

2021年新版《俄罗斯国家安全战略》(以下简称《战略》)规定，必须维护传统道义精神价值。争夺道义制高点，为未来世界奠定有吸引力的思想基础。《战略》载明的国家优先战略有：保护人民、开发人的潜力，国防、国家和社会安全、信息安全，经济发展、科技发展、生态安全，维护俄罗斯传统道义精神和文化历史价值，战略稳定、国际互利合作等。其中，《战略》列出的俄罗斯传统道义精神和文化历史价值为：人的生命、尊严、权利和自由，爱国主义，公民责任，为国服务、为国担责，崇高道德理想，稳定的家庭，创造性劳动，精神高于物质，人道主义，慈善，正义，集体主义，互助互敬，牢记历史，代代传承，民族团结。①

---

① Стратегия национальной безопасности России на 2020-2021 г, http://oruzhie.info/voennaya-sluzhba/937-strategiya-natsionalnoj-bezopasnosti-rossii.

俄罗斯与西方关系：
激烈对抗中对话

李自国、李莹莹

【内容提要】2021年，俄罗斯与西方关系继续在对抗中前行。制裁战、外交战、地缘政治博弈、军事对抗等有增无减。拜登政府对俄以压促变战略不变。北约与俄对抗更趋激烈。俄欧关系更趋复杂，一方面制裁加码，争吵不断；另一方面，能源阶段性对俄倚重上升，欲罢不能。美西方国家加大对俄意识形态攻势，俄加强文化主权建设，维稳防变。俄虽有缓和与西方国家关系的意愿，但难挡美欧的反俄政策。未来一段时期，俄与西方关系将继续在低位徘徊，在对抗中对话。
【关键词】俄罗斯；俄与西方关系
【作者简介】李自国，中国国际问题研究基金会研究员、中国国际问题研究院欧亚所所长；李莹莹，中国国际问题研究院欧亚所助理研究员。

　　2021年俄罗斯与西方关系延续了低位运行的发展态势，激烈对抗是主基调。美国拜登政府称要与俄建立"稳定、可预测的关系"，但遏俄弱俄政策本质未变。美大搞价值观外交，强化北约作用，构筑新的地缘政治联盟，对俄形成高压态势。俄欧关系在民主、人权等议题上分歧加大。

一、俄与西方对抗烈度有增无减

（一）美欧加大对俄制裁，俄以"组合拳"反制

2021年3月，美欧联合对俄实施新一轮制裁。拜登政府以俄反对派人士纳瓦利内遭俄方"下毒"和监禁为由，宣布对俄实施一系列制裁，美国国务院、商务部、财政部分别发布了对俄制裁措施。欧盟对与"纳瓦利内事件"有关的四名俄公民实施制裁，限制其入境并冻结其资产，这是欧盟首次根据其"全球人权问题制裁机制"施加制裁。加拿大、澳大利亚等国先后响应，以克里米亚问题为由对俄实施制裁。但这仅是"序曲"，之后美欧对俄又进行了多轮制裁。4月，美以俄进行网络袭击、干预选举等为由，对俄实施大规模制裁，其中限制美金融机构在一级市场购买俄政府债券对俄影响较大。7月，欧盟以俄方未能充分执行明斯克协议为由，将对俄经济制裁延长6个月至2022年1月31日。8月，美国以纳瓦利内事件和"北溪-2"天然气管道项目为由，再次宣布对俄多个实体和个人实施制裁。

面对西方国家对俄的持续制裁，俄方以"组合拳"加以回应。一是强硬回击，先后数次延长反制措施，禁止从美国、欧盟、挪威、澳大利亚和加拿大进口农产品、原料和食品等。9月，普京签署总统令，将针对西方国家的反制裁措施延长至2022年12月31日。二是继续推进"进口替代"政策、去美元化等措施，将国家福利基金美元资产从45%清零。三是分化美欧，通过"北溪-2"项目在西方联盟中打入楔子，在热点问题

上主动出击，牵制美国。

（二）陷入新一轮"外交战"

2021年3月，在拜登同意俄罗斯总统普京是一个"杀手"的说法后，俄美两国外交关系恶化，俄驻美大使安东诺夫被召回。4月中旬起，俄与美欧多国陷入新一轮外交风波。继美国宣布驱逐10名俄外交官后，波兰、捷克、斯洛伐克、波罗的海三国、罗马尼亚和乌克兰等"跟风"驱逐了多名俄外交官。其中，捷克以2014年军火库爆炸事件为由驱逐了18名俄外交人员。作为反制，俄同样驱逐了上述国家的外交人员，并对波兰、捷克等国加码反击。4月，普京签署《采取措施应对（反击）不友好国家行为》法令，随后俄政府拟定了不友好国家名单，其中包括美国和捷克。根据规定，被列入名单的国家将不允许在俄境内雇佣俄及第三国公民。美国国务院表示，受此法令影响，美国驻俄使领馆不得不解雇182名雇员，并与数十名承包商解除合同。美方以此为由将俄公民列为"无家可归签证申请者"，即不能在俄本土获得美国签证。

2021年6月16日拜登与普京在日内瓦会晤期间，双方同意"外交休兵"，包括让双方大使重回驻在国工作，但"外交战"并未结束。8月，俄驻美国大使安东诺夫表示，美方突然要求24名俄外交官在签证到期前离开美国。10月，美国部分参议员称，如果俄不给美国外交官员发放更多签证，美国应驱逐300名俄外交官。俄外交部立即回应称，美方此举只会招致俄方关闭所有美国驻俄使领馆。

（三）俄与北约关系跌入冰点

拜登上任后，冻结了前政府从德国撤回1.2万名士兵的决定，重申对北约集体防御条款的承诺。受美国"回归"鼓舞，北约从战略构想到实际行动，全面加强对俄的威慑。一是在疫情以来的首次线下防长会上，就"欧洲—大西洋地区威慑和防御概念"及其战略实施计划达成一致，以防范和回应所谓来自俄的"复合攻击"。二是从黑海、波罗的海、北极三个方向发力，频繁举行军事演习，加大对俄施压。三是主动挑起事端，再度削减俄驻北约使团常驻代表数量。为应对北约的战略挤压，俄积极调整军事部署，从北到南在多地进行战术演习和战备检查。对北约取缔俄代表资格的挑衅行为，俄强势回应，宣布自2021年11月1日起暂停俄驻北约代表处的工作，俄与北约的直接沟通渠道近乎中断。11月初，美及北约六国在黑海举行非例行军事演习，普京则在同一时间召开为期两天的国防与军工企业会议，强调要加强国防能力，提升战略威慑力。

（四）俄欧关系更趋复杂

俄欧双方因纳瓦利内事件等争吵不断，欧对俄由接触优先转变为遏制优先。2021年2月，欧盟委员会副主席兼欧盟外交与安全政策高级代表博雷利访俄，本意是与俄开展建设性对话，但在其访俄期间，欧洲国家三名外交官公然参加俄反对派游行而遭驱逐，引发新一轮外交风波。俄罗斯外长拉夫罗夫在接受采访时表示，俄欧关系已经降到最低点，双方原有的多层次合作架构被完全冻结。6月16日，欧盟委员会与欧盟外交与安全政策高级代表联合发布欧盟对俄关系报告，提出基于"反击、遏制、接触"三原则的对俄新战略，即欧盟必须反击俄方侵犯人权、违反国际法的行为，遏制俄方通过网络和虚假信息等手段破坏欧盟利益的企图。[①] 欧洲议会继续扮演俄欧关系破坏者角色，推出多个涉俄决议，呼吁欧盟减少对俄的能源依赖，扩大对俄制裁，加强欧洲防务能力以遏制俄的"侵略"，称若俄入侵乌克兰，欧盟应立即停止从俄进口能源，并把俄从SWIFT支付系统"踢出去"。[②] 在此形势下，德、法两国寻求与俄缓和关系的空间非常有限。6月俄美元首峰会后，德、法领导人曾建议邀请普京与欧盟领导人举行峰会，但遭约10个欧盟成员国的反对。

二、俄与西方在意识形态和互联网两大阵线博弈力度上升

美西方组建价值观联盟，加强对俄意识形态攻势，俄以构建"基于历史和传统思想道德"的价值观为抓手，强化文化主权建设和反干涉能力。意识形态和互联网成为新的俄美博弈重要领域。

拜登政府将民主价值观置于美国外交的重要位置，认为当前民主国家内有危机，外有制度竞争，二战后构建的自由国际

---

① "Joint Communication on EU-Russia Relations—Push back, Constrain and Engage," European Commision, accessed October 19, 2021, https://ec.europa.eu/info/sites/default/files/joint-communication-eu-russia-relations.pdf.

② "Joint Motion for a Resolution on Russia, the Case of Alexei Navalny, the Military Build-up on Ukraine's Border and Russian Attacks in the Czech Republic," European Parliament, April 28, 2021, accessed October 19, 2021, https://www.europarl.europa.eu/doceo/document/RC-9-2021-0236_EN.html.

秩序正受到严重挑战。拜登政府提出构建"民主国家联盟"，英国首相约翰逊也提出组建"民主十国"予以呼应。欧盟向来认为自己是规范性力量，继续抨击俄罗斯的民主和人权状况。在欧盟看来，2021年俄罗斯国家杜马选举期间，俄公民社会、非政府组织和独立媒体的状况进一步恶化。美对俄内政干涉趋于公开化。2021年2月，俄亲西方反对派号召举行全国抗议大游行，美驻俄大使馆提前公布了莫斯科的游行路线，并有多国外交官亲临现场，力图从内部搅乱俄的目标昭然若揭。9月，在杜马大选前，俄外交部再次召见美驻俄大使约翰·沙利文，抗议美干涉俄杜马选举。面对美西方以所谓的"民主人权"为旗号频频施压，俄将价值观和文化主权建设提升到前所未有的高度。7月，俄发布新版《国家安全战略》，明确提出"俄罗斯传统的精神道德和文化历史价值观正遭受来自美西方以及跨国企业、外国非政府组织、宗教极端恐怖组织的攻击"，"文化'西化'正成为文化主权越来越大的威胁"，[①]该战略首次概述了俄罗斯价值观的内涵，包括生命、尊严、人权和自由、爱国主义、崇高的道德理想、家庭、精神重于物质、仁爱、正义、集体主义、互敬互助、历史记忆和传承、团结统一等，并提出了加强文化主权的主要方向，包括提升国家认同、保护历史真相与记忆、维护传统家庭观念等。普京在瓦尔代会议上毫不留情地批判了西方社会的极端思想和违背人类生存法则的行为，他强调，"那是他们的事情，我们不会让这些思想到我们这里来，我们的价值观应该是基于自己的精神价值、历史传统和

---

① Стратегия национальной безопасности Российской Федерации, утверждена Указом Президента Российской Федерации от 2 июля 2021 г. № 400, 2 июля 2021, http://www.kremlin.ru/acts/bank/47046.

我们的多民族人民文化"。①

美通过互联网向俄渗透常态化，跨国网络巨头屡屡触犯俄的底线，包括限制对俄有利的声音传播，鼓励未成年人街头对抗警察，对自杀、吸毒等有害信息放任自流。俄认为互联网和社交平台已成博弈最为激烈的战场，美对俄的混合战争已经开启。为掌握主动权，俄一方面加快了独立建网步伐，以实现互联网技术自主。普京表示，不排除在外国针对俄采取敌对行动时，切断外国互联网服务。另一方面，俄通过约谈和立法，加强互联网治理。普京表示，外国互联网企业不仅要遵守正式的法律，还要遵守基本的道德规范。一是对外国互联网巨头进行警告，主要是美国企业。2021年3月，因未删除违禁信息、限制俄声音传播等，俄有关部门降低了推特在俄所有移动设备和半数固定设备上的运行速度。6月和8月，因未删除违禁信息及未将俄用户数据储存在俄境内，俄连续对脸书、推特等进行罚款。为防止反对派开发的"智能投票"App程序干涉杜马选举，俄政府约谈了谷歌和苹果等社交平台，迫使其在选前下架了该程序。二是加强立法。2月，俄出台新法，要求日访问量超过50万次的社交网络必须删除违禁内容，后又要求须安装俄官方提供的访问计数器。7月，通过《外国人在俄罗斯互联网活动法》，规定日访问量超过50万的网络平台均须在俄设立分支机构并依法纳税，通过税收体现互联网的"国界"，为下一步惩治美西方互联网巨头做了法律上的准备。

① Заседание дискуссионного клуба «Валдай», 21 октября 2021, http://www.kremlin.ru/events/president/news/66975.

三、俄与西方在欧亚空间的博弈互有胜负

俄与西方博弈的主战场在欧亚地区西线，在乌克兰和白俄罗斯的角逐双方各有胜负。在中亚地区，俄进美退，俄取得暂时优势。

（一）以乌克兰为主轴的地缘博弈升温

拜登将恢复大西洋伙伴关系作为外交重心，试图重构美欧俄关系，拉住欧盟共同对付俄罗斯。作为美俄地缘政治博弈的前沿，乌克兰局势更加紧张。拜登上任后，美乌关系发展迅速，美加大对乌的军事援助，增加在欧洲的军力部署，与乌克兰联合军演，彰显对乌的支持。2021年8月底，乌克兰总统泽连斯基访美，两国签署《美乌战略防务框架协议》及武器研发合作协议，美宣布向乌额外提供6000万美元的军事援助，包括反坦克导弹以及其他致命和非致命防御装备。10月17日，美国国防部长劳埃德·奥斯汀访问乌克兰等黑海沿岸三国，与乌签署了防务协定。其间，奥斯汀公开支持乌克兰加入北约，直击俄罗斯的红线。俄方对美乌走近高度警惕。4月和11月，俄先后向乌克兰边境附近集结了重兵，亮明绝不允许乌克兰加入北约的底线，同时试探拜登政府对乌的支持度。

（二）俄白关系更近一步

继2021年的宪政危机、瑞安航空客机迫降事件、白波边境难民问题后，白俄罗斯与欧盟关系更趋紧张，欧盟不断加大对白的制裁力度。在上述事件发生后，俄给予白俄罗斯鼎力支

持，白俄罗斯进一步靠近俄，停滞多年的联盟国家一体化进程加速。2021年11月4日，俄白签署《2021—2023年落实联盟国家条约基本方向》，提出在28个经济领域深化合作的路线图，同时还签署了联盟国家军事学说等文件，深化两国军事领域的合作。另外，2021年9月，俄白举行了近年来规模最大的"西方—2021"联合军演，参演人数近20万。

（三）东线俄进美退

随着美军从阿富汗仓皇撤离，塔利班迅速掌权，"三股势力"可能趁乱生事。中亚各国对此都感到紧张，特别是军事力量相对薄弱的塔吉克斯坦、吉尔吉斯斯坦等国与俄安全合作的诉求上升。俄加快与地区国家的军事安全合作，在中亚的两大军事基地都进行了换装，更新了通信系统。俄向中亚国家交付了一批包括无人机在内的新武器装备，以提升其维护边境安全的能力。俄与塔吉克斯坦、吉尔吉斯斯坦、乌兹别克斯坦等国在双多边框架下举行了一系列联合军演，给中亚国家吃了"定心丸"。对美试图在中亚谋求建立军事基地，俄坚决反对，并得到中亚国家的积极回应。美国因不负责任地撤军而声誉受损，俄作为地区安全保护伞的地位得到巩固。未来一段时期，俄进美退的态势将持续。

四、前景展望

俄罗斯与美国固有的结构性矛盾并未消解，美对俄采取的以压促变政策并未改变。美继续通过制裁削弱俄的发展潜力，增加俄的发展成本；通过不断的军事安全施压，迫使俄不得不将更多资源投入维稳防变方面，提高俄的社会治理成本。俄罗斯精英阶层对此非常清楚。4月，普京在国情咨文中明确表示，俄外交政策重点是保障国家和平安全和稳定发展，对西方的不友好举动保持了最大程度克制，但如果将之视为软弱，跨越俄罗斯的"红线"，俄将予以坚决有力的回击。俄虽无意与美对抗，但在美咄咄逼人的挤压下，俄无法在乌克兰、白俄罗斯等涉及俄核心利益问题上妥协。从美国国内政治看，拜登团队的核心成员，包括国务卿布林肯、总统国家安全事务助理沙利文、助理国务卿纽兰、中情局局长伯恩斯等，均是对俄强硬派。拜登、纽兰等更是乌克兰危机的推手，他们根本不会放弃对俄施压和遏制。美国国会反俄势力根深蒂固，近年通过了多项涉俄法案，主张对俄进行持续打压与遏制。这些法案多为不可逆的，很大程度上限制了行政部门与俄缓和关系的空间。在未来一段时间，俄美关系将继续在低位徘徊，在对抗中寻找有限的合作。

俄对欧洲仍然抱有较大期望，积极发展与老欧洲国家的合作，双方的协调不断，经济利益交汇点较多。但随着资深政治家默克尔的离任，作为俄欧关系压舱石的俄德关系面临新的不确定性。部分中东欧国家惧俄厌俄情绪很高，在美国的挑唆支持下，反俄举动不断上演。而欧洲为了内部团结不得不迎合这些国家的反俄行动，使俄欧关系不时陷入口角和外交争斗。在价值观层面上，欧洲追随美国，就人权、民主、少数民族的待遇等问题一直对俄进行居高临下的说教，俄则认为西方自身问题成堆，不断出言讽刺。安全领域，冷战后建立在《欧洲常规武装力量条约》《中导条约》和《开放天空条约》基础上的欧洲军控体系已经不复存在，俄与北约国家在黑海和波罗的海发生冲撞的可能性变大。欧洲的战略自主说易行难，欧盟对俄政策仍将持续受制于美国。但得益于密切的经贸联系，且一时间欧洲离不开俄的能源，欧俄关系将长期处于剪不断、理还乱的复杂局面。

在欧亚空间争夺上，西线充满火药味。在中亚地区，美虽暂时退却，但撤而不离，不会放弃这一能够实现遏俄制华的关键地区。美在谋求驻军失败后，会加大通过非政府组织、教育等领域合作，以软实力争夺中亚。而中亚各国则希望通过多元外交实现多方取利。俄要守住"后院"仍将面临挑战。

欧亚地区总体形势

丁晓星

【内容提要】2021年是苏联解体30年，30年来欧亚各国在转型道路上艰难探索，取得了重大成就，也面临不少挑战。2021年，欧亚地区形势总体稳定，各国在新冠肺炎疫情下艰难前行，俄罗斯政局在年初出现波动，但平稳举行了国家杜马选举，在普京的治理下，俄罗斯政局将保持稳定。哈萨克斯坦年初举行了议会选举，吉尔吉斯斯坦举行总统大选，重回总统制。摩尔多瓦议会选举、亚美尼亚议会选举也都平稳顺利。2021年欧亚各国经济缓慢复苏，俄罗斯经济已恢复到疫情前水平，中亚各国经济也实现恢复性增长。在外交与安全方面，下半年以来的乌克兰危机骤然升温，西方大肆渲染俄罗斯"出兵"乌克兰的消息，乌克兰"战云密布"。俄美两国领导人在本年度举行了两次会谈，多次通话，虽为乌克兰危机降温，但难以解决俄美之间的根本性分歧。北约与俄罗斯在黑海对峙，欧盟与白俄罗斯爆发难民危机，阿富汗问题牵动中亚安全形势。2021年中国与欧亚各国关系平稳发展，努力克服疫情造成的影响，在共建"一带一路"方面取得新成就。

【关键词】欧亚地区；俄罗斯；乌克兰危机；阿富汗局势

【作者简介】中国国际问题研究基金会研究员，中国现代国际关系研究院欧亚所所长。

2021年欧亚地区形势总体稳定，多国多场选举平稳举行，各国经济逐步恢复。欧亚地区大国博弈加剧，乌克兰危机持续升温，俄与北约在黑海对峙，阿富汗变局对中亚地区将产生直接影响，各国对阿局势高度关注，土耳其地区野心膨胀，在中亚扩大影响，欧亚地区的地缘格局呈现新态势。2021年，中国与欧亚各国克服疫情影响，各领域的合作持续深化。

一、欧亚各国积极应对疫情

2021年是新冠疫情全球肆虐的第二年，疫情在欧亚各国持续扩散。2020年底，俄疫情每日新增人数2.7万人，随后逐步下降。2021年3—6月稳定在1万人以下，从6月开始又逐步上升到2万人，10月中旬随着天气转冷，迎来疫情第四波高峰。每日新增患者上升到3万人，10月底又突破4万人。普京表示，这样的情况以前从未有过，疫情迫使俄全国放假，一些地区延长假期。2020年底，全俄感染人数为315万人，到2021年12月，已突破一千万。2020年底，全俄死亡人数是5.7万人，到2021年12月，已接近30万。俄疫苗接种比例不高，约35%，到2021年底，接种人口接近6000万人。①

乌克兰的疫情也十分严重，10月又受一波冲击，每日新增

---

① 　Коронавирус в России сегодня, https://coronavirus-control.ru/coronavirus-russia/.

人数由之前的2000多人激增到2万多，全乌感染人数突破350万，2020年底感染人数只有100万，死亡人数1.8万，2021年12月死亡人数达9万人。乌克兰成年人的疫苗接种人数比例只有三分之一。格鲁吉亚总感染人数上升到73万，全国人口只有370多万。欧亚地区的民众接种疫苗的积极性不高，据俄罗斯列瓦达中心民调，2021年初俄拒绝接种的比例高达60%，到10月份下降到45%左右，有一半调查者不怕得新冠。对病毒的认识不到位，还有对疫苗的不信任。欧亚地区国家普遍对当局不信任，接种比例不高，疫苗也不够。摩尔多瓦的接种率只有25%。

在疫情冲击下，各国不得不采取隔离措施，俄罗斯从2021年10月底开始放假，一些地区还延长假期。乌克兰一些地区进入"红色"状态，商店、饭店、娱乐场所关闭。乌克兰总统呼吁人们接种疫苗，称是"应对疫情的唯一办法"。白俄罗斯计划到年底将疫苗接种率提高到50%。哈萨克斯坦的疫情有所缓解，接种人数达到750万，一半地区的风险级别下降。

在疫情肆虐欧亚各国的同时，大国对欧亚地区的疫苗外交在紧密开展。俄罗斯作为欧亚地区大国，向白俄罗斯、哈萨克斯坦、亚美尼亚等俄盟友提供了"卫星五号"疫苗，这些国家也与俄合作共同生产疫苗。美国捐助了乌兹别克斯坦500万剂辉瑞疫苗。格鲁吉亚、乌克兰接种了中国疫苗，乌兹别克斯坦与中国合资的疫苗在乌大量接种。塔吉克斯坦购买了50多万剂科兴疫苗。①

---

① Борьба с коронавирусом в Содружестве, https://cis.minsk.by/coronavirus.

二、各国政局基本稳定

2021年，欧亚各国政局总体保持了稳定，举行了多场选举，如哈萨克斯坦议会选举，吉尔吉斯斯坦总统选举、议会选举，土库曼斯坦议会选举，亚美尼亚议会选举，摩尔多瓦议会选举，俄罗斯杜马选举等。在疫情冲击下，尽管社会不满情绪在上升，但欧亚各国政府都努力维护政局稳定。

2021年1月10日，哈萨克斯坦举行议会下院选举，共有107个议席，祖国之光党得到76席，光明道路党12席，人民党10席，剩下9席由人民大会代表担任。祖国之光党虽赢得选举，但与上届相比，得票率下降了11%，减少8个席位。11月下旬，纳扎尔巴耶夫辞去了"祖国之光"党主席的职务，哈权力交接的过程仍在进行中。

2021年1月10日，吉尔吉斯斯坦举行了总统选举，扎帕罗夫赢得选举，但投票率仅有40%，扎帕罗夫仅得到一百多万张选票。选举当天，吉尔吉斯斯坦也举行了宪法的公投，多数投票者赞成扎帕罗夫提出的总统制。扎帕罗夫上台后，加强对权力控制，将本国最大的库姆托尔金矿国有化。据世行估计，疫情使35%的吉民众陷入贫困，能源危机加重，通货膨胀高企。11月底，吉尔吉斯斯坦又举行了议会选举，根据5月初生效的新宪法，吉国家政体由议会制过渡到总统制。同时，吉议会议员人数从120人削减至90人。吉议会为一院制，任期5年。选举投票率仅有34%，"吉尔吉斯故乡党""信任党""和谐党""统一吉尔吉斯"等六党得票率超过5%进入议会。选举后也出现了游行示威，一些没有进入议会的党派呼吁重新选举，但没有闹出大事，民众对"街头革命"感到厌倦，在疫情下如何渡过难关是头等大事。

2021年3月28日，土库曼斯坦举行了上院选举。这是2020年土库曼斯坦宪法改革后的首次上院选举。上院共有56个席位，8个席位由总统任命，其余48个席位由每个地方议会选举出8人，非全民投票。总统别尔德穆哈梅多夫总统当选为上院议长。

2021年6月20日，亚美尼亚提前举行了议会选举。提前议会选举是因为国家在战争失败后陷入了严重的危机。但选举结果表明，亚美尼亚民众不希望战争，渴望和平，接受了现状。帕西尼扬尽管输掉了战争，但仍赢得了选举，也是亚美尼亚一大政治怪象，反映出亚美尼亚当前没有出路的国家困境。

2021年7月11日，摩尔多瓦提前举行了议会选举，总统桑杜领导的政党获胜，首次产生了右翼的议会多数派，不需要与其他政党联合就可以组阁，亲西方政党在摩尔多瓦占上风。桑杜在2020年总统大选获胜后，乘胜追击，解散议会，提前选举，将议会控制在手。摩尔多瓦将进行外交转向，不断加强与西方关系，与俄罗斯的矛盾加剧。

2021年初，俄罗斯政局出现波动，俄反对派领导人纳瓦利内回国并发布普京腐败的视频"总统宫殿"，收视率过亿，在俄国内引发抗议，俄政局稳定受到冲击。俄罗斯政府将纳瓦利内逮捕，并将其所属的组织定为"极端组织"。9月份的杜马选举中，统俄党再次获胜，但支持率下降。杜马选举后，俄国家杜马由过去的四党格局变为五党。选举表明，尽管俄国内有一些不满情绪，但大多数民众仍支持普京，俄政局有望继续保持稳定。

三、各国经济有所恢复

2021年，得益于国际大宗商品价格上涨、政府应对疫情措施有力等因素，俄罗斯经济在经历了2020年的下滑之后，从2021年3月份起，经济开始恢复性增长，4月俄GDP同比增幅达11.2%，5月份同比增长11.6%，6月份增长8.9%，下半年以来，俄经济增幅有所放缓，8月份GDP增幅放缓至3.7%，全年GDP增长达到4.7%。2021年1—9月，俄对外贸易总额约5523亿美元，同比增长37%，其中出口3407亿美元，进口2116亿美元，贸易顺差1291亿美元，俄2021年预算盈余将达到820亿美元。

普京在2021年下半年多次表示，在俄政府的努力下，俄经济有效应对疫情冲击，已恢复到疫情前水平。俄政府正有条不紊地落实反危机计划，推动经济多元化，减少对能源经济的依赖，加速发展数字经济。2021年俄政府积极应对气候变化问题，提出了俄罗斯低碳发展计划，普京提出俄罗斯不晚于2060年实现碳中和的目标。下半年以来受全球通货膨胀和粮食产量下降等因素的影响，俄通货膨胀高企，尤其是食品价格上涨幅度较大，民众生活受到影响。俄罗斯2021年全年通胀率为8.39%，为近六年来最高水平。为保障民众生活，普京要求俄央行在2022年将通胀率降到4%左右，为此俄央行已多次提高基准利率。2021年12月16日，俄央行将基准利率提高到8.5%

的水平。[①]

2021年白俄罗斯经济开始缓慢恢复，1月GDP开始恢复增长，1—10月白俄罗斯GDP增长了2.4%，出口成为拉动白俄罗斯经济增长的火车头，1—10月白俄罗斯对外商品与服务贸易总额757亿美元，同比增长30.6%，其中商品与服务出口同比增长32%，约394.7亿美元。2021年下半年以来，白俄罗斯的通货膨胀也居高不下，5月通胀率高达9.4%，9月，通胀率突破10%。由于白俄罗斯与波兰边境的难民危机，欧盟决定对白俄罗斯实施制裁，涉及白经济支柱产业，如石油加工业和钾肥产业，有可能对白俄罗斯经济造成较大影响，导致出口停止增长。分析人士认为，2022年白俄罗斯经济可能会下降2%—2.5%，尽管政府预测是正增长2.9%。

苏联解体30年来，乌克兰经济大幅衰退，目前乌克兰GDP总量为1900多亿美元，人均GDP仅为4830美元。根据国际货币基金组织的数据，2021年乌克兰GDP增幅约3.4%，乌经济部预测，全年经济增幅只有3%左右，未来三年乌克兰经济将保持中低速增长。2021年冬季以来，受天然气价格上涨的影响，乌克兰遭遇能源危机，加之通货膨胀的因素，乌克兰民众生活困难，乌前总理季莫申科称，乌克兰已成为欧洲最贫困的国家。

尽管受到疫情和隔离措施的影响，2021年哈萨克斯坦GDP增长4%，零售业、交通、服务行业受疫情影响较大，工业、采矿业实现增长。国际大宗商品价格上涨给哈经济带来利好。1—7月，哈外贸同比增长7.4%，其中出口同比增长10.6%。

---

① 　Центробанк России повысил ключевую ставку до 8,5%, https://dela.ru/lenta/271321/.

2021年哈国内通货膨胀率也比较高，1月份为7.4%，9月上升到8.7%。2021年哈预算赤字将达到GDP的3.5%。

乌兹别克斯坦国内疫情形势相对较好，2021年经济形势大幅好转，GDP同比增长7.4%。1—9月，乌兹别克斯坦投资增长5.0%，工业生产增长9%，农业增长4.2%。服务业增长19.5%；乌对外贸易增长了2.5%，其中出口下降17%，进口增长了18.7%。在出口中，黄金出口下降幅度较大，但纺织品对外出口增长了58.3%，机械设备出口增长了80%。通货膨胀率保持在合理区间，1—9月，通胀率为5.9%，比2020年通胀率略低。

四、欧亚地区地缘格局新态势

2020年，在百年变局与世纪疫情的冲击下，欧亚地区形势紧张，出现多场危机，白俄罗斯政治危机、第二次纳卡战争、吉尔吉斯斯坦骚乱等。2021年，各国政局虽相对稳定，但大国在欧亚地区的地缘博弈加剧，欧亚地区地缘格局呈现新态势。

乌克兰笼罩"战争阴云"。2021年12月以来，西方媒体大肆炒作"俄罗斯入侵乌克兰"的话题，指责俄罗斯在俄乌边境地区集结大批兵力，随时准备"入侵"乌克兰，甚至还有媒体画出了俄罗斯"入侵"乌克兰的几条路线，乌克兰外长表示"入侵计划"就放在普京的办公桌上。与此同时，乌克兰也在乌东地区调集了大量军队，加大对乌东民间武装的打击力度，一时间乌克兰形势高度紧张。而解决乌克兰危机的"诺曼底峰会"已两年没有召开，无法发挥作用，随着默克尔退休，该机制有可能被各方抛弃。12月7日，普京与拜登举行视频峰会，专门讨论乌克兰问题，为乌克兰"战争危机"降温。俄美视频峰会后，美方称将与俄就安全保障问题进行磋商，俄已就安全保障问题向美方提出了方案，要求北约停止东扩。

白俄罗斯与西方关系彻底破裂。2021年白俄罗斯国内政治危机有所缓解，但白俄罗斯与西方的关系彻底破裂。5月23日，一架属于瑞安航空公司的航班从希腊飞往立陶宛，该航班在收到"错误的炸弹威胁"后，迫降至明斯克国际机场。降落后，白俄罗斯当局将机上的反对派人士普拉塔瑟维奇拘捕。此事引起轩然大波，欧盟和美国强烈谴责，欧盟对白俄罗斯航空公司实施制裁，禁止白航空公司航班进入欧盟空域。

2021年10月以来，白俄罗斯与波兰又爆发难民危机，据波兰方面称，近万名来自中东的难民涌向白俄罗斯和波兰的边境，一些难民试图强行闯入波兰，遭到了波兰军方的强行驱赶。波兰认为白俄罗斯故意制造难民危机，以此来"讹诈"欧盟。白俄罗斯则认为是欧盟自己制造了难民危机，并谴责波兰"毫无人道"。难民危机使白俄罗斯与欧盟关系雪上加霜，欧盟对白俄罗斯实施制裁。白俄罗斯与俄罗斯则不断走近，11月初白俄罗斯与俄罗斯签署了联盟国家法令，该法令确定了28项联盟计划和2021—2023年推进联盟国家建设方案。此外，白俄罗斯与俄罗斯还签署了共同的军事学说，共同应对西方压力。在乌克兰局势紧张加剧后，白俄罗斯一改此前不承认克里米亚归属俄罗斯的立场，承认克里米亚归属俄罗斯，并支持俄罗斯在乌东问题上的立场。

阿富汗形势冲击中亚地区安全。2021年8月中旬以来，阿富汗急速变天，塔利班迅速占领全国，并上台执政，美军仓皇撤离阿富汗，中亚地区安全形势进入新时期。中亚与阿富汗山水相连，历史上就有密切的联系，阿富汗北部与中亚是一个地缘板块，与中亚的边界形成于20世纪初。阿富汗和塔吉克斯坦边界有1344公里，阿富汗和乌兹别克斯坦边界约150公里，阿富汗和土库曼斯坦边界近800公里。中亚国家对阿富汗局势高度重视，立场不同。塔吉克斯坦明确要求塔利班建立包容的有代表性的政权，对塔利班持不信任立场。乌兹别克斯坦保持与塔利班接触，土库曼斯坦多年来也与塔利班有接触。阿富汗局势对中亚影响从根本上讲取决于阿富汗本身的局势发展，当前仍有许多不确定性。阿富汗局势对中亚的冲击主要是难民、恐怖主义和毒品问题。为保障中亚地区的安全，中亚国家明显加强了与俄罗斯的军事合作。塔利班上台后，塔吉克斯坦、乌兹别克斯坦与俄罗斯举行了多场军事演习，以应对阿富汗局势可能的冲击，俄罗斯也强化集安组织的作用，向中亚国家加大武器装备的供应。美军撤出阿富汗后，美国的中亚战略也将发生调整，中亚地区对美的战略意义有所下降，在中亚地区的大国博弈中，"俄升美降"的态势明显。

土耳其地区野心膨胀。2020年第二次纳卡战争时，土耳其支持阿塞拜疆，并促其在战争中大获全胜，土耳其的地区影响迅速上升，地区野心也不断表露，除加大在南高加索地区的影响外，明显扩大与中亚国家经济、文化和军事联系。2021年11月，"突厥语国家委员会"在土耳其召开峰会，决定成立所谓的"突厥语国家组织"，并提出了该组织"2040年愿景"，加强在政治、经济、文化等领域的合作。"突厥语国家组织"将语言、文化的概念混淆为民族概念，是新"泛突厥主义"的表现，土耳其欲借此加大向欧亚地区渗透，提升在欧亚地区的影响，将可能给地区局势增添一些新的不确定性。

五、中国与欧亚各国关系持续深化

2021年，中国与欧亚各国的关系经受住了疫情的考验，中俄关系成为"21世纪国际关系的典范"，政治互信持续深化，务实合作取得新成绩，国际合作日益扩大。中国与中亚国家的合作也不断深化，与白俄罗斯、乌克兰的合作也持续推进。

2021年是《中俄睦邻友好合作条约》签署20周年，此文件是中俄全面战略协作伙伴关系长期稳定发展的纲领性和基础性文件。2021年6月28日，习近平主席与普京总统举行了视频会晤，两国元首发表了《关于中俄睦邻友好合作条约签署20周年的联合声明》，中俄领导人高度评价条约的历史和现实价值，并同意根据条约第二十五条对其予以延期。12月15日，习近平主席与普京总统再次举行视频会晤，对中俄关系一年来的发展进行了总结，强调中俄各领域合作取得丰硕成果，双边贸易额可能创历史纪录。普京于2022年初来华访问并出席北京冬奥会，体现了中俄战略合作的高水平。中俄两国领导人对中俄关系的战略引领作用十分突出。2021年尽管疫情给中俄务实合作造成一定负面影响，但中俄务实合作交出一份令人满意的答卷。据中国海关总署统计，2021年中俄贸易额为1469亿美元，同比增长35.8%。[①] 中俄双方坚决捍卫以联合国为核心的国际体系和以国际法为基础的国际秩序，反对单边主义、强权政治、

---

① 《2021年12月进出口商品主要国别（地区）总值表（美元值）》，中华人民共和国海关总署，2022年1月14日，http://www.customs.gov.cn//customs/302249/zfxxgk/2799825/302274/302275/4122070/index.html。

霸权主义，共同维护国际公平正义和推动国际关系民主化。

2021年中国与中亚国家的关系也不断深化。2021年5月12日，国务委员兼外交部长王毅在陕西西安主持"中国＋中亚五国"外长第二次会晤。2021年是中亚各国独立30年，30年来中国与中亚国家关系迅速发展，取得了巨大成就，中国与中亚五国都建立起战略伙伴关系，在中国西北周边形成了"战略伙伴区"。2021年，中国与中亚五国的务实合作取得新成效，中国与哈萨克斯坦贸易额达252.5亿美元，同比增长17.4%，中国与乌兹别克斯坦贸易额80.5亿美元，同比增长21.6%。中国与土库曼斯坦贸易额73.6亿美元，同比增长13%；中国与吉尔吉斯斯坦贸易额同比增长75.6亿美元，同比增长161%；中国与塔吉克斯坦贸易额有18.6亿美元，同比增长75.2%[①]。疫情下，中国向中亚国家提供了大量的疫苗和抗疫物资，帮助中亚国家应对疫情。

中国与白俄罗斯有着深厚友谊和密切的战略合作，中国支持白俄罗斯根据本国的历史传统与现实国情选择发展道路，白俄罗斯在一些重大问题上也对中国给予坚定支持。白俄罗斯总统卢卡申科高度重视对华关系，2021年12月初，他签署了总统令，明确了2021—2025年进一步推进白俄罗斯与中国全面战略伙伴关系的合作重点。2021年，中国与白俄罗斯贸易额38.2亿美元，同比增长27.3%。在西方对白俄罗斯进行经济制裁的背景下，白俄罗斯高度重视开拓中国市场，将中国视为重要的经济合作伙伴。

[①] 《2021年12月进出口商品国别（地区）总值表（美元值）》，中华人民共和国海关总署，2022年1月18日，http://www.customs.gov.cn//customs/302249/zfxxgk/2799825/302274/302277/302276/4127455/index.html。

中国与乌克兰的合作克服了乌克兰危机带来的多重影响，近年来的合作进入快车道。2021年，中国与乌克兰贸易额达193亿美元，同比增长29.7%，中国继续保持乌克兰第一大贸易伙伴国地位。尤其是近年来，乌克兰对华出口大幅增长，铁矿石、农产品和谷物是乌克兰对中国的主要出口商品。中国已经成为乌克兰玉米、大麦和小麦的主要买家，大量从乌克兰购买葵花籽油。但与此同时，中国与乌克兰的关系也受到美国因素的影响，美国出于遏制中国的考虑，阻挠中乌在一些关键领域的合作。

第四章

欧美战略重点有别
政策歧见不降反升

解析《欧盟印太合作战略》

吴正龙

【内容提要】2021年9月15日，欧盟正式公布《欧盟印太合作战略》（*EU Strategy for Cooperation in the Indo-Pacific*）。该战略涉及政治、经济、文化、卫生、军事等诸多领域，内容丰富，具有明显的多面性、自主性和实用性。同日，美英澳宣布建立三方安全机制，澳大利亚撕毁与法国签署的常规潜艇协议。此事做实欧盟在美国联盟体系中三等地位，拜登政府奉行的所谓多边主义实为变相的单边主义，欧盟"印太战略"中有关安全与防务安排面临关联性问题。在百年未有之大变局的当下，正确理解欧盟"印太战略"，对于运筹大国关系具有重要的现实意义。

【关键词】欧盟；"印太战略"；美英澳三方安全伙伴关系

【作者简介】中国国际问题研究基金会战略研究中心执行主任。

2021年4月，欧盟成员国外长讨论"印太"问题达成共识，并要求欧盟外交与安全政策高级代表和欧盟委员会继续努力，编制一份更加详细和全面的"印太战略"。9月，欧盟委员会批准了《欧盟印太合作战略》。对于欧盟这一战略，有观点认为可能预示欧盟战略重心"转向","剑指中国","欧美将共同对抗中国崛起",但也有评论指出,该战略更具包容性和平衡性,合作是其核心策略,包括与中国的合作。孰是孰非?本文试图从不同角度解析并回答这个问题。

一、欧盟"印太战略"要点

欧盟发布《欧盟印太合作战略》前,法国、德国、荷兰等国已陆续出台"印太战略"官方文件。此前有媒体称,欧盟各成员国利益诉求不同,在"印太"政策上存在诸多分歧,难以达成一致。该战略文件出台,反映欧盟27个成员国为弥合分歧达成共同立场而付出的努力。该文件长达18页,由四个部分组成。

(一)欧盟制定"印太战略"的动因和目的

该文件列举了四大动因。一是欧盟和"印太地区"是贸易和投资合作的天然伙伴。"印太地区"是世界经济的重心。欧洲和"印太地区"之间的贸易来往高于世界上任何其他地区。新冠肺炎疫情进一步揭示了欧盟和"印太"伙伴之间的相互依赖关系,凸显两者之间增强经济弹性的重要性。二是"印太地区"对减缓气候变化所做的努力将对欧盟产生直接影响。2000年以来,该地区在全球二氧化碳排放和能源需求的比例不断增长,这将进一步增加对海洋生物多样性、自然资源和鱼类资源的压力,导致生态系统的变化。三是"印太地区"地缘政治竞争激烈,已威胁区域乃至全球安全稳定。四是"印太地区"的民主和人权受到挑战。

该文件确定欧盟参与"印太"事务的主要目的是加强欧洲的战略影响力，增加安全存在，确保供应链弹性。

（二）与"印太"伙伴接触的原则

该文件罗列了欧盟与"印太"伙伴接触应遵循的原则：尊重民主、人权和法治的承诺，巩固和捍卫以规则为基础的国际秩序；促进建设一个公平的竞争环境以及一个开放、公平的贸易和投资环境；促进实现可持续发展目标，支持可持续和包容性的社会经济发展；加强伙伴合作，实现《巴黎协定》和《生物多样性公约》所制定的目标；谋求与联合国、布雷顿森林体系所涉及的机构、东盟、非盟以及与西印度洋地区国家的长期合作；支持包容性决策与合作；建立相互支持的贸易和经济关系；增强对全球人口趋势走向的认识。

除上述原则外，该文件还特别强调欧盟将在三个方面发力：针对严重侵犯人权的个人和实体，将继续实施制裁措施；支持打击歧视少数民族和宗教团体的权利，消除全球供应链中的童工和强迫劳动；向有需要的人员提供人道主义援助，支持解决大规模难民问题。

（三）路径：伙伴关系与合作

欧盟将致力于深化与已经制定"印太战略"的国家和区域组织的伙伴关系。

欧盟将继续与中国进行多方面接触，合作解决共同挑战，促进在共同利益问题上合作，鼓励中国在和平与繁荣的"印太地区"发挥作用。同时，欧盟将继续抵制中国的人权政策。

支持东盟中心作用，支持东盟建立一个基于规则的区域架构的努力，支持东盟领导的制定"南海行为准则"的进程。欧盟－东盟合作还涵盖了广泛的安全问题，包括参与东盟区域论坛（ARF）。

（四）七个优先合作领域

新冠肺炎疫情大流行后，欧盟将为可持续和包容性的社会经济复苏创造条件，并将在以下七个领域与伙伴开展积极合作。

一是可持续包容性的繁荣。欧盟将与"印太"伙伴合作，解决供应链中战略依赖关系。欧盟"将与日本、韩国和（中国）台湾等加强半导体合作"；"将寻求与（中国）台湾等没有贸易和投资协议的伙伴建立深厚的贸易和投资关系"；执行与日本、韩国、新加坡和越南的全面贸易协定；恢复与马来西亚、菲律宾和泰国的贸易谈判，并最终就东盟与欧盟贸易协定进行谈判；致力于同澳大利亚、新西兰和印度尼西亚缔结贸易协定；批准中欧全面投资协定符合中欧共同利益。

二是绿色过渡。欧盟将与"印太"伙伴建立绿色伙伴关系，实现2050年碳中和目标。继续在双多边活动中优先考虑淘汰煤炭开采和发电项目，建立一个雄心勃勃的2020年后全球生物多样性框架。

三是海洋治理。欧盟将采取行动加强"印太地区"海洋治理，继续支持"印太"伙伴实现渔业管理和控制系统改革；打击非法捕捞；建立国际海洋数据网络和区域海洋预测系统；提高海洋治理能力；继续发挥欧盟"海洋安全提供者"的关键作用。

四是数字治理和合作伙伴关系。建立新的数字伙伴关系，将和志同道合的伙伴合作确保为人工智能等新兴技术制定标准，加强与东盟在数字治理方面的合作。

五是互联互通。欧盟将致力于促进与"印太"伙伴全方位互联互通；帮助合作伙伴采用国际标准和原则，建立互联互通监管；谋求多元融资渠道；寻求与日本、印度、东盟等伙伴就共同项目进行合作，同时加强与澳大利亚和韩国等其他伙伴以及美国和加拿大等多双边合作。

六是安全与防务。欧盟将谋求与"印太"伙伴进行更多的联合演习和港口访问，以打击海盗和维护航行自由，同时加强欧盟在该地区的海军外交，探索如何确保其成员国在该地区加强海军部署；参与东盟国防部长会议和东亚峰会，在东盟安全架构中发挥更大的作用。

七是人类安全。欧盟将继续与所有"印太"伙伴合作，确保有效应对新冠肺炎疫情和未来可能发生的全球卫生危机。

二、多面的欧盟"印太战略"

欧盟印太合作战略涉及政治、经济、文化、卫生、军事等诸多领域，议题繁多，具有明显的多面性、自主性和实用性。在百年未有之大变局的当下，正确理解该战略，对于运筹大国关系具有重要的现实意义。

（一）维护欧盟利益是欧盟"印太战略"的出发点

欧盟制定该战略的根本出发点，是维护欧盟在"印太地区"的利益，而不是服务或隶属于别的国家或集团在该地区的利益。该文件开宗明义，提出欧盟加强与"印太伙伴"合作的目标：增强欧洲在"印太地区"的战略影响力，强化地区安全存在，确保供应链弹性。

同为"印太战略"，欧盟和美国的目的大相径庭。美国战略把矛头指向中国，动员盟国和伙伴组成统一战线，遏制或阻断中国崛起的势头，而欧盟对中国主要采取接触政策，以合作为主，对抗为辅。两种不同的利益决定两种不同目标，催生出两种不同的战略原则和路径。欧盟战略是开放、合作的，以经济为主、军事为辅，而美国战略是排他、对抗的，军事与经济并重。尽管美欧对华战略都是"混合战略"，都包含合作、竞争与对抗的成分，但两者侧重各有不同。

此外，欧盟以及其他国家和区域组织出台的"印太战略"文件，都追求各自不同的战略利益。从一定程度上来说，这也稀释了美国"印太战略"的作用，各吹各的号，无法形成合力针对同一目标。

（二）战略自主是欧盟"印太战略"的指导原则

从维护欧盟的利益出发，战略自主是决定该战略的重要指导原则。该文件没有采用美日挂在嘴边的"开放、自由的印太"表述，意在与美国"印太战略"拉开距离。欧盟确定的议题与美国的议题也是南辕北辙。欧盟参与"印太"事务，采取的是"七分经济、二分政治、一分军事"的办法。

"七分经济"主要涵盖贸易规则、公平竞争环境、可持续包容性繁荣、绿色过渡、数字治理、海洋治理和互联互通等，该文件用大量的篇幅就如何解决这些问题，提出组建各种不同目标伙伴关系，提出各种政策主张或建议、合作路径、手段与工具。

"二分政治"包括人权、价值观和气候变化。

"一分军事"主要涉及安全和防务。为打击海盗和保护航行自由，欧盟将谋求与"印太"伙伴进行更多的双多边军演和港口访问，同时加强在该地区军事存在。对法德军舰游弋"印太"，要分清他们在中国周边和其他海域活动的科目和时长，全面掌握它们在"印太地区"军事行动的情况。法德军舰扎堆巡航南海，固然有"配合"和"呼应"美国在亚太地区挑衅的一面，但主要是刷存在感，凸显大国地位。这与美国常年在这一海域进行挑衅滋事还是有区别的。

与美国军事和经济并举的做法不同，欧盟"印太战略"凸显其自主性、平衡性、实用性。在对中国问题上，欧盟与美国采取不同的政策更彰显了这些特点。

（三）合作是欧盟"印太战略"的主基调

正如该文件标题所示，欧盟"印太战略"是"合作战略"，合作是该战略的主基调。这不仅适用于与欧盟有着共同价值观的盟友和伙伴，也适用于享有共同利益的伙伴，以及区域内各种多边组织，比如亚欧峰会和东盟系列活动等。该战略注重平衡、灵活和务实，欧盟可根据共同原则、共同价值观、共同利益，建立和加强各种务实合作关系。

在该文件发布记者会上，欧盟外交与安全政策高级代表博雷利指出，"我们的战略是包容的，对我们在该地区的所有伙伴是开放的"。[①]

该文件陈述欧盟在可持续包容性的繁荣、绿色过渡、海洋

---

① "Indo-Pacific: Remarks by the High Representative/Vice-President at the Press Conference on the Joint Communication," Euroupean Union External Action, https://eeas.europa.eu/headquarters/headquarters-homepage_en/104215/Indo-Pacific:%20Remarks%20by%20the%20High%20Representative/Vice-President%20at%20the%20press%20conference%20on%20the%20.

治理等七大合作领域的政策主张，介绍了欧盟在各个领域正在进行和未来将要进行的合作计划，特别是在自贸区建设方面，提出了近期和远期的工作目标和方向。

该文件还强调欧盟将深化在"印太地区"的接触，重申支持东盟在"印太地区"的中心地位，并期待实现新的欧盟-东盟战略伙伴关系。综合来看，欧盟"印太战略"以合作为主，是积极的、平衡的、包容的。

（四）西方价值观是欧盟"印太战略"的底色

虽然该文件没有提及新疆、香港等敏感问题，但是许多表述，如"尊重民主、人权和法治的承诺"，"在南海、东海以及台湾海峡等热点地区展示武力和日益紧张的局势"等，无不直接指向或影射中国。

西方价值观是欧盟"印太战略"的基本底色。该文件强调要运用一切可以运用的工具"捍卫民主和人权"，"对于严重侵犯人权的个人和实体要实施制裁"，"发挥欧盟海洋安全提供者的关键作用"等。因此，中欧在这方面斗争不会停止，不要指望欧盟会放松对中国人权政策和事务的干涉，包括少数民族政策、宗教政策和各项社会政策等，不要指望欧盟会放松在台湾和南海问题上对中国的攻击和诋毁。相反，对欧盟在这些问题上的挑衅和打压，我们应保持高度警惕，随时准备作出有理、有利、有节的反击。

（五）对华政策是欧盟"印太战略"的核心重点

总体来看，该文件对中国着墨不多，但对华政策是欧盟"印太战略"的核心重点。该文件指出，"欧盟还将继续与中国进行多方面接触，加强双边交往，以促进解决共同挑战，增进在共同利益问题上合作，鼓励中国在和平与繁荣的'印太地区'发挥作用。与此同时，欧盟将与持有同样关切的国际伙伴合作，继续维护其基本利益，促进其价值观，抵制与中国存在的根本分歧，如人权问题"。① 这段话既点明中欧合作的领域，又说明双方存在分歧的地方。

该文件列举了大量数字说明"印太地区"已成为当前世界经济的重心。坦率地说，如果把中国抽出来，把中国国内生产总值、进出口总量和对外投资总额从现有统计数字中排除出去，这个数字将会变得没有吸引力，世界经济重心也将不能成立。此外，中欧经贸关系强劲。中国是欧盟最大的贸易伙伴，中欧互为重要的投资目的地。因此，从这个意义上来说，中国是欧盟制定"印太战略"的核心考虑因素，而要搭上中国发展的顺风车，合作是唯一路径。

在欧洲议会"冻结"审批中欧全面投资协定的当下，该文件依然重申"推进批准该协定符合中欧双方的利益"，这不啻向中国发出信号：双方要共同努力尽早批准该协议，进一步促进中欧经贸合作发展。

博雷利在欧盟"印太战略"记者发布会上也指出，"在气候、生物多样性等许多领域，中国的合作至关重要。我们的战略是合作，而不是对抗。我认为强调这句话很重要。我们的战略是建立在合作意愿，而不是对抗意愿之上的"。② 显然，在欧盟天平上，当价值观与经济利益发生冲突时，往往以不损害经济利

---

① "Joint Communication to the European Parliament and the Council—the EU Strategy for Cooperation in the Indo-Pacific," European Union External Action, https://eeas.europa.eu/headquarters/headquarters-homepage/104126/joint-communication-indo-pacific_en.

② Ibid.

益为优先选项。

（六）欧盟"印太战略"与大周边关系

欧盟"印太战略"是否意味着欧盟战略重点"转向"，这个问题需要从经济和安全两方面来看。经济上，欧盟要发展经济离不开"印太地区"的超级大市场和超级制造业基地，承担不起忽视"印太地区"的代价。这也是为什么欧盟"印太战略"主打经济牌。从这个意义上说，欧盟经济战略重点东移是成立的。

然而，安全上，"印太地区"并不对欧洲构成威胁，海上航行自由也没有受到任何阻碍，贸易交往一直畅通无阻，而解决东地中海、北非、东欧等大周边地区的热点问题，如阻止非法移民入境、打击恐怖主义、应对地区实力政治，却是欧盟安全面临的头等大事。由于英国脱欧削弱了欧盟的政治、经济和军事实力，欧盟在解决这些问题时已心有余而力不足，遑论安全战略重心向印太"转向"。

三、美英澳三方安全机制对欧盟"印太战略"的影响

欧盟和美英澳在同一天分别宣布欧盟"印太战略"和建立新的美英澳三方安全伙伴关系（AUKUS）。根据这一伙伴关系协定，美国和英国将向澳大利亚提供技术支持，协助澳大利亚建造8艘核动力潜艇，同时澳大利亚取消了2016年与法国达成的12艘常规动力潜艇建造协议。一时间有关AUKUS的消息铺天盖地，而欧盟"印太战略"几乎没有引起国际社会的注意。美英澳此举对美法、美欧关系和欧盟"印太战略"或将产生重

要的影响。

首先，潜艇事件做实欧盟在美国联盟体系中三等地位。AUKUS行为背信弃义，是对法国乃至整个欧洲盟国的羞辱和鄙视。法国对此强烈不满，采取非常规做法，一度召回驻美国和澳大利亚大使，并取消早已敲定的在美国举办的相关纪念活动。为展示团结，欧盟委员会主席冯德莱恩和欧洲理事会主席米歇尔也相继发声，支持法国立场，要求美国和澳大利亚对潜艇事件作出澄清。可以说，潜艇事件令美欧互信再次遭受沉重打击。

美国联盟体系等级森严，将国家分成三六九等。第一等是英国和澳大利亚，这两个国家几乎参与二战后美国发动的每一场战争，对美国鞍前马后；第二等是包括美英澳在内的"五眼联盟"，他们同属盎格鲁－撒克逊国家，同文同种，在重大国际问题上常常穿一条裤子，战略上最容易协调；而法国、德国、意大利等欧洲国家属于第三等，后面还有第四和第五等，如日本、韩国、泰国、菲律宾等亚洲国家。

作为三等盟国，法德等欧洲盟国对美国并非言听计从，有时甚至公开与美国闹别扭，如法德反对美国2003年发动的伊拉克战争，鼓吹战略自主和自决，在对华政策等许多问题上与美国"离心离德"。美国决定向澳大利亚提供核动力潜艇等敏感技术，不仅表明华盛顿和堪培拉高度互信，也揭示华盛顿对巴黎信任的缺失。尽管法国也有建造核潜艇的能力，但这关乎美国21世纪中叶全球地缘战略布局的大事，岂能将其托付给"不听话"的法国？可见，美国撬走法国潜艇大单，固然有经济利益的考量，但更重要的是着眼于对地缘政治的掌控。这也凸显美法关系的脆弱性。

其次，拜登政府假多边主义之名行单边主义之实。拜登总统上台后，首访便是欧洲国家，强调"美国回来了"，誓言将联合盟国，"发挥盟国倍增效益"。这令欧洲盟国普遍有种"松了一口气"的感觉，认为特朗普执政四年认友为敌，搞得盟国灰头土脸，现在总算熬过去了。然而，好景不长。一年多来发生的一系列事情都让欧盟国家感到困惑，如对整个欧盟能源供应具有重要意义的"北溪-2"项目，美国一直从中作梗；阿富汗撤离行动中美国方面从未与欧盟国家进行充分协商，最近又发生的潜艇事件。凡此种种，无不让欧盟国家感到拜登举的是多边主义旗帜，但做的还是特朗普单边主义的老一套，欧盟国家并非美国平等的伙伴，只是美国的附庸。虽然"美国回来了"，但多边主义并没有回来。拜登政府花言巧语，掩盖不了美国政府实行"美国优先"的本质。

最后，欧盟"印太战略"中有关安全与防务的构想可能面临变数。澳大利亚终止潜艇合同是一个法澳双边问题，并不直接影响其他欧盟国家。但信任已遭损害，这不仅将损害法国和澳大利亚的伙伴关系，还将动摇欧盟国家执行刚出台的"印太战略"中有关安全与防务安排的信心和决心。在安全与防务问题上，欧盟"印太战略"和美国"印太战略"存在交接。面对潜艇事件冲击，欧盟不得不重新思考这种交接的合理性和关联性。

在欧洲，有一种观点认为，"既然欧盟被降为潜在的资金提供者地位，对与该地区（'印太'）有关的决策没有真正的发言权"。在中国问题上，美国不重视也不信任欧洲伙伴，欧盟

"参与'印太'安全问题没有意义"。[1] 还有一种看法认为,"由AUKUS引发的跨大西洋争端可能会强化德国或意大利等欧洲国家的看法,即'印太'现在和将来都是美国的事,与他们的国家利益没有直接关系。"[2]

　　这场跨大西洋争端可能不会轻易消失。潜艇事件之后,美国采取紧急止损措施。美国国务卿布林肯访问巴黎,拜登与马克龙总统两次通电话,2021年10月底又在罗马举行的二十国集团峰会进行会晤,美国副总统哈里斯11月到访巴黎与马克龙会面等。频繁的外交接触旨在安抚法国的愤怒情绪,修复美法双边关系。然而,裂痕能否快速愈合,美法和美欧关系如何发展,欧盟"印太战略"中有关安全与防务设想又如何演变,还需要进一步观察。

---

　　① "Trumpism by Another Name: What AUKUS Tells us about US Policy in the Indo-Pacific," https://ecfr.eu/article/trumpism-by-another-name-what-aukus-tells-us-about-us-policy-in-the-indo-pacific/.

　　② "AUKUS and the Future of Alliances in the Indo-pacific," https://trendsresearch.org/insight/aukus-and-the-future-of-alliances-in-the-indopacific/.

从美欧关系变化看国际关系
多元化趋势的发展

孙海潮

【内容提要】拜登上台后着力改善对欧关系，但好景不长。美国撇开盟国单方面从阿富汗溃败式撤兵，欧盟"被抛弃感"极为强烈，引发"美国是否靠得住"的大讨论。美英澳结成新三方安全伙伴"奥库斯"（AUKUS），美日印澳在华盛顿举行的"四方安全对话"机制（Quad）线下峰会，欧盟对被美国排除在"印太战略"之外"顿感失落"。法国因560亿欧元的潜艇"世纪合同"被美国的核潜艇订单取代，马克龙"极端愤怒"之余决定召回驻美、驻澳大使，成为法国与美澳关系史上最大的外交危机。欧美关系的新变化说明了国际政治格局多元化发展的新趋势。

【关键词】美欧关系；"印太战略"；欧盟战略自主

【作者简介】中国国际问题研究基金会欧洲中心主任。

一、拜登把修复与盟国关系作为"美国重返国际舞台"的重点，稍有回缓的欧美关系又因拜登单方面从阿富汗溃败式撤军趋冷，欧盟对美"不信任感"不降反增

拜登反复强调特朗普外交的最大失误是彻底破坏了与传统盟国，主要是与欧洲盟国的关系，退群毁约使美国在国际上陷入孤立，以"美国回来了"为基本口号重振美国领导地位。拜登在慕尼黑安全会议上发表安全政策视频讲话，赴欧出席七国集团、北约和美欧峰会，放弃特朗普从德国撤军计划并宣布增兵500人，不再反对和制裁德俄"北溪-2"天然气管道项目，重返世卫组织、《巴黎协定》及伊朗核问题全面协议，受到欧洲盟国的欢迎，美欧关系的氛围得到较大改善。

美国作为世界第一政治军事金融和科技强国，内外政策走向的任何变化都会对国际局势产生影响。遗憾的是美国从控制世界的战略出发，通过军事打击、制造动乱、推行颜色革命、极限施压、全面制裁、贸易冲突、围堵封锁、离间破坏等无所不用其极的手法，把世界搞乱了。冷战结束使美国成为世界唯一超级大国，不可一世，加紧推行独裁世界的全球战略，但30年来除了控制世界的能力和国际影响力相对下降以外，在其他方面实在难言有所成就，遑论成功。

拜登继承了特朗普遏制中国的所谓"印太战略"，欧盟随之出台欧盟版"印太战略"予以配合，虽然内心考虑与美并不完全一致，但英法德相继派军舰到南海开展所谓的航行自由活动，配合美国并显示所谓影响力。欧洲认为自己既是国际规则的维护者，也是大国博弈和竞争的积极参与方，要向外界展现

出"重要的经济体和安全行为体"的双重角色。欧洲大国到南海展示存在，客观上已成为美国的帮凶，成为美国遏华制华战略的组成部分。

2021年4月19日，欧盟外长理事会发布《欧盟印太合作战略》报告，认为印太地区地缘政治竞争激烈，贸易、技术、政治和安全领域局势紧张，已日益威胁区域乃至全球安全稳定，欧盟利益因此受到重大影响。《欧盟印太合作战略》报告突出欧盟介乎于中美之间，加强欧盟在"印太地区"的战略关注、存在和行动的决心，增强自身在地缘政治中的"玩家"地位。一是欧盟要加大对"印太地区"的经济投入，二是发挥欧盟作为"全球安全行为体"的作用。加强互联互通，推动数字治理合作也成为本次欧盟"印太战略"的关键词。促进合作是欧盟对"印太地区"政策的核心，与美国"印太战略"明确表示排除和针对中国有所不同，欧盟版的"印太战略"或多或少地表现出一些特殊性，留有回旋余地。

法国发表的《法国印太防务战略报告》实际上是对马克龙之前就"印太战略"提出的一系列思想和陆续发表的相关言论进行的全面系统的归纳和提炼。报告称，近年来随着国际战略重心的东移，中国、印度等新兴大国的迅速崛起，"印太地区"在国际地缘战略中的地位日趋重要，特别是美国特朗普政府提出"印太战略"后，法国需要积极调整其"印太政策"，推出自己的"印太防务战略"，以彰显法国在印太地区的存在，重塑法国的世界大国地位。法国在"印太地区"共部署有8000名士兵，是继美国之外在该地区驻军最多的域外国家。一是要代表欧盟在本地区发声，二是维护法国海外利益和争取更大经济利益，三是争夺"印太"武器出口市场。

拜登重新审议美国中东政策的基本考虑与特朗普无异，即沉重的战略包袱实难再背下去了。2021年是美欧恣意挑起的"阿拉伯之春"颜色革命10周年，是继小布什"新保守主义"政府借"9·11"恐怖事件推行"大中东民主计划"10周年之际。奥巴马政府搞乱中东，使多个中东国家陷入严重动荡。美军所到之处，只能用生灵涂炭来形容，也因之深陷两场战争泥淖。美国在阿富汗损失惨重，只能与当初誓言消灭的塔利班谈判撤军事宜。美国2022年8月从伊拉克撤出作战部队。利比亚现呈东西分裂状态，两个政府，两支军队，两种货币，军事割据林立，不仅成为全球最大的难民集散地，更成为地区国家和大国势力争夺之地。美欧虽为盟友，在利比亚却分别支持两个对立的政权，互不相让。欧美均承认利比亚局势远比10年前更糟。美欧曾扬言若不在叙利亚实现"民主"，"阿拉伯之春"就不算胜利的狂言，现仍在叙苦撑。拜登就任后即下令轰炸叙利亚亲伊朗民兵阵地，同时放风说不愿扩大事态。既有显示力量压伊朗让步之意，也有回应犹太族群和以色列要求的考虑。欧洲成为美国搞乱中东的直接受害者，安全环境持续恶化，恶性恐怖主义活动频发，大批难民相继涌入，穷于应付。欧盟困境是英国脱欧的直接原因。

2021年8月15日，驻阿富汗美军再现"西贡时刻"，在未与盟国协调的情况下仓皇逃离，使盟国陷入极度错愕和混乱之中，"纸老虎"脆弱的一面暴露无遗。"9·11"事件后追随美国前往阿富汗反恐的欧洲盟国的"被抛弃感"极度强烈，关于"美国靠不住"的议论甚嚣尘上。德国总统施泰因迈尔认为"西方国家外交政策和军事行动存在根本性问题"。默克尔形容北约在阿富汗行动失败是"该组织成立以来遭遇的最大挫败"。马克龙称之为"历史性转折"，强调世界只有一个共同的敌人即恐怖主义。欧盟再次陷入对非法移民的极度恐慌之中，成员国内政部部长紧急召开会议商讨对策。美欧关于恐怖主义威胁和美独断专行及自身利益至上的争论再起，伊斯兰与基督教"文明冲突"难以调和。美国"史上最长战争"以彻底失败告终，北约全球化试验一败涂地，美国情报部门的失败"不可饶恕"。刚刚有所回缓的美欧关系淹没在叹息和抱怨之中。欧洲领导人公开表示以军事手段改变一个国家的政权结构行不通，必须终止在国际关系中进行军事干预的惯常做法。拜登在国际和国内的声望双双急挫。

二、美英澳新三方安全伙伴关系的建立使欧盟的"被抛弃感"倍增。澳大利亚放弃与法潜艇"世纪合同"转从美购买核潜艇，酿成法美和美欧历史上最严重危机

2021年9月15日，美英澳首脑视频峰会决定共组"奥库斯"（AUKUS）新三方安全伙伴关系联盟，第一个动作是放弃2016年澳大利亚与法国签署的12艘潜艇建造合同，改由英国提供技术支持，由美国建造"更加适合澳战略需要"的核潜艇。原合同总额为560亿欧元（900亿澳元），由法国造船公司瑟堡船厂负责建造，将创造500个就业机会。"世纪合同"使法澳关系持续热络，马克龙先后四次访澳，2018年访澳时达成加强与澳军事合作的协议，后提出"巴黎—德里—堪培拉新平衡力量核心"的构想，希图法国以"印太唯一西方大国"的身份在美国"印太战略"中发挥特殊作用。法国对潜艇合同被单方面撕毁深感震惊和愤怒，当即召驻美澳两国大使"回国述职"，取消定于9月17日的庆祝切萨皮克湾海战240周年大型招待会。法国本想

通过庆祝这场对美国独立战争具有决定性影响的海战，说明法美盟友关系的"悠久历史"，进一步拉近与美关系。随后，法国宣布取消与英国的双边防长会晤。勒德里昂外长对"被从背后捅了一刀"而不得不做出强烈反应，召回大使"说明了危机的严重性"。

法国是世界军火出口大国，但每每被"最亲密盟友"美国抢走已到嘴边的肥肉。2010年，法国与俄罗斯签署建造四艘"西北风"两栖攻击舰合同，分别在法俄各建造两艘。2014年乌克兰危机后，在美国的强大压力下不得不"忍痛"放弃，还向俄赔偿巨额违约金。法国2013年与加拿大的装甲车合同被美国撬走，2018年与波兰的直升机合同让位于美国。2019年，瑞士军机采购招标，法国"阵风"战机中标，2021年6月发布的最终结果却是美国的F-35A战斗机。冷战后美国强行推进北约东扩，美国军事装置在中东欧一统天下，法国根本插不进手去。独立的防务体系和武器系统，是法国得以成为世界大国的重要依靠力量。数十年来，法国一直力主建立欧洲独立防务。英国脱欧后，马克龙提议把法国核威慑力量纳入欧洲防务体系，占领欧洲军火市场的考量居政治因素之后的第二位。法国同印度的战机交易谈判已进行数年，并计划向印度出售潜艇乃至核潜艇，虽志在必得，却极度担心又被美国抢走。美国撬走法澳潜艇合同后，2021年9月28日法国宣布与希腊达成总额为30亿欧元的防务协议，出售三艘护卫舰，马克龙将其称之为"迈向欧洲战略自主的第一步"。马克龙和希腊总理米佐塔基斯在联合记者会上称，"欧洲人必须丢掉天真的想法"，"我们需要作出反应，我们必须证明我们有实力和能力保卫自己。不是使事态升级，而是保护我们自己"。

法国做出强烈反应后，澳大利亚总理莫里森重申与法国的深厚友谊，称法国"仍是有价值的盟国"，对法决定表示遗憾，同时申辩说对法国潜艇生意始终存在"深刻的保留"，澳只是从自身利益出发做出购买美国核潜艇决定的。拜登和布林肯坚持认为法美仍是"最悠久和最忠实的盟友"，但法国并不买账。法国外长勒德里昂说，"没有这么不可预测、这么粗暴对待盟国的"，"美国重新界定自身的根本利益，放弃了在世界范围内的许多义务"，"不能不使人对联盟的真正含义生疑"。法国与美澳的分歧并非贸易和商务危机，而是战略危机。勒德里昂强调，此事将对北约新战略概念的制定进程产生影响。法国左翼、右翼总统候选人梅朗松和佩克莱斯女士，以及极右翼国民联盟主席巴尔德拉，异口同声地提出法国应该退出北约。

欧盟理事会主席米歇尔和欧盟委员会主席冯德莱恩分别与马克龙总统通话，认为美国废除法澳军售协议是没有真诚对待盟国和不可接受的，需要加强欧盟的国际行动能力。比利时外相威尔梅斯女士将其称之为"世界范围内的惊雷"，欧盟需在跨大西洋关系中更多发声。

2021年9月21日，勒德里昂外长赴纽约出席联大会议并发表演讲。马克龙总统为避免与拜登相遇而改变初衷。勒德里昂外长原定于就阿富汗局势发声，后来决定同时利用联大讲坛表达法国对美澳关系的愤怒和失望。法国本以为特朗普时代远去了，孰知拜登是"不发推文的特朗普"，"现实促使我们进行长期思考"，"一切都需要明晰化"。

法美关系史上最严重的外交危机在联合国大会的走廊里上演。欧盟成员国对待美国的立场虽然有异，但在关键时刻欧盟团结的传统再次显现。美欧不会分道扬镳，欧盟从属于美国的地位不会改变，法国也不会寄希望于欧盟各国一致谴责美国。但美欧矛盾和分歧再次公开化，短时间难以化解。欧盟安全与外交政策代表博雷利发表声明："欧盟外长集体的声音本身已是一个重大事件。"

2021年9月22日，法美两国元首通话。拜登重申对法关系的重要性，承认盟友间应该开诚布公，认为法国和欧盟在"印太地区"的合作具有战略重要性，欧洲有必要拥有更加强大和先进的常备防务力量，以便为跨大西洋战略作出贡献。法国驻美大使将奉马克龙之命返美，"与美方进行密切磋商"。

2021年10月5日，美国国务卿布林肯借出席经济合作与发展组织部长级会议之机访法，与马克龙讨论法国提出的推动欧洲国家开展更多安全合作的问题。美方特意为缺少沟通向法方道歉，表示"理解法方的愤怒"。美支持欧洲的防务和安全倡议，认为既可增强欧洲防务能力，又不会破坏北约，且是对北约的补充，"美国对北约的承诺是坚定不移的"。马克龙强调，不能认为什么事情都没有发生，那是错误的。欧盟要吸取教训，发展欧洲主权。"欧洲可以同传统伙伴和盟友进行友好合作，但也必须追求独立与主权。"

2021年10月6日，勒德里昂外长在国民议会国防与外交委员会应询时回称，法国驻澳大利亚大使让-皮埃尔·泰博在回国述职3周后返回堪培拉工作。"我要求大使完成两项任务：重新界定法国与澳大利亚的未来关系，以具体行动坚定捍卫潜艇项目终止过程中法国的利益。"

法美两国元首于2021年10月底在意大利G20峰会和11月初英国世界气候大会期间会晤。拜登承认取消法售澳潜艇合同的决定"失礼"和"考虑不周"，向法国道歉。马克龙总统、勒德里昂外长均表示，解决法美危机需要"赶时间"，主要取决于美国的行动，要"听其言、观其行"。这是美国总统首次明确赞同建立欧洲防务，更是首次对一个盟国服软，间接承认了马克龙的欧盟领袖地位。美国副总统哈里斯11月专程赴法，修补与法关系，宣称美法关系进入"新时期"。法国即将进入大选季，参选各派都提出要重振"戴高乐主义"，对美关系笃定成为主要议题之一。

三、美国始终视欧洲为谋取世界霸权的重要战略工具，极力阻挠和破坏欧洲独立自强的意识和举措，美欧间控制与反控制的斗争从未停息，欧盟战略自主的声浪再度高涨

戴高乐欧洲建设的基本思路，一是彻底消除欧洲战争策源地，二是提高法国的政治声望和国际影响力，三是利用欧洲市场谋取实际经济利益。美国则极力打压欧洲的独立倾向，利用英国和中东欧国家的亲美情结迟滞和离间欧洲建设，同时运用外交和军事手段打压欧盟。美国在冷战后先后发动科索沃战争和全面反恐战争，在格鲁吉亚和乌克兰发动"颜色革命"，不断升级对俄罗斯的全面制裁。2008年金融危机转嫁为欧洲主权债务危机，策动为期10年的"阿拉伯之春"搞乱中东，大量难民涌进欧盟。欧盟陷入政治经济社会安全等多重危机叠加的困难时期。

特朗普作为对欧盟最不友好的美国总统之一，在竞选时和就任后反复唱衰欧盟，认为欧盟和欧元本身就是与美国对立和削弱美国，宣扬"北约过时论"并威胁美国要退出北约，要求欧洲国家特别是德国支付保护费，美欧关系处于历史上最糟糕时期。马克龙在使节会议上提出有关"西方霸权终结"和"北约脑死亡"的观点，意在引起西方阵营的警觉的同时，提升法

国国际影响力。

美国在利用欧洲为其全球霸权战略服务的同时，从未放松对欧洲的控制和警戒。"情报控制与情报霸权"是美国的世界战略之一，对盟国也不例外。20世纪90年代曾爆出美国监听欧洲盟国领导人的"天梯计划"，2013年又爆出以德国总理默克尔为主要对象的"棱镜门"监听事件，都引起欧洲盟国的"极大愤慨"。2021年又相继爆出"美国—丹麦情报门"联合窃听和监控盟国领导人和以色列"飞马"间谍软件丑闻。美国"最亲密盟国"以色列软件公司NSO集团开发的"飞马"间谍软件被用于监听多国领导人。"最强大的间谍软件"已达到无所不能的地步，多国利用该软件监听"不友好国家"领导人，已知有三位总统、十位总理被监听，其中包括法国总统马克龙、摩洛哥国王穆罕默德五世和印度总理莫迪，另有欧洲理事会主席米歇尔、世卫组织总干事谭德塞等国际组织负责人被监听。美国通过非法手段监控包括最紧密盟国在内的世界各国的事实一再暴露。美国的监控技术不断提升，愈加毫无顾忌，却不断反陷别国"监控"美国和进行"黑客攻击"。贼喊捉贼，以此为最。欧洲舆论的"愤慨程度"最高，欧盟特别是法德两国领导人的态度最为坚决，强烈要求美国做出解释。但最后仍一如既往地以"隐忍"结束。人权和隐私权，最终都让位于美国的霸权，使人看到了美欧的主从关系。法国和欧盟因潜艇事件对美国做出的强烈反应，可以视作欧盟对美国霸道作风"隐忍"已久的总爆发。

拜登政府的多边主义仍是霸权主义的翻版，呼朋唤友为美国的全球霸权服务，与特朗普"美国优先"、退群毁约的单边主义并无实质区别，都是出于对美国霸权衰落极端焦虑心态下而采取的政策举措。

　　美国率领北约28个成员国和其他盟国共近40个国家入侵阿富汗，经历"美国史上最长"的20年战争，溃败后只顾自己逃命，导致北约全球化试验彻底失败和名声扫地。对拜登政府利用北约反华遏华的企图，马克龙强调北约不能成为跨越北大西洋地域的军事政治组织，不能成为与中国为敌的机制。美国主导的西方"最强大国家"——七国集团（G7）——由冷战后对世界各国颐指气使、对国际局势发号施令沦落为清谈俱乐部，2020年连视频峰会都没有召开。美欧战略联盟因利益分配不公而趋于分散，特朗普发动的对欧贸易战仍在继续，欧盟战略自主呼声渐高，对美霸道作风和"美国优先"政策批评增多。奥巴马和特朗普为遏制中国而拼凑了美日印澳四边安全对话机制（Quad），拜登提出扩大职能和合作范围，四国虽对遏制中国存有共识，但由于各怀鬼胎、各取所需难以在所有问题上达成共识，所谓的安全机制含义宽泛，但作用有限。美国寄希望最深的"同文同种"的盎格鲁-撒克逊"五眼联盟"，也因利益因素而趋于分散。新西兰公开表明不会与中国为敌，拒绝参与美国组建的反华阵营。

　　美英澳新军事安全关系联盟的建立，是"五眼联盟"的缩小版，同时充分表现出美国对盟国控制力和对国际局势影响力的双重下滑态势。美国妄图通过建立遏制中国发展的霸权联盟，却恰巧证明了美国对盟友的戒备和不信任心理与霸权联盟的分裂。法国前外长勒德里昂反复申明，法国坚决反对美英澳三方安全伙伴机制表现的对抗逻辑。欧洲舆论认为美国此举弄巧成拙，美国已陷入"无可挽回的衰落"进程。

　　美国在需要时拉上或强压盟国壮胆和"帮人场"，始乱终弃的例子俯拾皆是。2008年，美国怂恿格鲁吉亚与俄作对，俄坚决反击后导致南奥塞梯和阿布哈兹两地"独立"，美对格鲁吉亚失去信心后弃之如敝屣，格沦为三流国家。美国从阿富汗仓皇撤兵后，又从伊拉克撤出作战部队。伊拉克成为阿富汗之后的另一个遭美极度蹂躏而遭抛弃的国家。加拿大秉承美国意志无理扣押孟晚舟近三年之久，对华政经关系和国际信誉严重受损，只能在美国做出"延期起诉"的裁决后灰溜溜地放人。欧盟自2010年以后陷入一体化建设史上深重危机和经济停滞的"双10年"，主要原因一是美国导演的"阿拉伯之春"闹剧，二是2008年美国为转嫁次贷危机而引发的欧洲主权债务危机。英国和澳大利亚追随美国成立三方安全机制，最终也逃脱不了遭美国抛弃的命运。马克龙与拜登通话后法驻美大使业已返回华盛顿，但马克龙却拒接澳大利亚总理莫里森电话。潜艇事件已影响到欧盟与澳大利亚的全面关系。欧盟是澳第三大贸易伙伴，2020年的双边商品和服务业贸易额分别为360亿欧元和260亿欧元。欧澳自贸协议谈判业已被欧盟后延，同时取消了澳贸易部长访欧日程。

美国为了自己的利益，什么事情都干得出来，从不顾及盟国的反应。所谓的规则都是为了限制别人的，美国一旦认为对自己有所约束，都将任意抛弃或破坏。法国对潜艇合同被"横刀夺爱"的愤怒反应使美颇感意外，因为以往都是盟国顺从美国。法国已提出扩大核动力技术出口，国际核不扩散体系因美国向澳大利亚出口核潜艇而遭受威胁。

美国参谋长联席会议主席马克·米利在参院接受咨询，承认阿战既远未按照美国的意愿结束，更没有完成预定的战略目标，仓皇撤军是因判断失误而犯下的"战略错误"，导致"战略失败"，系多年以来的系列错误战略决定导致的结果。米利说军方曾建议在阿保留2500名驻军，但总统不听，他对塔利班重新执政的心情"无以言表"。"我先后向两位总统提议，不能事先确定撤军的具体日期，但战略决定由总统来做"，"总统能够当选，总是有原因的"。米利承认军方与政府在撤军问题上的分歧导致混乱，使美国在世界范围内丧失信誉，"信誉受损是可以使用的词汇"，"受损程度需要重新评估"。美防长奥斯汀承认没有想到美精心扶植的阿富汗政府高官如此腐败和无能，美和北约盟国精心培训的阿政府军士气如此低落，本以为难成气候的塔利班攻势如此凌厉，却不承认美国的信誉因之受损。

美军参联会主席和防长在参议院接受的咨询表明，一是暴露了军方与政府的分歧，二是间接指出特朗普和拜登两任政府的无能，三是承认美国的全面失败。欧洲舆论借机大做文章，美欧矛盾公开化和欧盟所有成员国一致谴责美国，是美欧关系史上从未有过的现象。冷战后西方对外干预无一成功，外力改变一国政权绝无可行，已成为欧盟共识。

随着默克尔退出德国政坛，马克龙成为欧盟最具影响力的领导人。"戴高乐主义"重新成为法国外交的旗帜。拜登从伊拉克撤军后，马克龙访问伊拉克，称无论美国如何选择，法国都会留在伊拉克，同伊拉克一起打击恐怖势力。明显表现出取代美国在伊拉克影响的意图。

冷战结束30年来的历史一再证明，美国独断专行的霸道作风行不通，美国独霸世界的美梦不可能实现。美国控制世界的能力和国际影响力日趋衰落已是不争的事实，以世界之大、矛盾之繁、关系之杂，多元世界和多极世界正在日益成为现实。欧盟不会彻底与美闹翻，不会与美国分道扬镳，法国仍是西方阵容的重要成员。但是，欧盟战略自主步伐加快和与美利益争夺趋于激烈，已是不争的事实。法兰西之怒和高调宣称"不再天真"，美国口头服软，均说明形势确实起了变化。

第五章

美国强化"印太战略"
亚太形势稳中有忧

拜登政府对"印太战略"的新构建及其影响

杨希雨、张薇薇

【内容提要】"印太战略"是冷战后历届美国政府不断推进全球战略重点东移的必然产物。拜登政府上台仅一年，显著加大对"印太地区"的战略投入，提升和充实特朗普政府留下的"印太战略"，使之更加聚焦"中美战略竞争"，以价值观为基础重塑地缘战略环境，升级美日澳印四边对话机制，新建美英澳三方安全伙伴关系，并有意改造"印太地区"营商环境，对冲中国经济影响力。经过拜登政府"再造"的"印太战略"，给本地区增添了巨大不确定性和战略不稳定性。
【关键词】拜登政府；"印太"；美日澳印四边机制；美英澳三方安全伙伴

【作者简介】杨希雨，中国国际问题研究院亚太研究所研究员；张薇薇，中国国际问题研究院国际战略研究所副所长、副研究员。

美国的"印太战略"虽然由特朗普政府正式推出，但该战略的产生，其实是自冷战结束以来，历届美国政府不断推进全球战略重点东移的必然产物。从历史演进的角度看，美国把其全球战略重点从传统的欧洲，完全调整转移到新兴的亚太/"印太"地区，需要一个较长的过程，无法一蹴而就。因此，服务于美国全球战略"新重点"的"印太战略"，必然要经历一个超越两党政治的渐进演化的过程。拜登政府上台仅一年，就加大战略投入，提升和充实特朗普留下的"印太战略"，使之呈现出更加系统性的军事同盟新结构、更加重视以"价值观"为基础的地缘战略环境重塑和更加聚焦"美中战略竞争"的新特点。经过拜登政府"再造"的这种"印太战略"，给广袤的印度洋–太平洋地区，特别是中国周边的亚太地区，增添了巨大的不确定性和战略不稳定性。

一、美国"印太战略"的源起

2010年左右，"印太"开始作为一个地缘概念被澳大利亚、印度、美国和日本等国的官员和学者广泛使用。2016年，时任日本首相的安倍晋三首次提出"自由开放的印太战略"。2017年11月，美国总统特朗普在越南主办的亚太经合组织领导人会议上提出构建"自由开放的印太地区"的愿景，正式用"印太"概念取代"亚太"。随后，"印太"被写入美国《国家安全战略报告》和《国防战略报告》，正式升级为美国地区战略。[①]

"印太"从澳大利亚、印度等国的学术和政策语境进入美国核心战略规划的过程体现了美国政府对世界战略重心加速东

---

① 赵青海:《新瓶旧酒：特朗普政府的印太战略》,《学术前沿》2018年第8期, 第6页。

移趋势的确认。2000年后，以中国、印度、东南亚为代表的亚洲国家的群体性崛起使世界战略重心逐渐由大西洋两岸向亚洲转移。"印太地区"已拥有世界五分之三的人口和全球生产总值的60%，是全球消费品的主要生产地。新冠肺炎疫情前，全球经济增长的三分之二来自"印太地区"，这使之无愧于世界经济"引擎"的称号。经济实力的崛起带来政治力量的增长，"印太地区"在国际政治版图中的重要性显著上升。印太还是世界军事力量最为集中的地区。美国的地缘战略规划逐渐将西太平洋和印度洋"视为一个战略弧"，并将"印度洋、太平洋及两大洋间的海上走廊包含在一个无缝的运作区域"。[①] "印太战略"由此应运而生。

特朗普政府时期见证了美国"印太战略"的正式诞生和初步成形。2018年2月，特朗普签署和授权秘密级《美国印太战略框架》（以下简称《战略框架》），这成为其实施"印太战略"的纲领性指导文件。[②] 该文件原定2042年底解密，却罕见地在特朗普卸任前夕提前部分解密。2019年6月，美国国防部出台《美国印太战略报告——准备、伙伴关系及促进地区网络化》（以下简称《印太战略报告》）。[③] 2019年11月，美国国务院发布《自由开放的印太——推进共同愿景》（以下简称《自由开

① 赵青海：《"印太"概念及其对中国的含义》，《现代国际关系》2013年第7期，第16页。

② *U.S. Strategic Framework for the Indo-Pacific*, White House, https://www.whitehouse.gov/briefings-statements/statement-national-security-advisor-robert-c-obrien-011121/.

③ *Indo-Pacific Strategy Report: Preparedness, Partnerships, and Promoting a Networked Region*, U.S. Department of Defense, https://media.defense.gov/2019/Jul/01/2002152311/-1/-1/1/DEPARTMENT-OF-DEFENSE-INDO-PACIFIC-STRATEGY-REPORT-2019.PDF.

放的印太》）。① 这两份文件从不同角度对美国"印太战略"进行了公开阐述，与《战略框架》一起搭建了美国"全政府"模式的印太战略蓝图。

根据《战略框架》，美国将"保持在印太地区外交、经济和军事上的绝对优势（preeminence），"印太"地区大多数国家更加青睐美国作为伙伴，美国的经济实力和影响力在本地区持续增强"作为最核心的战略目标。美国国务院《自由开放的印太》报告以领域和主题划分，从"提升共同愿景""深化同伙伴和地区机制的联系""促进经济繁荣""支持良治""保障和平与安全""投资人力资源"等六个方面，对战略实施途径展开细分阐述。

拜登政府上台后，在形势评估与目标认定等基础性问题上大体沿袭了特朗普政府时期的主要判断，同时对战略的具体运作方式及实施重点等进行了一些调整。总体而言，拜登政府继续构建和强化美国"印太战略"，决意在世界新战略重心地区围堵中国，这必将对地区和全球形势产生重大影响。

二、拜登政府"印太战略"的基本特点

主抓政治和军事两翼，积极弥补经济短板，是拜登政府实施"印太战略"的基本特点。

---

① "A Free and Open Indo-Pacific: Advancing a Shared Vision," U.S. Department of State, https://www.state.gov/wp-content/uploads/2019/11/Free-and-Open-Indo-Pacific-4Nov2019.pdf.

（一）以对华战略竞争为内核，用价值观凝聚盟友体系，渲染中西两种意识形态两种制度的对立与竞争，力图塑造有利于美国的国际政治环境

美国国家安全顾问沙利文在接受采访时表示，拜登政府致力于为中美竞争塑造国际环境，制定规则和条件，使美国在同中国竞争性共存时，面临更为有利的环境和条件。[①] 在这一思想指导下，拜登政府的"印太战略"着眼于维持和提升美式价值观和规则等在地区国家的影响力，维护美式话语的主导地位。拜登政府以"民主和不民主"的两分法划分世界，将中美意识形态领域的不同定义为民主自由与专制威权的模式之争，以此塑造对整个西方社会的威胁感，笼络盟友。与特朗普政府时期赤裸裸的对华政治攻击相比，拜登政府手法更老道，更显深谋远虑。

在所谓民主自由价值观的大旗下，拜登政府同主要盟友和伙伴频繁接触，拜登本人多次会见欧亚盟友的领导人，派出各领域高官高频次出访，将价值观议题渗透外交、经济、科技、安全等各方面。2021年3月，美国国防部长奥斯汀与国务卿布林肯一起访问日本和韩国，并召开"2+2"会议，后又单独访问印度。美日韩于4月初在华盛顿召开国家安全对话，商讨三边安全合作事宜。4月和5月，拜登分别会见了来访的日本首相菅义伟和韩国总统文在寅。5月印度外长苏杰生访美，与拜登政府外交国防领域的高官悉数会面。6月，拜登参加七国集团

[①] "How the Biden White House View China—CNN Interview with Jake Sullivan," CNN, https://edition.cnn.com/videos/tv/2021/11/07/exp-gps-1107-jake-sullivan-on-china-policy.cnn.

峰会时再次会见日韩领导人。7月，美国常务副国务卿舍曼又访日韩。同月，布林肯访问印度，与印度总理莫迪和外长苏杰生会谈，宣称要加深美印战略伙伴关系。几乎同时，奥斯汀访问新加坡、越南和菲律宾。8月，美国副总统哈里斯访问新加坡和越南，强调加强美新战略伙伴关系和美越全面伙伴关系。12月9日至10日，拜登政府邀请约110个国家和地区的领导人、市民社会代表、私营部门代表等召开在线"民主峰会"，并宣布4.24亿美元的"总统民主复兴倡议"，力塑美国民主世界的领袖形象。12月，美国务卿布林肯访问印度尼西亚和马来西亚，继续鼓吹东南亚同美国开展战略合作"应对中国霸凌"。此外尤其值得注意的是，拜登利用6月七国集团峰会、北约峰会和美欧峰会等时机，大力游说和拉拢欧洲盟友，鼓动欧洲追随美国介入"印太"事务，对中国搞合围攻势。

（二）以军事为主导，利用"四边安全对话机制"（Quad）和"三方安全伙伴关系"（AUKUS）两个平行机制为抓手，加大对地区安全同盟网络的再塑造

美国"印太战略"的本质是军事优先战略，迄今为止，五角大楼主导战略实施的痕迹非常明显。早在奥巴马政府宣布实施"亚太再平衡"时，就宣称要逐渐将海军兵力的60%部署到太平洋地区。特朗普政府时期，美国国防部于2018年将太平洋司令部更名为"印太司令部"。2019年6月国防部出台的《印太战略报告》强调，美国"印太军事战略"的三大支柱是"做好战争准备""加强伙伴关系"和"促进网络化的地区架构"。[①]
在此指导下，美国国防部一边着力提升美军的杀伤力、适应
性、灵活性和准备性，包括对军队部署的短期调整和对军队现
代化能力的长期投资，一边重点深化同地区盟友和伙伴的双多
边合作并促进盟友伙伴之间的合作，包括借助同东北亚、东南
亚、南亚、大洋洲和太平洋岛国盟友伙伴的合作，重新规划和
部署在本地区的军力，提升同盟国军队一体化作战的能力，联
合研发尖端技术和新式武器等。

　　从特朗普政府到拜登政府，美国重点打造了"四边安全对
话机制"（Quad）和"三方安全伙伴关系"（AUKUS）两个地
区安全机制。2017年11月，美日印澳四国外交部门在马尼拉以
"自由开放的印太"为主题举行了首次局长级战略对话。2019
年9月，四国外长在纽约参加联合国大会期间举行会议。这是
Quad首次部长级磋商。拜登政府上台后，再次将Quad运行的
层级提升至元首级别。2021年3月，Quad举行首次领导人视频
会议。9月，Quad再次举行四国领导人面对面峰会。这些年，
美日印澳四边安全合作内容渐趋深入，构建起六大安全合作子
网络，分别是"情报安全合作网络""海上安全合作网络""网
络安全合作网络""反恐安全合作网络""生物安全合作网络"
和"技术安全合作网络"。[②]

　　拜登政府在构建地区安全机制上的另一个重要手笔，是

---

　　① *Indo-Pacific Strategy Report: Preparedness, Partnerships, and Promoting a Networked Region*, U.S. Department of Defense, https://media.defense.gov/2019/Jul/01/2002152311/-1/-1/1/DEPARTMENT-OF-DEFENSE-INDO-PACIFIC-STRATEGY-REPORT-2019.PDF.

　　② 刘思伟、高旭：《美日印澳四边安全合作：议程变迁、网络构建和演化逻辑》，《印度洋经济体研究》2021年第5期，第115—118页。

2021年9月与英国和澳大利亚共同建立了三方安全合作伙伴关系机制。三国计划全面深化在安全和防务领域的合作,包括信息和技术共享,安全和防务相关科学、技术、工业基础和供应链的整合,强化三国之间的联合军事能力和互操作性等,其中网络、人工智能、量子技术和其他海底能力将成为合作重点。[①] 作为三国安全合作的开端,美国和英国将协助澳大利亚建造至少8艘核动力潜艇。澳大利亚核动力潜艇编队建成后,单次连续潜航最长可达77天,巡航范围可北推至台湾海峡。按照三国合作计划,澳大利亚未来还可能获得包括战斧巡航导弹、海上远程攻击武器系统等先进武器系统,并参与美英高超音速武器的研发。

Quad 与AUKUS两个多边安全机制的建立标志着美国"印太战略"东西两翼初步成型。Quad是东翼,以美日印澳为创始成员国,未来扩员的方向是韩国、菲律宾、新加坡等美国视为"支点"的亚洲国家。由于美日澳之间的双边军事合作早已存在,Quad机制建立的主要意义在于将印度纳入正式的安全合作安排。美国抓住印度对中国的疑虑和防范心理,顺应印度"向东看"的政策需求,一步步将印度纳入自己的"印太"安全网络。而印度也由最初的半推半就、有限参与逐步转变为主动介入、积极塑造。[②] 然而,单凭Quad并不足以确保美国在整个"印太地区"的霸主地位。一来Quad的重要成员日本由于受到国内法律、舆论、军力等制约,海上自卫队远赴印度洋执行任务很难顺理成章、得心应手。二来印度一直视印度洋为"印度

---

① 樊吉社:《美英澳三国新防务合作探析》,《现代国际关系》2021年第11期,第22页。

② 郑海琦:《"印太战略"视阈下印度的战略角色转变与关系定位》,第95—98页。

的洋",不希望与美国的合作削弱自己在印度洋的传统地位和影响,因而对在印度洋配合美国开展安全行动并不积极。于是美国撇开日本和印度,同英国和澳大利亚另外结成一组安全合作伙伴关系AUKUS。

AUKUS是美国"印太战略"的西翼平台。英国曾长期把持印度洋,直到20世纪60年代才逐步撤出军事力量,但仍在印度洋中部的迪戈加西亚环礁保留了属地,后来英国将该属地租借给美国,成为美国在印度洋的唯一军事基地。澳大利亚扼守太平洋与印度洋的交汇点,只要军力和技术进一步发展,其在西太平洋和印度洋均可有较大范围的延伸,进而承担更重要的军事任务。英、澳两国还是美国的忠实盟友,冷战后美国的每一场对外战争中,这两国均与美国并肩而战。目前美国在印度洋仅有迪戈加西亚一处军事基地,与其在太平洋的数十处基地相比,实在捉襟见肘,对美国军力的投射产生较大制约。AUKUS框架的初步建成,包括澳大利亚核潜艇编队的入列,将有效弥补美国"印太战略"西翼的不足。未来AUKUS可能会吸纳更多欧洲国家加入。

(三)推出"印太"经济框架,主抓供应链、数字经济、基础设施等板块,意图改造亚太地区的营商环境,对冲中国强大的经济影响力

拜登政府有意改变"印太战略"军事主导的对外形象,强调要补足经济"短板"。事实上,在特朗普政府退出TPP之后,美国与"印太地区"缺乏有力度的经济链接。2021年10月,在美国—东盟峰会上,拜登抛出了"新印太经济框架"的概念,强调该框架将"界定我们围绕贸易便利化、数字经济与技术标准、供应链韧性、去碳化与清洁能源、基础设施、劳工标准以

及其他共同关心的领域的共同目标"。① 2022 年 5 月 23 日，美国总统拜登在东京宣布启动这一伙伴关系，首批 13 个参与方包括美国和日本，但不包括中国。

从 2018 年到 2021 年，美国连续召集了四届"印太商业论坛"（Indo-Pacific Business Forum），分别在华盛顿、泰国、越南和印度召开。美国同日本和韩国重新订立贸易协定，利用发展援助等方式介入印尼、越南、孟加拉国、老挝等国投资和海关制度的制订，名义上是"帮助""印太"国家对接全球贸易规范、降低制度壁垒和创造公平竞争的环境，实质是为美国企业进驻打开方便之门、铺垫制度基础。美国调动国务院、商务部、能源部、美国国际开发署，"千年挑战公司"、海外私人投资公司、进出口银行等多家机构，多管齐下力促与"印太地区"的经济链接。在 2021 年的第四届"印太商业论坛"上，美国国务卿布林肯、贸易代表戴琪等高官与会并发言。美国国际开发署等政府机构以及亚马逊等大公司宣布了在本地区的一系列新的投资和援助项目。这显示，拜登政府正加大对"印太地区"经贸环境的塑造。

在供应链领域，拜登政府充分挖掘"印太"经济体的比较优势，施压或游说其大幅增加对美投资，或同美国结成供应链同盟。2021 年 5 月，韩国三星电子宣布将投资 170 亿美元在美国新建芯片工厂，LG 能源和 SK 创新将在美投资 140 亿美元，

---

① 《拜登的印太经济框架眼下可能还是一个概念》，FT 中文网，2021 年 11 月 9 日，http://www.ftchinese.com/story/001094465?full=y&archive。

现代汽车将投资74亿美元在美生产电动汽车和充电桩设备。[①]
台积电也考虑在2020年投资的基础上追加250亿美元投资，在
美国建设3纳米半导体生产线。

在数字经济领域，拜登政府酝酿推出一项涵盖"印太地
区"经济体的数字贸易协议以对冲中国不断增长的数字经济影
响力。协议成员国可能包括加拿大、智利、日本、马来西亚、
澳大利亚、新西兰、新加坡等国，主要内容是制定数字经济标
准，包括数据使用规则、贸易便利化和电子海关安排等。[②]

三、美国"印太战略"对地区安全与稳定的复杂影响

从奥巴马政府、特朗普政府，再到拜登政府，美国全球战
略重心东移的趋势持续加强，近年还越来越锁定对华战略竞争
的焦点。美国意图通过实施"印太战略"达到赢得对华竞争，
并在变化了的全球地缘政治版图中维持领导地位的战略目标。
美国"印太战略"的推行在"印太"和世界其他地区产生了深
远而复杂的影响。

首先，美国"印太战略"的出发点和宗旨，就是要在印度
洋—太平洋这个广袤地区，确保"美国第一"的战略优越地位，
这必然在不同领域、不同问题上，损害甚至践踏本地区其他国
家利益。拜登政府虽然没有承袭特朗普"美国第一"的口号，

---

① "S. Korean Firms Announce Plans to Invest $39.4b in US," *The Korea Herald*, May 22, 2021, http://www.koreaherald.com/view. php?ud=20210522000011。

② 《美拟与印太经济体达成数字贸易协议以制衡中国》，《联合早报》网新闻，https://www.zaobao.com.sg/news/world/story20210714-1168687。

但他对"印太战略"确保"美国第一"这个实质性目标，没有丝毫改变。拜登政府虽然比前任更加重视同盟关系，然而重视和加强的目的，却是要逼迫或裹挟盟友在"美中竞争"中选边站。因此无论是特朗普政府时期还是拜登政府执政后，日本、东盟、印度、法国、德国等纷纷出台自己的"印太政策"或"印太战略"，且刻意强调与美国的不同。2021年9月，欧盟推出自己的《印太合作战略》。该战略有两点突出考虑：一是维护和推进欧盟的国际影响力，包括在作为热点的"印太"问题上保持话语权，渗透欧洲价值，发挥其作为规范性力量的作用。二是搭上"印太"地区经济发展的便车。① 可见，欧盟将更多从促进自身作为全球行为体的能力，而非配合美国需要出发介入"印太地区"事务。

东盟对美国"印太战略"的防范更为明显。2019年6月，第34届东盟峰会发表《东盟印太展望》文件。文件指出，"印太"应当是对话与合作的地区，而不是竞争的地区，"印太"要实现所有人的发展与繁荣，而东盟将在其中发挥"中心和战略作用"。美国强势介入和力主按自身目标塑造"印太"从根本上违背了"东盟中心"地位，注定不会得到东南亚国家的真心拥护与配合。

其次，美国"印太战略"的军事导向和战略对抗意味极重，同本地区内绝大多数国家追求和平与发展的政策取向完全背道而驰。美国显著加大对"印太地区"的军事投入，特别是在针对中国的所谓"第一岛链""第二岛链"及其相关国家，抵近

---

① 简军波:《欧盟"印太"战略：抱负超越能力的理想主义方案？》《欧洲形势专家笔谈：欧盟的印太战略评估》，中国—中东欧国家智库交流与合作网络，https://www.17plus1-thinktank.com/article/1307.html?source=article_link。

前沿部署更多预警探测、情报侦察、指挥控制和先进武器系统，并同盟友伙伴频繁开展针对中国的联合军演。仅2021上半年，美国与不同国家在"印太地区"开展联合军事演习的总数就超过了20次。美国还鼓动北约盟友以实际行动介入南海。美国挑动台湾问题，提升对台军售、派美舰频繁穿越台湾海峡、增加与台湾军事互动、与台湾签署《海巡合作谅解备忘录》等，不断冲击中国核心利益的底线，引发中国强烈反应。"印太地区"军事对抗气氛显著上升。这引发地区国家的强烈不安与不满。尽管美国污蔑中国发展军力、挑战地区秩序，但中国却用实实在在的扩大开放、推动互利合作的实际行动证明自己和平发展、构建人类命运共同体的政策重心。越来越多国家公开发出不愿被美国绑上"战车"的心声。

第三，以构建扩展性军事同盟为抓手的"印太战略"，把广大的印度洋—太平洋诸多国家分割成"集体安全成员"和"非集体安全成员"两类国家，将使本地区深陷"安全困境"，即"一方加强自身安全的努力，必然带来另一方的不安全，最终导致互不安全"。拜登政府以"美日澳印"四边机制和"美英澳"三方机制，作为"印太战略"的东、西两翼平台，正在极力拉拢韩国、菲律宾、新加坡等亚洲国家加入Quad，同时拉拢法国、德国等欧洲国家加入AUKUS，以最终形成美国领导下的、分别覆盖太平洋的"Quad+"以及覆盖印度洋的"AUKUS+"的"印太集体安全体系"。而塑造"威胁"以突出美国应对威胁的领导能力，这是美国用来塑造同盟维系同盟的惯用基本手段。在广袤的"印太地区"，不遗余力地塑造"中国威胁"，已经成为美国政府拉帮结盟、扩展Quad和AUKUS的基本路径。美国的这种做法，将把多样化多元化的"印太"各国，划分成接受美国领导的"集体安全体系成员国"和不接受美国领导的

"非集体安全体系"国家。当"体系内"国家以应对"安全威胁"为借口加大军备投入时,"体系外"国家不安全感或被威胁感必然增加;作为应对,"体系外"国家增加自身安全的军备投入,又必然带来"体系内"国家的不安全感上升。美国"印太战略"这种拉帮结盟做法,除了给美国自己带来地缘战略利益之外,将给本地区所有国家带来负面安全竞争加剧的恶果,使本地区各国在竞相增强军备投入造成的"安全困境"中越陷越深。

四、结 语

尽管美国不同政府实施"印太战略"的方式和侧重有所不同,但以"印太地区"为重点谋划对华战略竞争一直是美国"印太战略"的核心要义。上任一年多来,拜登政府咄咄逼人的态势丝毫不亚于特朗普政府时期,也引发中国的强烈反应与反制。从某种意义上讲,正是美国的"印太战略"诱发了中美博弈的局面,也冲击了本地区原本的合作与发展主流。可以预见,"印太战略"的实施将是一个较为长期的过程,在不同时期可能有不同特点和表现方式。作为影响中国发展的一个重要外部环境因素,美国"印太战略"的演变值得及时关注与分析。

美国在东南亚围堵中国的
图谋不会得逞

张铁根

【内容提要】东南亚是美国围堵中国的战略重心。拜登政府继承特朗普时期对华极限施压政策，本质一样，方法更加老练。拜登上台后加快了"重返"东南亚的节奏，东南亚国家选边站的压力增大。选边站违反东盟初衷，东南亚国家在中美间实行大国平衡政策。中国同东盟友好关系根基深厚，美国在东南亚围堵中国的图谋不可能得逞。中国宜加深同东盟的经贸合作，积极推进区域经济一体化，理性处理同东南亚国家的分歧，增进民间相互信任。
【关键词】中美关系；拜登政府；美国重返东南亚
【作者简介】中国国际问题研究基金会研究员。

　　东南亚是美国围堵中国的战略重心。特朗普上台后，接连颁布了《美国国家安全战略》《2018美国国防战略报告》《2019财年国防授权法案》《美国对中国的战略方针》等文件，从贸易、科技、外交、军事、舆论等方面对中国进行"全政府"极限施压。拜登总统2021年1月执政以来，继承特朗普的对华战略，实质相同，手法更为老练。策略上从单打独斗变成拉帮结派，本质仍然是"美国优先"的霸权行径。拜登宣称不搞"新冷战"，其行动实际上还是将中国视作冷战对象。拜登宣布"美国回来"后的所作所为，对东南亚地区的和平稳定造成了负面影响，也使东南亚国家选边站的压力增大。

一、美国及其盟友在东南亚及周边区域 对中国进行围堵，毒化我周边环境

（一）以军事威慑为先导，在台湾、涉港、涉疆、涉藏、涉海等问题上干涉中国内政和侵犯中国主权

美国纵容蔡英文当局强化"台独"活动，鼓动国际亲美势力推动台湾"参与联合国体系和国际社会"，踩踏"一个中国"底线。美国纠集日、英、加、法、澳等国在南海或台湾海峡炫耀武力，其规模和频率达历史新高。美军舰多次进入我国美济礁12海里之内海域，无视我领海主权，并挑动东南亚国家在南海问题上对中国的不满。美第七舰队在其公告中为其军舰进入美济礁12海里的行动辩解称，"根据联合国海洋法公约，像美济礁这样的低潮高地在高潮时淹没在水面之下，不能产生领海，礁上的填海造地、设施建设不改变这一规则的适用"。显然，美国自身不加入海洋法公约，却要利用该公约，把自己的霸凌行为披上"法律"外衣，拒不承认我南海岛礁设施的合法地位，坚持其所谓"自由航行"的顽固态度。值得注意的是，美国的强词夺理得到部分东南亚国家的认同。菲律宾作为仲裁案的始作俑者，视"仲裁"为法宝。杜特尔特总统执政以来，在南海问题上的做法较为务实；2022年杜特尔特总统任期届满，

菲新政府的南海政策有待观察。美国务卿布林肯在2021年6月发起所谓南海仲裁案五周年纪念活动，在中国东盟之间挑拨离间，意图干扰"南海行为准则"的磋商进程。有美国搅局，南海局势未来不会平静。

（二）美国拉帮结派，打造"印太版北约"

美国打着"自由民主价值观"的意识形态旗号，加紧构建对华包围圈。一是强化美日印澳四边机制（Quad），2021年9月在白宫举行了四国领导人首次面对面对话峰会。二是美英澳宣布成立三方安全联盟（AUKUS），美英向澳大利亚提供核潜艇技术合作。这一举措将加剧东南亚地区军备竞赛，增加核扩散风险。有评论认为，在美国看来，冷战时期在东亚建立的传统伙伴关系与合作架构已经不太牢靠，只能依赖于建立盎格鲁-撒克逊种族小集团。受美国对华遏制政策鼓舞，印度在中印边界不断制造事端，并借助"四边机制"扩充地区影响力。澳大利亚炮制莫须有的"中国威胁"，充当美国反华马前卒。

日本在东南亚配合美国进行战略策应，防范和限制中国。防卫大臣岸信夫2021年9月访问越南时称，日越"同舟共济，命运相连"，暗示两国要在东海和南海相呼应。岸信夫同越国防部长潘文江举行出口防卫装备和技术会谈，日向越提供舰艇等军事装备。日本在二战结束后便加紧经营东南亚，通过"政府开发援助"计划，进行了大量投资和援助。据2017年日本外务省在东盟10国进行的舆论调查，89%（18—59岁）的民众认为日本对东盟国家的发展"贡献最大"。据英国《经济学人》杂志称，截至2021年7月，日本在印尼、马来西亚、菲律宾、泰国和越南的投资金额达2590亿美元，远超在中国投资的1570亿美元。日本在其擅长的经济领域以"经济安保战略"对华实行制约，日本公司在东南亚与中国公司开展"激烈竞争"。菅义伟执政后，日本"消极倾向"明显，公然介入台湾海峡事务。岸田文雄内阁以日美同盟为主轴，在中美间搞"微妙平衡"。

（三）美国发动舆论围攻，抹黑中国

以维护"人权"为幌子，诽谤中国在新疆实行所谓"种族灭绝""强迫劳动"等，试图误导伊斯兰国家把矛头指向中国，煽动印尼、马来西亚和文莱等国穆斯林族群产生对中国的恶感。在新冠肺炎疫情方面，美西方搞疫情污名化、病毒溯源政治化，无端质疑中国疫苗的安全性、有效性。

二、拜登政府"重返"东南亚的节奏加快

美国高官密集访问东南亚，以多种方式加强与东盟国家的互动。2021年5月底6月初，美常务副国务卿舍曼访问印尼、柬埔寨、泰国。7月，美国务卿布林肯以视频形式出席东盟—美国外长特别会议。同月国防部长奥斯汀访问新加坡、越南、菲律宾。8月，副总统哈里斯访问新加坡、越南，并成为首位访越的美国副总统。11月，美商务部长雷蒙多访问新加坡、马来西亚。11月底12月初，助理国务卿克里滕布林克访问印尼、马来西亚、新加坡和泰国。12月，国务卿布林肯任内首访印尼、马来西亚，计划中的最后一站泰国之行因随行人员核酸检测阳性而临时取消。2021年美国高官"东南亚攻势"覆盖东盟主要国家，聚焦于安全、经济和抗疫等多项议程，主要目的就是寻找影响东南亚国家决策的抓手，将东南亚国家纳入美"印太战略"，共同围堵中国。

　　舍曼访问东盟三国，主要是兜售所谓"自由开放印太战略"。印尼在东盟的地位举足轻重，是美国重点争取对象。在印尼倡议下，东盟制定了"东盟印太展望"，但有意与美国的"自由开放印太战略"拉开距离。印尼奉行"独立与积极"的大国平衡外交政策，佐科总统执政后，中印尼关系保持快速发展势头，两国建立了全面战略伙伴关系。2021年5月，印尼邀请中国海军协助打捞失事潜艇，有人借此指责佐科"与中国走得太近"。其实，印尼亦同美国保持着密切关系。2021年8月两国举行规模空前的"神鹰盾牌"军事演习，并在同中国有海域争议的纳土纳群岛附近海域举行了模拟空袭演练。印尼空军发言人称，该演练"显示了印尼在该海域的存在"。印尼在抗疫问题上，一方面从中国输入和采购了大量疫苗，同中国企业积极开展疫苗研发合作；另一方面印尼外长雷特诺8月访美时表示希望同美国疫苗制造商合作生产疫苗，美方许诺提供7700万美元医疗费用和800万剂莫德纳疫苗及1000台呼吸机。印尼外交部就外长访美发文称，"有决心加强印尼和美国的合作，印尼欢迎美国重返东南亚"。

　　哈里斯出访新加坡和越南，也不是随意之选。新加坡地理上处于东南亚枢纽位置，在意识形态、军事和经济等领域同美国联系非常密切，堪称不是盟国的"盟国"。新加坡素有"小国大外交"抱负，在地区战略问题上有一定影响力。白宫高级官员透露，哈里斯此行的重点是"捍卫南中国海的国际规则，加强美国的地区领导地位和扩大安全合作"。哈里斯在新加坡演讲时称，美国同新加坡、东南亚以及"印太"伙伴的关系，对美国而言是"重中之重"，该地区对美国的安全和繁荣至关重要。哈里斯指责中国声称拥有南海的绝大部分主权，这些"非法的主张"已经在2016年南海仲裁案中被驳回。中国的行为继续"破坏""基于规则的秩序",美与盟友和伙伴站在一起。哈里斯在访新期间,美新签订了网络安全、金融和国防机构合作三项协议。新加坡同美国在军事上深度合作,允许美国使用新加坡的海空军设施,新加坡武装部队也有分遣队在美训练。哈里斯登上了停靠在樟宜海军基地的美国滨海战舰"塔尔萨"号。美国是新加坡最大外资来源,新加坡拥有近5500家美国公司,美国在新加坡的外国直接投资存量超过了美国在中国、印度和韩国的投资总和。美国拟将美新关系提升为"创新与增长伙伴关系",向周边辐射,带动美与其他东南亚国家关系进一步提升。

越南与美国意识形态、社会制度相异,之所以受到美国青睐,主要是越南和中国在南海问题上有争议。这些都为美国在中越间打入楔子留下空隙。2021年8月25日,哈里斯在会晤越南领导人时称,"我们"需要寻找途径施加压力,迫使北京遵守联合国海洋法公约,挑战其"霸凌和过分的海洋主张"。美国许诺加赠越南500万剂新冠疫苗,总数将达到600万剂。增加捐款2300万美元,总额达4400万美元。

美国防部长奥斯汀访问菲律宾也没有空手而归。杜特尔特总统2021年7月29日会见了奥斯汀,两国宣布全面恢复终止了一年多的《访问部队协议》。根据该项1998年签署的协议,美国军队可以不定期访问菲律宾的几个军事基地,军方人员来菲无须签证。

2021年10月26日,美国总统"阔别"东盟—美国峰会四年后,再次出席东盟—美国峰会。拜登以视频形式在会上发言,表示美国"认可"东盟在区域的中心作用,承诺以后将亲自出席东南亚的区域会议,宣布拨款1.02亿美元与东盟在卫生、气候、经济和教育领域开展合作。拜登强调,美国将与东盟一同捍卫"民主和海上航行自由",并表示将就制定"印太地区"的经济框架展开对话。有分析认为,美国总统"重返"东盟峰会,意在显示对东盟的"重视",主要目的还是补上与东盟关系的"短板",拉东盟作为美国对抗中国战略的一部分。

三、东南亚国家实行大国平衡政策,不愿选边站,美拉东盟围堵中国的企图难以得逞

应该指出的是,一些东南亚国家对拜登政府"重返"是有所期待的。有些国家对特朗普"只顾盯着中国",对东盟组织及东南亚国家不重视有所怨言,也期待美国的"重返"能保持这一地区的大国关系平衡,维护东盟的"中心地位"。在美中之间两边"对冲",左右逢源,是不少东南亚国家的普遍心态。

把中国同周边国家发展关系解读为大国博弈是过时的冷战思维。东南亚国家在中美之间搞"平衡"的局面将长期存在。但是,美国指望东南亚国家与它一起围堵中国,则肯定是痴心妄想。"一时强弱在于力,千秋胜负在于理。"

(一)建立"东南亚和平自由中立区"是东盟成立的初衷

自1967年8月成立以来,东盟初心不改,把实行"大国平衡"外交当作安身立命之本。新加坡《联合早报》评论指出,东盟国家如果顶不住压力而选边,本区域将会分裂。"不选边"也是一种"为己而战"的意志,因为这与小国的命运生死攸关。新加坡总理李显龙在第38届东盟峰会发言称,东盟要在开放和具包容性的区域架构中保持核心作用。新加坡和许多区域国家一样,希望同中国和美国都建立良好关系。我们不希望

这个区域成为竞争和冲突的地方，也不希望被迫选边站。越南领导人对王毅国务委员兼外交部长表示，越中同为社会主义国家，谁也无法动摇和改变越中之间的团结与合作。柬埔寨领导人表示，中国为柬发展作出的贡献任何国家都无法替代，任何外部恐吓引诱都不能动摇柬同中国合作的决心。东盟对"四边安全对话机制"反应冷淡，因为该机制将东盟在东南亚地区的中心作用边缘化。东盟国家对"美英澳三方安全联盟"广泛表示忧虑。印尼首先提出批评，认为这将引起本地区持续的军备竞赛。马来西亚担心会激发大国更强势的行动，造成南海区域局势紧张。菲律宾总统杜特尔特指出，美英澳三国的行为损害《东南亚无核武器区条约》。新加坡前常驻联合国代表马凯硕评论说，东盟国家不会加入 Quad 或 AUKUS，因为它们让东盟国家面临选边站的尴尬局面。马凯硕还认为，美国把和中国的博弈视为一场军备竞赛，这是个巨大错误。

（二）搞"冷战"和军事围堵与东南亚国家发展战略背道而驰

绝大部分东南亚国家仍然在工业化的道路上爬坡，属外向型经济，他们最关心的是区域和平稳定，最注重的是发展本国经济和改善民生，最不希望看到的是对抗和冲突。尤其是新冠肺炎疫情大暴发对东南亚国家的影响广泛而深远，后果严重。根据国际货币基金组织的数据，2021年东南亚地区的经济增长率仅为3.1%（2020年为−3.2%）。控制疫情、经济复苏、恢复社会生活正常是东南亚国家的燃眉之急。美国"从实力地位出发"，外交政策军事化，搞"航母外交"，与东南亚民意南辕北辙。

（三）"美式民主"在东南亚缺乏吸引力

东南亚国家普遍选择适合自己国情的发展道路，越南和老挝走的是社会主义道路。印尼、马来西亚和文莱是以穆斯林人口为主的国家。新加坡、柬埔寨、泰国和缅甸各自拥有独特的民主形式。唯独菲律宾全盘照搬美国的民主制度，曾一度被标榜为"亚洲民主橱窗"，但几十年来菲律宾的经济社会发展成就在东南亚的示范效应不强。美西方的所谓"价值观外交"极其虚伪，将其霸权行径披上"民主与威权对决"的外衣，更是难以自圆其说。中国实行独立自主的和平外交政策，发展国家与政党关系不以意识形态划线，不对东南亚搞意识形态输出，而是建设中国—东盟命运共同体，与美国的"小集团外交"形成鲜明对照。

（四）中国同东盟关系已经打下广泛厚实的基础，东盟国家也从中国的快速发展中获得实实在在的好处

中国同东南亚国家具有历史悠久的传统友谊，1991年中国同东盟建立对话关系。2003年，中国同东盟建立战略伙伴关系，并作为东盟对话伙伴率先加入《东南亚友好合作条约》。2010年中国—东盟自由贸易区全面建成。2020年东盟跃升为中国最大贸易伙伴。2021年，中国东盟贸易额达8782亿美元，同比增长28.1%，双方继续互为最大贸易伙伴。截至2021年，双向投资额累计约3000亿美元。东盟是中国第三大外资来源地，也是中国对外投资增长最快的地区之一。中国同所有东盟国家都签署了共建"一带一路"备忘录。随着"一带一路"建设的推进，双方互联互通水平不断提升。中国企业参与建设的中老铁路、雅万高铁、中泰铁路、金边西港高速公路等重要基础设施广受

欢迎。2021年12月3日，习近平主席同老挝国家主席通伦通过视频连线共同出席中老铁路通车仪式。中老铁路建成通车是中国东盟互联互通对接合作取得的重要成果，具有多重意义。中国和东盟等国家共同积极推动的《区域全面经济伙伴关系协定》（RCEP）于2022年1月1日正式生效，对实现区域经济一体化具有里程碑意义，也将有力地加强中国与东南亚国家的利益纽带。

（五）中国东盟保持高层密切互动，双方关系进一步提升

2021年11月22日，习近平主席以视频方式出席并主持中国—东盟建立对话关系30周年纪念峰会，中国东盟正式宣布建立中国东盟全面战略伙伴关系。习近平主席强调，这是双方关系史上新的里程碑，将为地区和世界的和平稳定、繁荣发展注入新的动力。2021年10月李克强总理以视频方式出席第24次中国—东盟领导人会议，双方就深化中国东盟合作达成多项重要协议。王毅国务委员兼外交部长2021年同东盟多国外长和内阁要员保持线下线上密切互动，1月和9月分别出访缅甸、印度尼西亚、文莱、菲律宾、越南、柬埔寨、新加坡等东盟多国。3月，新加坡、马来西亚、印尼和菲律宾外长访华。6月，澜湄合作第六次外长会在重庆成功举行。12月，越南、马来西亚、柬埔寨外长及印尼内阁高官访华。双方在卫生抗疫、经贸、交通、科技创新、数字经济、环境保护、防灾减贫等多个领域也保持着密切沟通与合作。中国—东盟关系具有"高水平、全方位、宽领域"的特点。东盟领导人评价说，东盟—中国关系是东盟对话伙伴中最全面、最具战略性的关系。中国东盟关系任何势力都难以颠覆，三方伙伴、四边对话、五眼联盟，这些机制都是圈内加圈，内部矛盾重重，到头来，"总被雨打风吹去"。

四、对今后东南亚工作若干思考

美国把东南亚作为遏制中国的主战场，试图迫使中国陷入所谓大国博弈和意识形态争斗的陷阱，进行实质性的中美"新冷战"。如此局面将不利于我营造和平发展的周边环境，也是地区国家所不愿看到的。如何破解美国的邪恶图谋，是我当前东南亚工作的严峻挑战。

第一，深化我与东盟国家多年形成的良好关系，进一步调动东盟国家发展经济改善民生的迫切要求，继续在经济合作领域深耕细作，与东盟国家的发展蓝图与愿景规划相契合，在本地区形成和平发展的强劲氛围，让对抗冲突失去市场。

第二，积极推动区域经济合作。充分利用《区域全面经济伙伴关系协定》2022年生效的利好形势，实行更开放的区域经济合作。做好申请加入《全面与进步跨太平洋伙伴关系协定》（CPTPP）的谈判工作，攻坚克难，争取早日取得积极成果。

第三，进一步挖掘我在东盟国家的投资潜力，努力做到贸易与投资并驾齐驱。《区域全面经济伙伴关系协定》、中国东盟自贸区升级版、高质量共建"一带一路"，每个平台各有特色，为中国企业"走出去"提供更加广阔的前景和机遇。

第四，东盟国家坚持在中美之间不选边站的立场，但并不意味他们同中、美关系是等边关系。在有的时候，有的问题上，有的国家可能带有不同的倾向性。我国宜冷静理性予以区别对待，警惕美国挑拨离间。南海问题是中国与相关东南亚国家之间的历史遗留问题，也是美西方牵制中国发展的主要抓手。进一步推进"南海行为准则"的磋商对稳定南海局势具有特别意义，目前磋商进展缓慢，彼此分歧仍很深刻，希望在不久的将来，中国和东盟国家能够达成一个富有实质内容的、有效的"准则"，在南海建立一个更加有序的海上秩序。

第五，深入细致做好民心相通工作。历史上东南亚多数国家均为西方殖民地，民众长期受西方影响。加上内部宗教、种族和文化关系敏感，有的国家对中国的强大心存疑虑。近些年来，西方猖狂干涉中国内政，打着"民主人权"旗号掀起一波接一波的反华浪潮，影响了东南亚民众对中国的好感度。中国应耐心讲好中国故事，开展方式多样的人文交流，增进人民之间的理解和信任。

日本自民党代际交替
及对中日关系的影响

吴怀中、孟明铭

【内容提要】新冠肺炎疫情对于日本政坛尤其是执政的自民党造成了巨大冲击。2021年日本先后经历了领导人更迭和第49届众议院选举等重大政治活动。自民党内的中青年新生代群体在变局中崛起，话语权和存在感明显加强，加快了自民党内新老代际交替的进程。这一群体在涉华问题上与老一辈政治家明显有别。中方应在准确研判该群体利益诉求和政治定位基础上，提前与之加强交流，使之朝着有利于构建契合新时代要求的中日关系的方向前行。
【关键词】自民党代际交替；新生代；派阀政治；中日友好
【作者简介】吴怀中，中国社会科学院日本研究所研究员；孟明铭，中国社会科学院日本研究所助理研究员。

2021年9月3日，日本首相菅义伟突然宣布将不参加于月底进行的自民党总裁选举，这也意味着其执政生涯的终结。在随后举行的总裁选举中，自民党内各方势力展开激烈角逐，最终前政调会长岸田文雄得以胜出，成为新任日本首相。在此次为期近一个月的政坛变局中，最引人关注的现象是自民党内作为"新生代"的中青年议员群体存在感和话语权明显加强，考虑到自民党作为执政党在中日关系中具有的关键影响，有必要对于这一新崛起群体进行关注和研判。

一、此次自民党代际交替的背景和表现形式

自民党在此次总裁选举过程中所展现出的较为明显的代际交替、新生代崛起现象，既是该党内相关宏观政策使然，也与疫情对日本政治的冲击息息相关。

（一）自民党"新生代"力量的定义和形成背景

"新生代"这一概念对于自民党而言并非新鲜事物，作为一个1955年成立的老牌政党，自然会出现"一代新人换旧人"现象。在当下的自民党内部，所谓的新生代力量主要形成于安倍晋三长期政权期间。2012年末第46届众议院选举时，由安倍带领的自民党时隔三年重新夺取政权。由于此前该党有不少议员在2009年政权倒台后隐退或转投别处，另外在此次选举时自民党希望向选民证明自己已"脱胎换骨"，因此推选的议员中有不少是初次参加国政选举的新人。这批新人加上此后第47届（2014年）、48届（2017年）当选的议员群体，构成了自民党新生代力量的主要部分。在自民党众议院议员中，已有近一半人属于该群体（约100人），在党内各主要派阀中的人数平均比例也有近三分之一。

这一群体成员的来历较为复杂：有些是党高层长老的亲属子弟或门生随从（如前首相福田康夫之子福田达夫、安倍胞弟

岸信夫等）；有些是长期在自民党地方基层议会经营耕耘数年
而"晋升"为国会议员的；有些原为行政官员、律师、医生、
记者等专业人士，因志于从政，并和自民党有各种因缘得到推
举而当选。由于他们当选议员届数少（三届或以下），年岁较
轻（40—60岁），政界资历浅，除背景深厚的少部分"世袭议
员"外，大部分人的首要政治目的是在历次选举中保住自身的
席位。

（二）疫情冲击下的日本政治变局促使自民党新生代势力走向前台

由于自民党长期存在着"派阀政治""长老议政"的政治
传统，该股势力前些年来一直处于幕后服务的状态。但随着日
本政治的发展，特别是疫情对日本产生的空前整体性冲击下，
新生代议员在压力之下迸发出惊人能量。

在当代日本的选举活动中，由于电视、互联网等大众媒体
的发达，政党领袖在选举活动中起到的作用日渐重要。党首的
行为表现较易被社会舆论所关注、传播和放大，其个人形象日
渐等同于政党的标签；社会威望或"人气值"高低可能直接决
定政党选举成绩。前首相安倍晋三就善于打造鲜明的政治形
象、设置选举话题、把握选举节奏，引起选民的关注度。上述
缺乏背景的新生代议员能够数次当选并连任，在很大程度上都
依赖于安倍的个人魅力，因此日本媒体形象地将之称为"安倍
的孩子"。[①]

然而疫情冲击使得安倍长期政权在2020年8月意外终止，

---

① 『カネ、不倫、放言…安倍チルドレンは酷すぎる』、東洋経済
online、https://toyokeizai.net/articles/-/169266。

接任的菅义伟因长期位居幕后，缺乏表现力和号召力，加之执政以来内政、外交建树乏善可陈，在关键的防疫问题上又屡次失误，在选民中支持率较低。面对将于2021年秋季举行的众议院选举，党内新生代议员陷入普遍焦虑，担心如果仍由饱受舆论诟病、形象受损的菅义伟继续担任总裁带领全党进入此次大选，自身较为薄弱的政治基盘、人望、影响力反会受到牵连，落选概率空前增加。随着9月党总裁选举期的来临，该群体无视派阀规定，公开在党内发出坚定的"倒菅"呼声，最终迫使其所属派阀领袖不得不撤回此前对菅义伟的支持态度，是导致菅义伟宣布退出总裁选举的关键性力量。

在党总裁选举中，新生代议员群体经过成功"倒菅"一事，政治存在感进一步增强。主要候选人如岸田文雄、河野太郎、高市早苗等都在积极谋取该群体的支持。起用党内新鲜血液，推动党内革新以适应时代变革成为举党共识。① 其中，强调加快推动党内新老交替、打破旧有派阀格局的河野太郎正是在新生代群体的追捧下，在国家舆论场上出尽风头。新生代群体自身的主体意识也在觉醒：其代表人物福田达夫借助竞选声势，发起组建了由近百名来自党内各派阀的新生代议员组成的"党风一新之会"，号召全体自民党成员"自主投票"，不应受制于派阀领袖，② 试图加快党内"换血"，重组党内势力格局的意图明显。

---

① 『総裁選のカギ握る若手　欲しいのは勝てる顔、受け入れられぬ候補も 』、朝日新聞デジタル、https://www.asahi.com/articles/ASP956TBWP95UTFK007.html[2021-12-08]。

② 『党風一新の会・福田達夫氏「派閥の力ではなかった」』、産経新聞、https://www.sankei.com/article/20210929-2BWV2DQQLVJWDIO7IBVS5PMI2Q/ [2021-11-30]。

（三）岸田文雄上台后新生代势力的发展趋势

在9月29日举行的自民党总裁选举投票中，岸田文雄击败主要对手河野太郎成功当选新任自民党总裁。河野的落选表明，新生代议员势力最终未能实现党内代际更替和新旧动能转换的目标，试图冲破的派阀政治的藩篱仍然占据主导地位。造成这一结果的原因主要有内外两方面：从外部看，新生代议员的崛起引起了安倍、麻生等传统派阀领袖人物的警惕。他们认为河野当选总裁将极大诱发新生代势力"抢班夺权"，彻底动摇自身统治地位，因此采取各种权谋对河野及其背后的支持者予以遏制和分化。从内部讲，尽管自民党内新生代势力在此次总裁选举前后中显露出改变现状的意图，但需认识到该群体之所以发难，正是由于自身根基浅弱而要求更换新的政治"保护伞"。这也说明新生代势力并不具备独立自主的能力，本质上仍是派阀和党高层的从属品，必须依赖后者的提携和庇护才能得以延续政治生命，因此终究还是不愿走向公然对立的地步。因此，当打着"举党团结"旗帜的岸田文雄许诺将向中青年议员们倾斜更多政治资源后，该群体也顺势而为，在最终投票时转向其阵营。①

从岸田当选后的人事安排来看，新生代势力在此次变局结束后仍然保住了自己的部分成果。岸田在选举时提出：除总裁外的党高层任期一届一年，最多连任三届；大胆启用中青年议员作为党干部；坚持高龄党员退休制度等，"为选举基础薄弱的

---

① 吴怀中：《从选举看日本政治生态流变与特性》，《当代世界》2021年第11期。

年轻人和各种人才提供更大的机会"。① 胜选后岸田也兑现了承诺：提拔福田达夫为"党四役"之一的总务会会长；多名新生代势力成员也首次入阁担任要职，如时任自民党青年局局长的牧岛花莲担任数字化和行政改革担当大臣，小林鹰之任经济安保担当大臣，山际大志郎任经济再生担当大臣并负责疫情防治工作，堀内诏子任疫苗推进事业担当大臣等。

在紧接而至的2021年10月底第49届众议院选举中，新生代势力的表现并不像其所预料的那般悲观。由于该群体在党总裁选举中的崛起，吸引了全日本舆论的广泛关注，日本媒体在报道和分析过程中，构建出自民党内正形成"革新"和"守旧"对决的情景，使得该群体社会知名度和选民接受程度明显提高。② 这一利好因素也使得新生代议员在众议院选举中有90%以上顺利连任。③ 与之相对应的是，不少宦海沉浮多年的老资历党员在选举中失败，如党干事长甘利明、派阀领袖石原伸晃、连续当选达10次以上的野田毅、原田义昭、山本幸三等人。成员规模此消彼长之下，可以预见，新生代议员群体将会进一步扩大对政局的影响力，成为日本政界继派阀政治、地方政治之外不容忽视的又一群体势力。

---

① 『声をかたちに。信頼ある政治』、岸田文雄総裁選特設サイト、https://kishida.gr.jp/sousaisen/ [2021-09-30]。

② 卓南生：《透析日本自民党派阀新游戏》，联合早报网，https://www.zaobao.com.sg/forum/views/story20210927-1197559。

③ 『自民、「魔の3回生」当選は9割超　選挙区では苦戦も』、時事ドットコムニュース、https://www.jiji.com/jc/article?k=2021110100838&g=pol。

二、自民党的代际交替对未来中日关系的可能影响

自民党新生代议员群体的崛起不仅将明显改变日本政治格局和生态，其对日本对外交往的观点也与老一辈政治家有明显区别。自民党代际交替进程的持续推进，未来将不可避免地影响中日关系的走向。

（一）自民党新生代群体涉华言行更加强硬

具体有以下几点值得关注：其一，新生代势力普遍接受并认同战后日本总体保守化、右翼化的趋势。据笔者统计，该群体成员基本上都加入了诸如"日本会议国会议员恳谈会""神道政治联盟国会议员恳谈会""大家都来参拜靖国神社议员之会"等国会内右翼势力团体，定期参加所属团体的相关集会活动。其二，该群体经历过日本在泡沫经济破灭前的辉煌时光，对于近10年来中国崛起和中日力量逆转且差距不断拉大，普遍充满焦虑，认为中国崛起对日本构成了严重威胁，并因此对修改宪法、重新武装和走大国化道路持赞同态度。[①] 其三，该群体普遍接受过高等教育，美西方以及台湾敌对势力，经常利用各种交流机会加紧以政治正确和价值观为由对其进行拉拢，助长该群体崇美（西）、反华、亲台等消极涉华情绪。其四，受日本社会整体对华负面形象居多的影响，该群体为博取迎合部分选民关注，竞相通过展现涉华消极言行以"彰显"个人保卫

---

① 『「親中派議員は誰?」日本をダメにする親中議員をあぶりだせ』、ホントバコ、https://netlabo.biz/ 3 a-battle。

国家利益的形象，谋取政治私利。①

　　新冠疫情来临后，该群体尤为关注我内政敏感问题，其相关言行的攻击力度和频率都有所加大。自民党青年局是代表该群体的主要官方组织。自1972年"日台断交"前后，当时的青年局长海部俊树和小渊惠三很快开启了与蒋经国领导的台湾"中国青年反共救国团"的交流机制，此后近半个世纪，青年局一直都是自民党与台湾进行联络的主要窗口。自民党官方网站至今仍明确写明"青年局所担负的重要任务之一，即是负责与没有国交的台湾进行交流，积极推动自民党青年国会议员和地方议员与台湾政要之间的互动"。② 近几任青年局长如小林史明、牧岛花莲和现在的小仓将信等人，不仅在日台间渐趋频繁的"议员外交"中起到重要的参与作用，更主动与台湾地区民进党高层联络，是日方拓宽日台关系领域的重要执行者。③

　　不少新生代议员个体也表现得较为活跃。以中山泰秀、铃木宪和为首的部分议员积极参与组建"自民党人权外交工作小组"，公开在自民党党部会晤"疆独""藏独""港独"势力代表，绑架自民党整体舆论对我进行攻击。上野宏史、三谷英宏、杉田水脉、长尾敬等人加入前防卫大臣稻田朋美组织的所谓"尖阁列岛（钓鱼岛）调查开发推进会"，支持以强硬姿态在该区域对华博弈。小林鹰之、山际大志郎等人是岸田文雄政府力推的"经济安保战略"主要内容的构思者和施行者，积极

　　① 《日本右翼政客闹场"访疆招募"，耍赖行为被中国驻大阪总领事揭穿》，环球网，https://world.huanqiu.com/article/4611qnNxP65。

　　② 『台湾をはじめとする国際交流』、自民党青年局サイト、https://youth.jimin.jp/activity/taiwan/index.html。

　　③ 『自民青年局、来年訪台を確認』、時事ドットコムニュース、https://www.jiji.com/jc/article?k=2021120301159&g=pol。

以安全名义谋划日本经济供应链对华"脱钩"。此外值得关注的是，新生态群体普遍能熟练运用推特、脸书等社交媒体，通过主动发布涉华内政评论、在中国内政相关新闻下进行评价和转发等手段，对日本民众特别是青年人群体的对华形象塑造有着越来越明显的影响。

（二）自民党新老代际交替对党内知华势力造成严重冲击

新生代力量在总裁选举前的"倒菅"行动，不仅掀翻了菅义伟政权，作为菅义伟盟友的干事长二阶俊博也遭到牵连。二阶自2016年担任自民党干事长已达五年，对全党实现有效控局，并在拥立菅义伟上台后权势达到顶峰。特别是二阶作为日本政坛知华势力的代表人物，其利用自身职权和影响力不仅能够遏制党内右翼保守势力对华采取"过度冒进"举动，还曾数次组织执政党议员访华来保障中日双方高层交流渠道畅通。[①]然而进入疫情时代后，日本国内右翼保守势力一再掀起反华浪潮，与二阶有权力冲突的安倍和麻生等高层也步步威逼，在两方面的牵制围攻下，二阶在涉华问题上被迫转向低调，政治存在感已有所削弱。[②]菅义伟政权遭到新生代议员"造反"倒台后，继任的岸田文雄也以"刷新人事"为由改革党内体制，不再让二阶继续担任干事长一职。

尽管二阶俊博失去干事长一职后可凭借资历和背后派阀维

---

① 『誰が「対中非難決議」を潰したか？　全野党は承認も自民党内に「あんまり興味ないんだ」と言い放つ人物』、https://www.iza.ne.jp/article/20210618-Y4DK6XEHH5KHFPXSHY4UFOLBY4/。

② 『媚中派・二階氏　自民党内の中国批判を選挙の公認権を盾に封じ込め』、NEWS ポストセブン、https://www.news-postseven.com/archives/20210301_1638655.html?DETAIL。

持一定影响力，但其统局能力将明显削弱。未来日本可能很难再出现像二阶这样具有知华传统、主动采取行动来提升中日互信和改善中日关系的高层领导人。不仅如此，二阶已年逾八旬，政坛生涯进入末期。二阶派年轻一代中，无论是二阶副手林干雄或是武田良太，既无二阶之声望、手段，也在对华关系上明显比二阶本人有所倒退。至于第三代的派系代表人物小林鹰之更是涉华强硬派的代表人物。[①] 在内外冲击下，未来日本政坛传统的知华、友华势力将进一步削弱、变质。

（三）新生代势力对华观点并未定型，仍存有充分的转圜余地

尽管该群体普遍对我态度强硬，但在涉及日中、日美关系的关键问题上仍存疑虑。特别是在日益加深的中美博弈中，如何处理日中关系这一足以影响日本国家命运的问题上仍存疑虑和分歧。如前文所述，该群体中确有坚定主张追随美国、在政治和经济上鼓吹对华脱钩、不断对华发出挑衅之人，但也要看到这些发声者并未在党内居于完全主导地位，在很大程度上是对更高层次右翼保守势力的附和、讨好来为自身政治谋利。大部分成员的涉华观点是被目前日本反华厌华的政治正确气氛所裹挟而产生的附和之论，并未对中日关系有过多少深入思考（或仍在观望）。

更为重要的是，新生代议员政治基础薄弱的本质，决定了其主要精力必须放在满足选民具体需求、经营选区"票田"这

---

① 『衆院選公認争い、力学一変　首相交代、二階氏退任で—自民』、時事ドットコムニュース、https://www.jiji.com/jc/article?k=202110 0501039&g=pol。

一关键问题上。如果一味空谈"反中爱国"，反而会被选民视作"不务正业"而摒弃。今年的第49届众议院选举结果就是重要例证：中国话题并未成为新生代成员的竞选热点，少数落选成员中就包括著名的反华先锋中山泰秀、长尾敬等人，他们在选区内败给了更强调解决民生问题的日本维新会候选人。这也清楚表明，在遭受疫情重创的日本，民众对于如何灾后复兴、重振家园的关心程度仍然高于以邻为壑的意识形态挂帅，并不希望为无视中日间巨大的共同合作利益的反华政策买单。这一政治现实对于新生代议员在涉华问题上具有强有力的牵制作用。

此外，随着岸田文雄将不少新生代势力成员提拔至领导岗位，亲临国家治理一线后，该群体的涉华思想目前看似又有所变化。新任党总务会长福田达夫就认为应积极推动中日举行首脑间对话；[①] 一贯对中日经贸持负面评价的小林鹰之在负责制定日本经济安保战略后也放低调门，在12月22日的日本记者俱乐部会见中澄清称该战略并不针对中国，不会为日中经济划"红线"等。[②] 这些动向值得我们未来进一步关注。

三、思考与建议

在中美战略博弈的背景下，日本的战略趋向和选择对中美

① 『日中首脳の対話必要　自民・福田総務会長インタビュー』、時事ドットコムニュース、https://www.jiji.com/jc/article?k=2021120201024&g=pol。

② 可参阅『小林鷹之・経済安全保障担当相　会見 2021.12.22』、https://www.youtube.com/watch?v=7dw7P2wgpKw。

两国皆有不可忽视的重要影响。从稳定中日关系及其发展前景出发，中方应该对自民党内出现的代际交替现象提前予以关注并思考应对思路。

第一，客观研判形势，改善中日交流思路，促使日方转变对华思维和认知。在疫情背景下，中方对日交流工作应增强务实性，以保障两国间信息渠道通畅、避免误判为目标。中方应认识到目前日本国内反华厌华情绪渐成政治正确，在如此政治气氛下指望日本新一代政治人物具有足够的政治智慧及勇气，以传统的"蜜月"式的中日友好为目标与我进行交流较为困难。因此，中方应与该群体中愿意以务实态度对待中日关系的个体进行对话，在交流中廓清谣言、缓解疑虑，应努力促使日本新生代势力充分认识到中日关系保持稳定所具有的重要意义，令其意识到日方如采取打破底线的行为所将付出的惨痛代价，并争取通过这些成员向自民党决策层传递相关信号。

第二，丰富与自民党新生代势力进行交流的渠道。除了现有的外交途径外，中方应主动拓宽发声渠道，丰富传播与交流方式，提倡公共外交，特别是在自民党新生代群体表现较为活跃的领域加强互动力度。例如通过加强在舆论领域的交流，改善日本民众对华认知和舆论氛围，促进双方结成利益共同体、认知共同体，形成对中方有利的舆论环境，引导日方政治人物的言论走向；在政治领域扩大次级政府间交往，鼓励各层级的政府单位与日方对应机构进行务实合作，进而影响到该区域相关政治人物的涉华看法；在人文领域，考虑到新生代议员群体大多受过高学历教育，可尝试在科研院校或智库层面上与日方建立对话机制。这种非单一官方渠道交流的方式更利于让对方接受。

第三，深化中日两国合作机会和利益交融。日本至今仍面临着疫情起伏、复苏艰难等现实困难，维持对华合作的需求只会增加、不会减弱。尽管自民党新生代势力强调在与中国的合作中存在风险，但其中已出现一些人物，渐渐认识到中国的体量和规模对于日本未来国运将起到更加重要的作用。因此在附和主流对华展示强硬姿态的同时，基于自身所在选区的地方经济发展需要，通过与中国驻外机构互动、参与我国相关外事活动等方式，较为委婉地表现出重视中日关系稳定性的意向。中方应进一步构建中日互利合作的稳定大局和基础，以此引导自民党新生代力量朝着构建契合新时代要求的中日关系的方向前行。

阿富汗局势走向及中长期影响

郑清典

【内容提要】2021年8月，阿富汗局势突变，美国仓皇撤军，阿富汗塔利班重新上台执政。阿塔具有执政基础，阿国内各项重建工作正在积极开展，局势总体平稳可控。阿塔同时面临诸多难题和挑战。美从阿富汗撤军，成为阿局势演变的最大外因。美弃阿抽身，全力推进所谓"印太战略"，打造三方安全伙伴关系和"四边机制"，目的是强化它在印太地区对中国的制衡。国际社会普遍关注阿富汗局势，并且已经形成许多共识：都希望阿塔包容建政、稳健施政，坚定反恐，国际社会应尽早向阿提供援助。中国对阿富汗的政策从未改变，历来主张"阿人治阿""阿人主导，阿人所有"的原则。中阿传统友好深入人心，两国合作前景广阔。阿富汗未来局势发展，仍需要国际社会的共同关注和努力。

【关键词】阿富汗局势；阿富汗撤军；中阿传统友好

【作者简介】中国国际问题研究基金会高级研究员。

　　2001年"9·11"事件爆发后，美国经济遭受了有史以来最为严重的打击。9月13日，美国锁定本·拉登是制造"9·11"

恐怖袭击案件的首要通缉犯。9月14日美国众议院同意对恐怖分子使用武力的授权法案。10月7日，时任美国总统布什宣布，正式对阿富汗进行军事进攻，阿富汗战争由此爆发，塔利班政权也随即倒台。同时标志着"世界反恐战争"开始。

2021年8月，阿富汗局势风云突变，从8月6日攻下首个省会城市，在短短十天时间里，阿富汗塔利班（以下简称"阿塔"）武装攻城略地，8月15日进入首都喀布尔。此前，阿富汗政府曾宣布，已与塔利班就和平交接权力进行谈判，塔利班将牵头组建临时过渡政府。数小时后，加尼总统辞职，并离开首都喀布尔前往国外。随后是美仓皇撤军，喀布尔机场一片混乱。美入侵阿富汗20年后的对阿战争结束，美式民主灰飞烟灭。这一切来得如此之快，既出乎人们之所料，也可以说是历史发展之必然。

一、阿富汗局势走向

（一）阿富汗局势总体平稳可控

2021年9月7日，阿塔临时政府宣告成立。从目前情况来看，国内局势总体平稳，阿塔临时政府基本能够控制国家局面，国内各相关重建工作正有序开展。初步分析，主要原因有：

第一，阿塔拥有重新执政的社会、民众基础。20年的战争已造成阿富汗国家混乱、财产损失、人员伤亡、经济濒临崩溃边缘。所有这一切，已令阿富汗人民认识到，美国在阿富汗的存在是决不可接受的。虽然目前仍有部分阿富汗民众对阿塔心存疑惧，但阿塔毕竟是本土一支最具实力的武装，不仅手握重兵，并且占据"道义高点"。特别是阿塔在经历首次执政失败后，已在不断调整治国策略，展现温和姿态。同时，经过这些年来的苦心经营，阿塔势力范围几乎已经扩展至全国各地。尤其重要的是，20年来的屈辱，已经让阿富汗民众认清了美国所谓"人权、道义"的真实面目。

第二，阿塔之所以推进迅速和取得政权，除了上述社会、民众基础之外，还有战略上的因素。对比上一次取得政权的过程，阿塔此次在战略上做出了明显的调整。1996年，阿塔是首先取得西部和南部地区的控制权，再开进首都，而在北方联盟控制下的北部广大地区，阿塔其实并没有取得实际控制。此次，阿塔双线并进，在南部和北部同时发兵，尤其是首先攻克了北方重点、难点地区，从而使阿塔赢得了战略上的先机。这应该是阿塔吸取了当年的教训，从而为其重返执政地位开了一个好头。

第三，阿塔的骨干成员主要来自普什图族的宗教学校，普什图族属于阿富汗第一大民族，约占全国总人口的40%，且主要聚居于阿富汗南部及阿富汗—巴基斯坦边境地区。阿塔一贯支持部落社会分权和自治的传统文化，主张为普什图人赢得政治领导权，并且遵循逊尼派主流思想马图里迪教义学派和哈乃斐教法学派，不主张追求建立全球范围的伊斯兰国家。

第四，经过上次失败教训，阿塔通过与国内各派势力的不断磨合，已逐步成熟起来。阿塔的传统影响，历史上主要集中在阿富汗的南部、西部，而北部多数是塔吉克、乌兹别克等少数民族，阿塔在北部社会基础相对较弱。此次，阿塔意识到自己的弱点所在，采取了更加务实的手段，在军事和社会上，加强了与北方族群的协调，弥补了在北部战略上的不足，成为阿塔重新执政前提。

阿塔拥有20年对美斗争经验，并且认真吸取了上次执政失败的教训。此次阿塔灵活运用政治、军事和舆论宣传等策略，重新掌握国家政权。政治上"打谈结合"，掌握主动，缓和内外部压力，寻求邻国支持；军事上讲求策略，攻心为上，从农村转战城市，从内部瓦解抵抗力量。上述策略运用使阿塔不断赢得战场上的主动，形成政府军纷纷放弃抵抗、缴械投降的局面。此外，阿塔还充分利用社交媒体，大力宣示自己不同于20年前的主张和做法，对内笼络人心，争取民意，对外广交朋友，努力塑造新的形象。应该说，塔利班的上述做法取得了成功，特别是对改变国内民众的看法和在国际上的形象，都起到了良好的推动作用，成为阿塔重新执政的良好基础。

（二）阿富汗仍面临诸多挑战

美军仓皇撤出，阿塔迅速执政，使得这个国家在饱经战火洗礼后，再度重现和平发展的希望。当前，阿富汗形势已发生根本变化，阿人民拥有了独立掌握自身命运的历史机遇。但同时，国家仍面临人道、经济、政治、反恐等诸多危机和挑战。

一是人道危机。人道危机是阿富汗当前面临的最严峻、最紧迫的挑战。根据联合国粮农组织、世界粮食计划署2021年的统计，阿富汗已有超过一半人口，正在面临前所未有的严重饥荒，约95%的家庭吃不饱饭。联合国儿童基金会的统计也表明，到2021年底将有约320万5岁以下儿童面临严重营养不良，如不尽快采取措施，将有约100万儿童因此而夭折。

二是经济民生。连绵不断的战争已经使得阿富汗经济十分脆弱且更加依赖外援。加上美国的"卡脖子"政策，已使阿经济濒临崩溃边缘。美冻结阿富汗中央银行约70亿美元海外资产，欧洲一些国家暂停向阿富汗提供援助资金，国际货币基金组织也暂停向阿富汗发放现值约4.6亿美元的特别提款权等，已造成阿富汗货币汇率暴跌，物价飞涨。冬季使阿粮食危机雪上加霜，约1400万阿民众面临严重饥荒。

三是反恐安全形势依然不靖。自美军2021年8月撤出后，至2021年底短短四个多月，阿国内已发生多起恐怖袭击事件，引发民众严重不安，给国内安全形势蒙上一层阴影。

四是阿富汗历来就是一个多民族、多教派、权力高度分散和派系林立的国家。同时，由于地缘战略位置十分重要，大国博弈下的"代理人斗争"在阿从来没有停止过。当前，阿塔已经组建临时政府，其政治架构和施政方针正在成型。未来，阿塔主导国家政治及外交等权利，应无太大悬念，且少数族群当前参政的空间也十分有限。但是，阿塔内部派系林立，如派系斗争加剧，造成矛盾激化，则最终能否如人们所愿，建立包容性政府，以及尽早化解各种危机和挑战等，都将关系到阿塔未来生存环境和长期执政等重大问题。

此外，阿塔还面临一个十分现实的问题，即国际社会的承认。从现实看，阿塔不仅认识到，而且正积极争取伊斯兰国家以及国际社会的支持。迄今为止，卡塔尔已派代表团访问阿富汗，表示将协助喀布尔机场的恢复运营，伊朗也已恢复对阿能源贸易等。此外，还有不少国家正在同阿塔政权进行接触，并表示愿意向阿提供人道主义援助。但另一方面，目前国际社会对阿塔政权仍普遍持观望态度，至今尚无任何国家承认阿塔政权，甚至连阿塔沿用上次执政时期所用国名"阿富汗伊斯兰酋长国"，也同样受到来自诸多方面的阻碍。

总之，现阶段阿塔仍面临诸多考验。内政方面，如何建立包容性政府，采取何种政治、经济、社会、宗教政策，实行何种国体、政体等。对外方面，能否早日获得国际社会的普遍承认和争取更多的国际援助，以及如何应对美国等西方国家的种种制裁和刁难。特别是美国撤军后，仍把经济制裁作为政治筹码，无视阿民生疾苦，并在国际援阿合作问题上不断制造障碍，迄今没有放宽对阿塔成员的制裁和限制，并冻结阿外汇储备，拉拢盟友为承认阿塔政权设定"利己"条件等。因此，阿富汗未来局势发展仍存在不少的变数，应当予以高度重视。

当然，经过20年的经验教训，阿塔已经认识到，过去失败主要在于治理方式上过于极端，因而无法赢得民心。从目前阿塔所采取的各种措施和行动来看，其所实行的执政理念、方式方法等，总体上还是朝着相对理性和可行的方向发展的。例如，2021年11月3日，阿临时政府颁布一项关于女性权利的法令并称，"该法令对女性婚姻和财产等作出规定：女性不应被迫结婚，妻子在丈夫去世后有权获得相应份额的遗产，男女应该平等，任何人都不得将女性作为交换品以达成和解或结束敌对的目的"。在其他许多方面，阿塔也有所行动，兑现自己对国际社会做出的承诺。

二、阿局势变化后的各方面影响

美从阿富汗撤军，成为阿局势演变的最大外因。拜登为尽早"止损"，做出撤军决策，以集中精力和资源，用于它所谓的"更优先事项"，即用于大国之间的竞争，重点无疑是针对中国。同时，美此举也已经引起阿周边邻国的高度关注。为应对各种可能出现的不利影响，未来周边邻国将在阿富汗问题上发挥更多的作用和影响。

第一，长达20年的阿富汗战争，已成为消耗美国国力的

"黑洞"：2400多名军人丧命，两万余人受伤，战争花费高达两万亿美元，平均每天耗资三亿美元，但结果不仅没有征服阿富汗，反而自己损失惨重，颜面丢尽。当前，面对日益发展强大的中国，美试图集中主要精力，增加对华竞争的优势。美早已将中国视为其"经济、外交、军事和科技等全领域战略竞争者"，并且是"美21世纪面临的最严峻地缘政治挑战"。为此，美通过减少在阿富汗的投入，以获取更多资源全面应对来自中国的挑战和威胁。美全力推进"印太战略"，打造三方"安全伙伴关系"、"四边机制"等，更是为实现其高压制衡中国的目的。未来中美两国在阿富汗问题上的合作空间将明显收窄，美国甩锅推责及选择性反恐，也将加剧中美两国在阿利益的冲突与摩擦。此外，美国对中国在阿富汗的影响不断上升，还有一种矛盾的心理，既希望中国向阿富汗提供更多的帮助，承担更多责任，以减轻自身压力，但同时又担心随着中国国力的不断上升，美将彻底失去阿富汗这块昔日的"地盘"。

第二，美"弃阿催乱"的做法，将加剧地区动荡。美摆脱阿战包袱，从直接军事干涉转为间接政治、经济干预，从"局中人"变为"局外人"，可以使自己在阿富汗问题上拥有更大的空间和更多的抓手。一方面，美试图在中亚地区寻求新的军事基地，维持军事威慑，同时又强压地区国家接收那些曾服务于美的雇员，或收容阿难民。很明显，美是想把阿乱局风险和责任直接推给阿的邻国和国际社会。另一方面，美正逐步降低与中国在阿富汗的合作共识，并且不断推升地缘战略竞争。它先是要求删除涉阿联合国决议中有关"一带一路"建设的表述，进而又宣布撤销对"东伊运"恐怖组织的定性，企图"祸水东移"，进而干扰和影响中国西部地区的安全和稳定。

第三，美迄今拒不解冻阿富汗储备资金，甚至在国际社会援阿问题上设置种种障碍，坐视阿富汗经济崩溃，以及日趋严重的民生、人道危机等。美国这种做法，只会引发新的局地动荡，造成恐怖活动再度泛滥，从而使阿富汗局势再度失控，最终殃及周边邻国。

第四，俄罗斯与中亚国家重点防范安全风险外溢。中亚国家与阿富汗有着漫长的边界线，尤其担心阿乱局会再度刺激地区恐怖组织趋向活跃，进而增加地区安全风险。此外，长期以来，阿富汗毒品生产和走私十分猖獗，也一直令中亚国家深受其害。自美宣布撤军以来，塔吉克斯坦对阿局势一直保持高度戒备，举行了该国有史以来最大规模的军事演习。2021年6月以来，乌兹别克斯坦军队已进入战备状态，以随时应对可能出现的紧张局势。俄罗斯也一直保持高度警惕，调整了在中亚的军事部署，并主导集体安全条约组织展开针对性联合军演。同时还多次召开会议，磋商应对可能出现的各种潜在威胁。俄坚决反对和抵制美试图借阿问题谋求在中亚的军事存在。普京总统还直接批评美和西方寻求让中亚国家收容阿难民的做法，强调这极有可能造成极端分子乘机渗透进入中亚，从而加剧地区安全动荡。

第五，印度与巴基斯坦在阿影响力发生变化。阿富汗对印巴两国均具有重要战略意义。受印巴长期对抗的影响，双方一直视彼此在阿利益为零和博弈。近年来，美印两国走得较近，美有意拉住印度来填补美撤军后的地区权力真空，印度也有图谋之意。但阿塔重新执政，给印度对阿政策带来不小冲击。印度对阿局势发展，历来有三个方面的担忧：其一，受宗教、历史等因素影响，阿塔政权对印度"不友好"；其二，阿塔重新执政，使得印度在阿的多年经营有可能付诸东流，未来与阿各方面的合作将困难重重；其三，阿塔与反印武装组织"虔诚军""穆罕默德军"等有着千丝万缕的关系，印度尤其担心印控克什米尔地区局势失控，形成新的动荡风险。另外，巴基斯坦与阿塔一直保持友好的关系，巴对阿塔重新执政持积极态度。未来阿塔执政下的国内局势若能实现稳定，将有利于巴基斯坦改善地区与国际环境，进而提升自身影响力。

第六，从国际社会角度看，美撤军、阿塔迅速执政，已引起国际社会的高度关注。截至目前，已有许多国家同阿新政权开展务实接触，并同意向阿提供人道主义援助。涉及阿富汗的各种国际会议十分频密，有地区的，也有国际的。同时，从已经公开发表的联合文件来看，国际社会对阿未来局势发展，已经形成了许多共识：都希望阿包容建政，稳健施政，坚决反恐，同周边国家和世界各国友好相处等。同时，许多国家也认为，国际社会应尽早向阿提供各种援助。虽然各国对阿新政权的要求和期待不完全一样，有的强调人权多一些，也有的关心难民问题等，但大家都在高度关注这个饱经磨难的国家，并期待阿塔政权能以实际行动兑现承诺，积极回应国内、国际的各种关切，更是期待整个国际社会能够形成更大的合力，从而推动和加快阿富汗和平发展的进程。

三、中国政府对阿富汗的一贯主张和立场

中国和阿富汗两国互为邻国，建交60多年以来，双边关系一直保持着平稳向好的发展趋势。两国人民在长期友好相互交往中，结下了深厚的友谊。两国传统友好深入人心。

首先，中国对阿富汗问题所持的一贯主张和立场，不仅是为了中国，也是为了阿富汗和本地区的和平、稳定和发展。中

国作为这一地区的重要国家，理应为本地区和平、安全和发展做出更多的努力，承担更多的责任。中国无疑在阿富汗有着重要安全利益。阿富汗是中国的邻国，两国的边界虽然不长，但它直接关系到中国西北地区的安全利益和经济建设，对中国具有重要战略意义。中国正在推进的"丝绸之路经济带"建设，其核心内容之一，就是要形成连接中亚、西亚、南亚和中东之间的密切联系。阿富汗地处中亚、西亚和南亚的地理中枢，如不能保证整个地区安全和稳定，势必会影响"丝绸之路经济带"建设的实施。

其次，众所周知，美撤军之后，正是中国最早就国际社会应如何应对阿富汗变局、如何帮助阿富汗实现稳定过渡和国家重建等，提出了自己的期望、立场和主张。如今中国的各项主张，已经成为国际社会的共识，具体内容包括：构建开放包容的政治架构，实行温和稳健的内外政策，促进妇女权益保障和教育，打击恐怖势力，以及同世界各国，尤其是周边邻国和睦相处等等。此外，中国还积极参与阿富汗问题的国际协调，出席一系列涉阿问题的多边和地区会议，积极推动各方形成共识，加强合作。中国还同阿周边国家一道，成立阿富汗邻国协调合作机制，为实现阿富汗长治久安发挥着独特作用，并且得到国际社会的高度重视和积极响应。与此同时，中国还根据阿富汗人民的需要，已向阿富汗提供价值3.5亿元人民币的紧急人道主义援助。特别是，经双方共同努力，已经开通了阿富汗松子出口的"空中走廊"，首批45吨松子已在中国销售一空，惠及阿富汗众多普通家庭。中国还通过提供疫苗和医疗防护物资等，帮助阿富汗人民抗击新冠肺炎疫情。

中国在阿富汗问题上一直强调的原则是"阿人治阿""阿人主导，阿人所有"。这一原则的实质是：阿富汗属于阿富汗人民，阿富汗事务最终只能由阿富汗人民自己解决，不能由任何其他国家任意干涉或主导。阿富汗更不是什么"真空"，阿富汗的主人只能是阿富汗人民，绝不是任何他国家，更不应在他国之间转来转去和被任意加以分割。

2021年9月17日，习近平主席以视频方式出席上海合作组织和集体安全条约组织成员国领导人阿富汗问题联合峰会，全面阐述了中国政府对解决阿富汗问题的立场，强调一国的事情由本国人民做主，国际上的事情由大家商量着办，要在尊重阿富汗主权、独立、领土完整的前提下，协助贯彻"阿人主导、阿人所有"的基本原则，让阿富汗各族人民自主掌握国家前途命运。

中国一直是阿富汗的友好邻邦，始终尊重阿富汗的主权独立和领土完整，支持阿富汗人民自主决定国家命运和选择的发展道路，从不干涉阿富汗内政，坚定奉行面向阿富汗全体人民的友好政策，为政治解决阿富汗问题发挥了积极的、建设性的作用。中国将一如既往，继续这样做下去，并与世界各国一道，为阿富汗早日实现和平、稳定与发展而努力。

四、国际社会应对阿富汗未来发展做出共同努力

阿富汗未来的发展，离不开国际社会的共同关注、影响和支持。当前，国际社会在阿富汗问题上，已经形成了许多的共识，并且认同中国对阿富汗问题的立场和主张。

第一，阿富汗问题不是一个地缘政治问题，也不是所谓"大国角力"问题，它关系到人类自身共同生存之道和人道关怀，关系到阿富汗作为一个主权国家，能否度过当前由乱及治

的关键时刻。

第二，有关国家应从阿富汗问题中吸取教训，切实尊重各国自主选择的发展道路，高度尊重不同文明之间的包容和互鉴。动辄干涉别国内政，甚至诉诸军事干涉，都是不能被允许的，它只会导致新的冲突、动荡甚至造成新的贫困和人道主义灾难。

第三，对阿富汗当前面临的挑战和机遇，各方应秉持公正的态度。对阿富汗各项重建工作，要形成合力予以支持和帮助。当前，最为重要的是，国际社会应抓住机会，将阿富汗的命运掌握在阿人民自己手中，努力实现国家重建。

我们由衷地期待，上述国际社会的共识和努力，将促使各方形成更大的合力，从而推动阿富汗局势不断朝着积极、向好的方向发展。

支持阿富汗实现长治久安，防范安全问题外溢，以及帮助阿富汗走上良政善治之路，不仅有利于阿富汗自身发展，也有利于地区和世界和平的发展。各国应秉持公道，支持与阿富汗临时政府之间理性务实的接触和对话，不断增强互信，并且加以积极引导，鼓励阿塔以实际行动积极回应国际社会的共同关切。为此，更加需要各方加强同阿富汗问题各种机制之间的相互促进与协调，努力帮助阿富汗早日恢复经济和重建，减轻和消除难民潮和人道主义危机的影响。同时，国际社会还应进一步加强反恐合作，支持阿富汗临时政府在打击"伊斯兰国""东伊运"等恐怖组织上的努力，建立反恐统一战线，摒弃双重标准和选择性反恐，确保阿富汗不再沦为恐怖主义滋生地、庇护所和扩散源，从而为阿富汗的美好未来作出共同奉献和努力。

第六章

中东局势相对平稳
美国调整地区战略

中东地区局势的新演变

刘宝莱

【内容提要】2021年中东地区局势"变""乱"一面突出，呈现出变中有乱，乱中有治，治中有效，总体可控的局面。地区疫情严重，经济复苏缓慢。热点有所降温，化解艰难。地区国家良性互动增强。美国调整中东政策，影响地区走向。美伊（朗）关系在变。

【关键词】中东地区；新冠肺炎疫情；经济；美国中东政策；伊核谈判

【作者简介】中国国际问题研究基金会高级研究员。

面对百年巨变、世纪疫情肆虐和美国继续战略收缩，2021年中东地区局势乱中有治，总体趋稳，未发生波及地区的大乱。基于自身利益考虑，地区各国政府外调政策，内抓抗疫和经济复苏，内顾倾向增加，故地区局势出现一些积极的变化。

一、地区局势发展相对平缓

（一）地区主要国家良性互动增强

2021年是"阿拉伯之春"爆发10周年。地区国家对该地区的长期动荡深为忧虑，尤其是阿富汗局势突变引发地区国家战略认知发生深刻变化。地区国家对美国干涉别国内政和打"民主、人权"牌施压攻击的伎俩更为反感，对"走自己的路"更为坚定，故它们加快应变，独立自主意识上升。比如，2021年8月28日，在伊拉克首都巴格达召开了巴格达合作与伙伴会议，①这是一次显示中东和解的重要会议。卡塔尔、埃及、约旦、阿联酋、沙特阿拉伯、伊朗和土耳其等国领导人或外长出席，其中最引人注目的是沙特阿拉伯外交大臣和伊朗外长均与会；卡塔尔埃米尔塔米姆会见了埃及总统塞西和阿联酋副总统阿勒马克图姆；阿勒马克图姆还与伊朗外长举行了非正式会晤。这为促进地区国家之间的沟通、交流与合作创造了良好气氛和有利条件。2021年初，沙特阿拉伯、埃及、阿联酋和巴林宣布同卡塔尔复交，实现了双边关系正常化。卡塔尔埃米尔塔米姆和沙特王储穆罕默德互访，有力地推动了双边关系发展和海湾阿拉伯国家合作委员会（简称"海合会"）内部的团结与合作。随着美国拜登政府对中东政策的调整，沙特下先手棋，开始恢复同伊朗接触，双方在巴格达已会晤多次，并已取得一定

---

① 《地区合作会议在伊拉克举行　呼吁实现中东地区稳定》，新华网，2021年8月29日，http://home.xinhua-news.com/rss/newsdetaillink/b7a 9577e260a0ea3e667bfc701b25963/1630192810680，访问日期：2022年8月10日。

进展；在也门问题上，沙特多次释放停火和谈信号；在叙利亚问题上，沙特已有松动，私下同叙探讨叙重返阿盟事宜。土耳其收缩、缓和的一面明显。土在利比亚问题上由军事介入已转向外交发力，在东地中海寻求缓和，同埃及关系实现了破冰，同沙特关系继续回暖。据美联社德黑兰报道，12月6日，阿联酋国家安全顾问塔农·本·扎耶德访问伊朗，会见伊朗总统莱希，并与伊朗国家安全最高委员会秘书阿里·沙姆哈尼举行了会谈。美联社认为，"这是一次重大访问"。

（二）疫情依然严峻

疫情长尾效应凸显，拐点迄未到来，尤其是伊朗、伊拉克、黎巴嫩、也门等国家抗疫任务艰巨。2021年9月，伊朗确诊病例已超过500万人次。2021年9月21日，伊朗新总统易卜拉欣·莱希在联大发表演讲时称："伊朗经历了多波新冠肺炎疫情，累计新冠死亡病例近11.8万例，是该地区死亡病例最多的国家。"[①]

（三）经济缓慢复苏

疫情变化已成为地区国家经济发展的晴雨表，许多地区国家经济出现转机，国内生产总值呈现不同程度的正增长，其中主要有沙特阿拉伯等海合会成员国、土耳其、埃及、约旦和摩洛哥。2021年国际油价攀升，产油国财政得到改善，提出绿色转型倡议。其主要特点有：（1）各国海陆空网均已开通，但也时紧时松，国际航线和贸易基本恢复正常，对外封锁已解除。（2）各国社会经济、市场供应、文化娱乐等相对活跃起来，一

---

① 美联社迪拜，2021年9月21日电。

改昔日萧条局面，呈现繁荣景象，尤其是各国首都又活跃起来。2021年2月21日，阿联酋举办了阿布扎比国际防务展，有2万人与会，900家参展商参展。"中国的武器制造业规模排名全球第二，其展出的实际大小的'火龙'战术弹道导弹吸引了参观者驻足。"① 9月30日晚，2020迪拜世博会正式开幕，从2021年10月1日至2022年3月31日，以"沟通思想，创造未来"为主题开展世界性活动。（3）许多大型项目陆续上马。比如2021年3月底，一艘重型货轮"长赐"号在埃及苏伊士运河新航道突然搁浅后，埃及政府对此十分重视。为避免类似事件再次发生，埃及总统塞西"5月11日批准了运河南段航道拓宽计划"，"该计划预计在两年内完成……目前，运河南段航道已开始挖泥作业"。② 8月下旬，沙特宣布了总价值约40亿里亚尔的数字经济发展计划。该计划是目前中东北非地区规模最大的数字经济项目。

但疫情仍给一些地区国家带来灾难，严重拖了经济后腿，尤其是黎巴嫩、伊朗、伊拉克、也门、苏丹和南苏丹。2021年，始于2019年的黎巴嫩经济危机已到崩溃的边缘。

"黎巴嫩镑与美元的汇率已由1500镑兑1美元，贬到23000镑兑1美元。民众财富转瞬间缩水90%以上。民众最低月工资从450美元降到35美元。"③ 伊朗经济形势严峻。2021年3月20日，鲁哈尼总统在伊朗波斯新年发表讲话。他说，过去一年"就石油收入而言是60年来最糟糕的一年"。他说："在（伊斯

---

① 美联社阿布扎比，2021年2月21日电。

② 陆依斐：《苏伊士运河航道在拓宽，未来还会"堵船"吗?》，《解放日报》2021年6月19日。

③ 牛新春：《黎巴嫩敲响中东政治危机的警钟》，《世界知识》2021年第18期。

兰）胜利以来的42年里，我想不出有一年的经济困境像（波斯历）1399年这么艰辛。"[1]

二、美伊关系在变

2021年初，美国总统拜登执政后，着手调整对伊朗政策，明确提出"回归伊核协议"。但基于自身利益和国内共和党右翼及亲以势力的牵制，美此举绝非易事。美伊代表在维也纳会谈已有一定进展，但迄未取得实质性突破。从全球战略考虑，拜登重新启用"奥巴马药方"不失为可行之策。然而，美伊信任赤字加深，双方不可能发生颠覆性的变化。拜登对伊朗"大棒"仍高高举起，对伊居高临下，既牵头在海上搞"阿拉伯海联合军事演习"向伊施压，又向叙利亚边境地区发导弹，打击亲伊朗的伊拉克民兵。2021年9月9日，美国海军中央司令部宣布，美军第五舰队组建了"海军第59特遣部队"，主要威慑伊朗。伊方对此反应强烈，认为这对其安全构成严重威胁。故而针锋相对，积极应对。10月12日，伊朗举行了大规模防空演习。

美国对伊朗有"四怕"：一怕伊朗联合叙利亚、伊拉克、黎巴嫩真主党和巴勒斯坦哈马斯形成广泛的反美统一阵线，对美大声说不；二怕伊朗动用其导弹、无人机等军事设备威慑美在海湾驻军；三怕伊朗联合其他大国进行战略合作，形成气候；四怕伊朗联合阿富汗塔利班政府挖美在中亚的墙角。伊朗同美国打交道几十年，对美的出尔反尔深恶痛绝，故谨慎应对，生

---

① 法新社德黑兰，2021年3月20日电。

怕上当受骗。

2021年8月5日，伊朗莱希总统执政后，同意继续同美对话。11月29日，美伊已恢复和谈。双方互相示强，激烈交锋，讨价还价，对话成功绝非一蹴而就。尽管如此，双方均希望能达成一定妥协。

三、叙利亚乱中有治

2021年，叙政局出现明显好转。叙利亚政府重视维护社会治安、抗击疫情、恢复经济建设和改善民生，并取得了积极成果。尽管美国等西方国家不断加大对叙制裁，但叙政府顶住压力，从容应对，坚持下来了，致使其控制区内的社会秩序基本恢复正常，经济建设有了起色，市场供应向好，广大民众开始有了安全感和行动自由感，对政府增强了信心。

2021年5月26日，叙利亚举行总统大选。现任总统巴沙尔·阿萨德获胜，成功连任。其主要原因如下。

第一，巴沙尔是不二人选。

巴沙尔依然牢牢掌控着两支重要力量：一是执政党（阿拉伯社会复兴党）。该党历经10年风雨，虽有少数人脱党，但总体保持团结，拥戴巴沙尔，成为叙统治集团的核心领导力量。二是武装部队。10年内战，叙军力损失严重，但仍保持基本建制，元气尚存。更重要的是叙军队"服从命令，听指挥"，已成为巴沙尔手中的一支"钢鞭"。

第二，叙政府控制能力增强。现政府控制了国土面积的65%，其中包括首都大马士革在内的重要大中城市和周边地区，有力地恢复了地区治安和社会秩序。叙政府军主导了战场走向，沉重打击了反对派武装，使之难以组织力量制造社会动乱。据报道，叙反对派武装和土耳其仅控制叙西北部的伊德利卜省和阿勒颇省的北部地区，该地区约占叙国土面积的10%；库尔德武装控制叙东北部哈赛克省、拉卡省和代尔祖尔省部分地区，该地区约占国土面积的25%。

第三，民心所向。叙人民深受动乱之苦，迫切希望巴沙尔领导他们尽快结束内战，恢复安定，振兴经济，改善民生。

第四，叙反对派武装四分五裂，互相牵制，日渐衰弱，已是强弩之末。

第五，俄罗斯、伊朗、黎巴嫩真主党和伊拉克什叶派民兵组织力挺巴沙尔政权，助其渡过一道道难关。2021年9月13日，巴沙尔总统访俄，同普京总统商讨加强军事合作。

第六，国际社会普遍支持联合国主导的叙利亚和平解决进程，推动日内瓦会议，落实安理会有关决议。另外，阿联酋、巴林和阿曼等阿拉伯国家陆续恢复了同叙外交关系。2021年11月9日，阿联酋外长阿卜杜拉·本·扎耶德·阿勒纳哈扬率庞大代表团访叙。这是自2011年叙内战爆发以来的首次往访。当日他与巴沙尔总统会见，"发出迄今为止最明确的信号，即阿拉伯世界愿意与巴沙尔重新接触"。[①]沙特也在私下采取了相应行动。目前，阿盟强调和平解决叙危机，反对外部势力干涉叙内政，并为恢复叙阿盟成员国地位做工作。

---

① 美联社大马士革，2021年11月9日电。

四、地区热点总体降温

（一）巴勒斯坦问题更为曲折复杂

尽管巴勒斯坦领导人欲通过联合国等国际组织解决巴问题，2021年9月24日，在联大的视频讲话中，阿巴斯总统再次呼吁联合国秘书长古特雷斯"召集国际和平会议"，但国际社会反应冷淡。巴问题实际上已被边缘化。对以色列来说，它并不急于解决巴问题。而对巴方来说，则时不我待。

2021年5月10—20日，巴以冲突严重升级。这又将巴问题拉回国际视野。5月10日，以色列军警限制阿拉伯人进入圣殿山做礼拜，致使双方发生冲突，造成了300余人受伤。当晚，控制加沙的哈马斯（巴勒斯坦伊斯兰抵抗运动）借此大举介入，并开始向以色列境内发射火箭弹，以军方迅即还击，从而使冲突激化。截至5月18日，以方死亡12人，伤100余人；加沙地带巴人死亡213人，多数为妇女和儿童，伤1900余人。5月20日，经埃及斡旋，哈马斯同以色列达成停火协议。双方已于5月21日2时开始停火。而后，双方又有多次小规模的交火。

就此次冲突而言，巴以互有需要，目的明确。首先，以色列总理内塔尼亚胡欲借此摆脱困境，继续执政，以防组阁权落入中左翼拉皮德之手。其次，打击哈马斯有生力量，摧毁其重要军事设施、地下安全网络和军工厂，定点清除其骨干要员。再次，离间哈马斯同巴民众关系，削弱其影响力，进而使其在巴大选中失利。最后，给美国拜登政府出难题，逼其选边站队。结果，美站到了以色列一边，不仅一再阻止联合国安理会发表敦促巴以停火的声明，而且向以紧急出口7.35亿美元的军火。哈马斯主要目的有三,一是提高自身在巴民众中的地位和影响力,为赢得巴大选铺垫;二是唤起阿拉伯国家政府和人民的良知,继续支持巴正义事业,减缓部分阿拉伯国家同以色列关系正常化进程;三是将巴问题拉回国际社会视野,增强对以色列的舆论压力,以防巴问题继续被边缘化。

(二)也门内战连绵,硝烟弥漫

也门政府军同胡塞武装分据南北,继续兵戎相见。双方战场上互有攻守,难以战胜对方。2021年9月4日,胡塞武装向马里卜省西部地区发起多次进攻。在沙特主导的多国联军空中支援下,政府军顽强抗击,坚守阵地,打退了对方的进攻。目前双方战场上处于胶着状态。与此同时,胡塞武装多次使用导弹和无人机袭击沙特边界城市和首都利雅得。

2021年初,美国总统拜登执政后,提出和平解决也门问题,并停止了对沙特的部分军售。沙特也多次呼吁胡塞武装实现双方停火、谈判。但后者反应冷淡,并坚持要沙特对也门停止空袭和迅速撤军。

(三)利比亚和平过渡

利比亚局势发生重大变化,两大势力团结政府军和国民军终于坐下来,于2020年10月23日签署了停火协议。11月,联合国主导的利比亚政治对话论坛在突尼斯召开首次会议推动利各派就政治安排达成了共识,并宣布将于2021年12月24日举行大选。2021年2月5日,利政治对话论坛选举利比亚前驻希腊大使穆罕默德·尤努斯·蔓菲为总统委员会主席,利"未来运动"政党领导人阿卜杜勒·哈米德·德拜巴为过渡政府总理。3月10日,利比亚新一届过渡政府民族统一政府通过国民代表大会信任投票宣告成立，接替民族团结政府执政，直至当年12月24日利全国大选。

2021年6月23日，德国同联合国主持召开第二届利问题柏林会议，并发表公报，强调支持利过渡政府及有关各方积极推动按期举行大选，敦促外国武装人员和雇佣军尽快从利撤出。① 目前利政局相对平静，但大选前景不明朗。

（四）极端组织"伊斯兰国"（IS）并未消停

2021年，"伊斯兰国"残余势力不甘失败，继续蠢蠢欲动，重整旗鼓，进行整顿改组。在伊拉克，该组织组成了以阿布·易卜拉欣·哈希米·库莱希为首的新领导机构，内设协商委员会（决策机构）、代表委员会（执行机构）、和行政、财务、宣传、安全、军事、后勤供应等部门及宗教委员会。同时，该组织还组成了"伊拉克省"的领导机构。据报道，"伊斯兰国"在伊拉克的一头目阿布·亚西尔在2021年1月27日美国为首的联军对基尔库克附近的一次空袭中被击毙。据透露，此次由伊拉克政府军与联军联手的行动中共打死10名"伊斯兰国"恐怖分子。② 10月11日，伊拉克政府逮捕了已故巴格达迪的副手萨米·贾西姆。他是该组织的高级领导人兼"基地"组织长期特工。③ 在叙利亚，该武装力量主要集中于叙利亚中部地区和幼发拉底河西部及沙漠地区。"基地"组织叙利亚分支"沙姆解放组织"主要盘踞在伊德利卜省的广大农村地区，其头目阿

---

① 《利比亚国家概况》，外交部，2022年6月，https://www.mfa.gov.cn/web/gjhdq_676201/gj_676203/fz_677316/1206_678018/1206x0_678020/，访问日期：2022年8月10日。

② 德新社巴格达，2021年1月29日电。

③ 美联社巴格达，2021年10月11日电。

布·穆罕默德·朱拉尼通过建立自己的领导机构同政府分庭抗礼。目前他们正在做四件事：（1）打通伊叙通道，以扩大活动范围；（2）打击政府军和亲政府民兵，以震声威；（3）力争抢占油田，以增加财源；（4）建立新据点，以保存实力。

另外，10月15日，阿富汗南部坎大哈清真寺发生爆炸袭击事件，造成63人遇难，83人受伤。当日法新社阿富汗坎大哈报道，"伊斯兰国呼罗珊分支"宣称，对此次袭击负责。10月8日，在昆都士的一座什叶派清真寺曾发生自杀式袭击，造成至少40人死亡。这是该组织既是针对阿富汗什叶派少数群体的袭击也是对"声称控制了国家的塔利班发起的挑战"。[①] 11月17日，联合国秘书长阿富汗问题特别代表德博拉·莱昂斯对联合国安理会称，"伊斯兰国"的一个分支（呼罗珊）已经发展壮大，目前在几乎所有34个省份都有势力。她说，该组织发动的袭击数量已经从2020年的60起增加到今年的334起。[②]

以上表明反恐仍在路上。对此，国际社会任重而道远。各国要再接再厉，努力切断"伊斯兰国"的生存土壤、空间和渠道，决不能让其卷土重来的图谋得逞。

五、美国调整中东政策

2021年初，美国总统拜登执政后，决意对其前任特朗普的中东政策进行大幅调整，实行"拨乱反正"，并已着手开始实施，主要措施如下。

---

① 法新社坎大哈，2021年10月15日电。
② 路透社华盛顿，2021年11月17日电。

　　第一，从阿富汗撤军。随着美军撤出，塔利班武装展开军事攻势，进展神速，甚至兵不血刃，进入首都喀布尔，接管了政权，震惊世界。这在美国军事史上是最大的失败和耻辱。它标志着美国侵犯主权国家打造美式"民主"样板的时代已经一去不复返了。这已成为拜登上台以来的最大败笔。

　　第二，"回归伊核协议"。不过重启谈判后，将有一段很长的路要走。

　　第三，对巴勒斯坦问题，坚持重返"两国方案"。拜登政府已恢复同巴关系正常化和对巴援助，主张推动巴以恢复和谈，但虚多实少。

　　第四，主张和平解决也门问题。对此，美国政府停止了沙特涉及也门的军售，并从其撤回了爱国者反导导弹部队。

　　第五，标榜"民主""人权"，对埃及、沙特、土耳其等地区盟国提出警示，以体现美国民主党不同于共和党的"独到之处"。

　　第六，美坚持在叙利亚留驻少量军队，以表明美既要增加同俄罗斯较量的筹码，又体现对叙反对派的支持。拜登认为叙利亚不能丢。

　　尽管如此，美国决不会放弃中东，必将继续掌控地区事务。主要因为美国有以下需要：（1）保护以色列，继续维持同以色列的"天然盟友"关系，并使之对阿拉伯国家保持相对优势。拜登政府明确表示，将继续沿着其前任特朗普的套路推进阿以关系正常化，使更多的阿拉伯国家加入该行列，以便孤立巴勒斯坦，缓和以色列同其他阿拉伯国家之间的矛盾和争端，从而使"亚布拉罕协议"落到实处。（2）维持美元的霸主地位，地区石油输出国的财政收入要以美元计算。美通过控制地区通道，将贸易往来纳入美元轨道，直接影响地区经济命脉和发展。（3）整合地区盟国力量，在美国主导下，共管中东地区事务。这样一可调动地区盟国的积极性，发挥其作用；二可减少投入，节省战略资源，无须"事必躬亲"；三可离岸遥控，发挥"公司董事长"的作用。（4）继续利用国际联盟打击"伊斯兰国"等极端势力，以标榜美继续反恐。

鉴于地区各种矛盾叠加，盘根错节，积重难返，美国一动，旧的问题未决，新的问题又会冒出来，加之"伊斯兰国"等极端势力和恐怖主义得以喘息，该地区不稳定、不确定因素将会进一步增长。

美国中东外交面临的挑战及其前景估计

顾正龙

【内容提要】美国大幅度从中东地区实行战略收缩。随着美国从阿富汗撤军，美国的中东外交处在何去何从的转折关口，正面临诸多挑战，处于进退失据的境地。面对一个杂乱无章、竞争激烈的世界，美国的伙伴和它的对手也将经历一个不确定时期。

【关键词】美国中东外交；阿富汗撤军；伊核协议；以巴冲突；"伊斯兰国"

【作者简介】中国国际问题研究基金会研究员，新华社前驻开罗、大马士革、巴格达分社首席记者。

在过去20年，美国在中东地区发动了三场战争，凸显了其在中东的军事存在。然而，伴随而来的是在中东地区接连不断出现的政治、经济、安全和人道主义危机和灾难。第一场是美国发动的阿富汗战争，是对2001年9月11日在纽约和华盛顿发生的恐怖袭击事件的应对。第二场是2003年的伊拉克战争，其借口是伊拉克拥有大规模杀伤性武器。在未能找到这些武器的情况下，美国仍执意要实现在两河流域建立一个新的"民主国家"的"使命"。第三场是打击恐怖主义的战争，特别是针对叙利亚和伊拉克边界上的"伊斯兰哈里发国"恐怖组织。这三场战争使美国在中东的存在不仅在军事和安全方面变得不能自拔，而且使中东因经济和政治等原因陷入地区种族和宗派纷争而苦不堪言。

如今，美国大幅度从中东地区实行战略收缩。随着美国有争议地从阿富汗撤军，美国的中东外交处在何去何从的转折关口。在此背景下，美国中东外交正面临诸多困惑和挑战。

一、拜登中东外交面临的困惑和挑战

（一）在战略收缩的背景下，拜登政府致力于尽快从阿富汗撤军。但是在事态发展之前的2021年8月12—16日，阿富汗国内局势发生显著恶化，这加深了拜登政府决策层的困惑和分歧

2021年9月28日，美国参议院军事委员会举行阿富汗撤军和反恐问题听证会。[①] 与会者中不少人是拜登当年在奥巴马政府任八年副总统时期的亲密同事或观点相同的人。但美国国务院几名官员的声明表明，美国决策机构对中东事态发展构成的威胁和反恐问题意见纷纷，莫衷一是。在美军继续留在阿富汗，协助阿富汗部队处理恐怖组织可能卷土重来前景问题上没

[①]《美国会听证调查阿富汗撤军　美军将领承认"战略失败"》，光明网，2021年9月29日，https://m.gmw.cn/baijia/2021-09-29/1302618786.html，访问日期：2022年8月10日。

有达成共识。拜登总统拒绝参谋长联席会议主席马克·米利将军和美国中央司令部司令肯尼思·麦肯齐将军提出将大约2500名美军继续留在阿富汗的建议，并要求拜登改变"9·11"恐怖袭击事件20周年之前撤出美国军队的决定，以稳定阿富汗局势。在白宫紧急会议室，国家安全小组（由总统、国家安全顾问及其团队的主要官员、国防部长和军事官员、国务卿及其小组的主要官员以及情报部门代表组成）举行会议期间，总统希望完全撤军，并得到国家安全委员会小组和国务院小组的支持。虽然军事小组反对完全撤军的决定，军方强调阿富汗政府可能会垮台，塔利班会卷土重来和爆发内战，因此提出保留有限数量美军的建议，但都未能说服拜登总统接受这一立场。尽管美国军方本应是有关从阿富汗撤军决策过程中具有影响力的声音，但由于种种原因，在缺乏国家安全委员会和外交事务小组支持的情况下，美国军方在内部磋商中的影响力有限。

拜登政府内部对情报部门工作失误不满。对阿富汗局势的情报评估主要基于美国三个情报机构的情报：五角大楼的国防情报局，该机构在评估实地军事局势方面发挥最大和最重要的作用；中央情报局侧重于恐怖组织的活动；而国家情报局则在白宫和情报机构之间起协调作用。据一份报告显示，国防情报局未能评估出塔利班武装地面军事推进的能力，表明五角大楼能力不足。虽然这些评估在某些方面是正确的，但对首都喀布尔落入塔利班之手在时间方面缺乏必要的准确性，所载的信息似乎存在混乱不清的情况。2021年4月，五角大楼的情报估计预测喀布尔将在一年到一年半内沦陷。7月下旬，它又重新预计喀布尔在六个月内会沦陷。随着后来事态的发展，他们又预期阿富汗首都将在三个月到几周内沦陷。然而世界震惊地发现，在不到三天的时间内，塔利班兵不血刃开进首都喀布尔。

由于美国情报机构对实地局势的评估失误，造成美国管理撤军进程、为下一步撤军做准备以及过渡到喀布尔落入塔利班手中后的应对措施乏力，措手不及。

对美军撤出阿富汗，专家们持有不同解读。有人认为美撤军是为了"甩包袱"，聚焦制衡中国、俄罗斯，因此美一定会从阿富汗撤出。他们认为，美在阿富汗的首要的目的早已不是反恐，而是维护其霸权地位。为此民主、共和两党都认为，必须尽快甩掉阿富汗战争这一包袱。美战略家认为，衰落中的霸权国若能主动实施战略收缩实现减损止损，那么未来重新崛起可能性很大。撤军不能被视为美国失败，而是其主动的战略调整。未来，美仍会介入阿富汗事务，向阿提供军事民事援助，推动和平进程，维护美外交机构安全等。众所周知，在过去二十年，美国已经花费大约830亿美元，用以训练阿富汗政府军在美军撤离后控制局面。综上所述，一些专家认为，过去几十年以来，阿富汗局势都是由少数大国主导，从英国到苏联，再到美国。这种局面也许会发生变化，开始由美国单一主导走向多极化主导，未来周边国家可能对阿富汗局势发挥主导作用。

（二）在巴以问题上，拜登政府很难有所作为

特朗普是近70年来最亲以色列的美国总统，巴勒斯坦人亲眼见证了以色列如何在特朗普执政时期提升自己的利益。在"两国论"、耶路撒冷地位、定居点、戈兰高地归属、美国驻以大使馆迁馆、巴勒斯坦民族权力机构地位、对巴勒斯坦援助等问题上，特朗普突破了美国历届政府的诸多政策红线，从根本上动摇了巴以和平以及中东和平进程的根基。特朗普女婿库什纳主导的"世纪交易"对以色列一边倒，将约旦河西岸约三分之一的土地划归以色列。

尽管拜登是"两国方案"的倡导者,他对特朗普的巴以政策持批评态度,并承诺恢复向巴勒斯坦提供美国的援助,指责特朗普削弱和破坏了中东和平进程。拜登政府或将继续坚持"两国论",在耶路撒冷地位、定居点、戈兰高地等问题上回归传统立场,恢复巴勒斯坦民族权力机构的地位并继续提供援助。不过,拜登政府也明确表示不会再将美大使馆从耶路撒冷迁回特拉维夫,并对阿拉伯国家和以色列关系正常化也予以肯定。

总体上,鉴于巴以问题边缘化趋势和巴以僵局日益难以破解,拜登政府可能不会在该问题上投入过多精力,除政策宣示外,恐难有所作为。在2022年或更长的时空里拜登政府不太可能全盘否定特朗普的巴以政策。

(三)在重返伊朗核协议问题上存在分歧

拜登政府上台伊始,美伊双方都释放出谈判意愿。此前,美国国务院一再强调,伊朗承诺重返核协议是可以接受的,但还不够,因为有必要同时调整伊朗在该地区的作用和行为以及有争议的导弹计划等问题。指出伊朗有义务作出承诺,以换取美国的承诺。美国政府内部的强硬派认为,与德黑兰的谈判应导致扩大和加强伊朗对核协议的承诺,在谈判中的软弱立场会使会谈产生与核协议背道而驰的结果,使对核协议的共同承诺的努力复杂化,适得其反地可能让伊朗加快实施核计划。据报道,伊核协议相关方2021年4月就在奥地利首都维也纳举行会谈，^①会谈已举行六轮。由于美伊分歧严重及伊朗总统大选，新一轮会谈迟迟没有举行。10月31日，美国国务卿布林肯证实，美国总统拜登、法国总统马克龙、德国总理默克尔、英国首相约翰逊不久前举行四方峰会时，就重返伊核协议达成一致，呼吁伊朗尽快恢复谈判，并警告说，如果伊朗继续发展其核活动将会带来严重后果。美国国务院发言人普赖斯宣布，美国总统伊朗问题特使马利（Rob Malley）已被任命领导美国代表团参与新一轮会谈。2021年11月29日，有关新一轮伊核谈判已在维也纳重启。有分析认为，重启伊核谈判仍存在诸多掣肘因素，地区安全也面临严峻挑战，谈判各方对谈判充满期待，却并不乐观。

（四）美国对土耳其的政策举棋不定

拜登政府的做法是，既批评土耳其在中东的所作所为，又对其保持战略关切。为此，美国政府正在制定处理土耳其问题政策。美国副国务卿温迪·谢尔曼在北约一次会议上称，美国认为土耳其仍是合作伙伴，尽管土耳其与俄罗斯的S-400导弹交易存在违规行为，而且有可能根据有关规定对其实施制裁。一些军事官员要求对土耳其施加压力，阻止其购买俄罗斯武器，但又担心两国军事合作和军事项目受到影响，美国国防部坚持要继续与土耳其保持沟通。据认为，在阿富汗问题上美国与土耳其双方都表现出了加强合作的愿望。

另外，尽管拜登对人权问题感兴趣，并声明人权问题将成

---

① 《欧盟提交关于恢复履行伊核协议的"最终文本"》，光明网，2022年8月9日，https://m.gmw.cn/baijia/2022-08/09/1303081756.html，访问日期：2022年8月10日。

为美国外交政策的核心。但他6月14日北约峰会上与埃尔多安总统会晤时，并没有提及人权问题，而只是讨论了阿富汗、叙利亚及购买俄罗斯防卫系统等问题。

（五）极端组织"伊斯兰国"被击败后，美国政府一直努力减少在中东的军事存在，也有地区国家对此感到担忧。但美国坚持希望在该地区结束最后的战争，并计划结束军事存在

2021年，拜登政府终于下决心要从中东撤军，计划在几个月内，先从阿富汗开始全面撤军，接着美国与伊拉克总理穆斯塔法·卡迪米达成协议，在年底前美军完全撤出伊拉克。至于驻叙利亚军事人员，将不超过900人，具体撤军数字虽然尚未确定，但给人的印象是，未来一段时间内，中东地区的美军将减少。然而，在阿富汗塔利班重新崛起的背景下，"伊斯兰国"极端组织因美国从阿富汗撤军受到鼓舞，继而对伊拉克和叙利亚境内特定的城市，如基尔库克和代尔祖尔开始实施袭击。最近一次的袭击活动发生在2021年9月5日，ISIS对基尔库克的一个联邦警察检查站发动袭击，造成13名伊拉克警察及安全人员死亡，数十人受伤。[①] 据美国军事媒体《军事时报》报道，美国国防部长奥斯汀表示，在美国从阿富汗撤军后的两年内，极端组织可能会在阿富汗卷土重来。这是自美国总统拜登2021年4月宣布美国从阿富汗全面撤军以来，美国军方对阿富汗将再次面临的极端组织活动的最新预测。2022年该地区的反恐形势将变得愈来愈复杂和难以预料。但也有专家认为，大概率情况

---

① 《外媒：伊拉克一警方检查站遭遇袭击，13名警察死亡》，光明网，2021年9月5日，https://m.gmw.cn/baijia/2021-09-05/1302554846.html，访问日期：2022年8月10日。

是，美国不会撤出所有驻阿情报机构和行动力量。有报道称，美军在坎大哈、赫尔曼德等地仍有小规模基地。美还打算在阿周边地区设立新的军事基地，或者利用在中东的现有军事基地，未来继续在阿实施无人机空袭和特种作战行动。

有迹象显示，到2021年底，美国在该地区的军事存在不仅未减弱，反而在加强。在2021年9月，为面对伊朗在伊拉克、叙利亚军事存在，美国在该地区采取措施，给人感觉美军的数量似乎在增加，以此淡化因美国撤军造成的所谓"地区真空"的印象。

二、拜登"延缓战略"的含义

阿联酋未来中心Future Center智库网站2021年9月12日刊登的题为《美国撤军后的中东》署名文章指出，2021年拜登总统将美国从中东地区撤军行动解读为"延缓战略"的现实版，即把美国的撤军，转化为大家熟知的拜登所谓的"延缓战略"来理解，并指出只有这样，美国才有可能腾出精力在基础设施方面摆脱困境，重建自己。文章认为"延缓战略"视角多维，含义广泛。

（一）撤军不等于放弃

从中东撤军后，美国的中东战略重新定位，同时美国与北约盟国、日本、澳大利亚和韩国等国家签署全面安全条约，应对撤军后出现的新情况。有分析指出，美国在阿富汗的军事冒险惨淡收场，并不意味着美国对该地区不重视，或要放弃该地区，美国仍然认为该地区的核扩散对美国构成威胁。因此，在

2015年奥巴马总统执政期间美国与伊朗签署了"5+1核协议"，2018年特朗普总统领导的美国退出了核协议，拜登总统领导下的美国再次希望通过新的谈判，重新签署该协议，通过解除对伊朗的制裁，以阻止伊朗获得核武器。该地区仍牵动着美国的一些重大战略利益。美国在中东霸权的衰落是相对的，它在中东的主导地位并未改变，在中东的军事存在依然强大。为维护其自身利益，美国仍会通过各种途径，向中东施加影响。

（二）在中东，美国将更多地依赖区域大国，特别是以色列、土耳其、埃及、卡塔尔和阿拉伯联合酋长国

鉴于沙特阿拉伯在伊斯兰世界中的特殊地位及其在世界能源经济中的作用，美国和沙特的关系仍将特别重要。事实上，考虑到所有这些因素，很难衡量美国退出该地区的程度深浅如何。通常的看法认为，美国退出后，那里将出现真空，这种情况会造成权力的真空、失衡与混乱，从而导致无休止的内部冲突，这就有可能让其他大国的影响力来填补这一真空。

（三）美国准备与中国进行一场广泛的竞争，其中一些竞争涉及东亚国家，有些竞争涉及中东地区的一些国家

也许美国最重要的经济竞争莫过于是与中国"一带一路"项目的竞争。网站文章指出，以上情况在历史上似曾相识，而历史往往会向其希望的反方向发展。俄罗斯等大国在叙利亚的存在已足够让俄罗斯疲于奔命，却无法满足于他们希望的结果。而中国则有另一种管理其国际存在的方式，因此其没有卷入任何长期的中东危机。另外，中国在经济、外交方面有能力建设以色列的海法港，并在与伊朗签订大规模石油和投资协议的同时，为建设埃及新行政首都和苏伊士运河轴心的大型项目

作出贡献。无论如何，所谓的新阶段，即三极国际体系，目前仍处于早期阶段，其特点是，它将在美国军事存在减弱的情况下进行。

（四）有分析认为，美国并没有在传统意义上输掉阿富汗战争，而是在军事干预问题上产生巨大的经济损失之后，以及在针对美国的仇恨范围不断扩大，尤其是在伊斯兰世界扩大的情况下，开始执行一项新的战略，以实现政治和军事上的重新定位

有迹象表明，美军将根据新的议程在该地区重新进行战略定位，按照其计划图谋重新分配军事力量。在这些计划中，首要目标似乎是遏制中国。另外，法国《费加罗报》9月24日发表署名文章称，断言美国开始衰落为时过早，他们只是输掉了一场在亚洲的军事冒险，仅此而已。

三、拜登中东外交对地区影响

拜登政府调整中东政策，致力于"纠偏"前任特朗普的中东政策，强调以外交手段应对地区热点问题，谋求地区局势和盟友体系的双稳定。这在客观上鼓励了地区国家相互走近，成为地区各国寻求"和解"的直接原因。有分析认为，阿拉伯国家与伊朗和解未来可能成为趋势。另外，拜登政府寻求与伊朗"修好"、从阿富汗撤军、向"印太"地区战略转向等，削弱了美国对其中东盟友的安全保护能力，盟友对美"靠不住、信不过"的印象加深，纷纷开始寻求"自救"，增强"战略自主"，减少对美过度依赖，这也在客观上促进了地区紧张局势趋缓。

　　早在美国从阿富汗撤军前，中东地区一些国家就开始对美国中东外交调整作出了反应，希望美国撤军能给地区带来和平与和解。为寻求避免地区发生重大冲突的区域安全体系奠定基础，中东国家尽可能寻求长期解决问题的办法。2021年1月海合会峰会发表联合声明，为恢复四方联盟国家（沙特阿拉伯、埃及、阿联酋和巴林）与卡塔尔之间的外交关系和和解打下了基础。8月28日，在伊拉克首都巴格达举行的巴格达合作与伙伴关系峰会上，伊拉克担当起伊朗同沙特、埃及、约旦等之间的斡旋角色，多管齐下推动和解进程。沙特阿拉伯与伊朗、埃及、阿联酋、卡塔尔和土耳其进行了接触并开始会谈。在这种和平趋势和寻求解决区域问题的趋势出现的同时，出现了部分阿拉伯国家与以色列和平的双向趋势。这两个趋势的走向一定程度上取决于下一阶段的经济因素。两个地区论坛：东地中海天然气论坛（由巴勒斯坦、以色列、约旦和埃及等七个国家组成）、阿联酋和巴林与以色列之间的"卜拉希米和平协定"论坛。将推动中东地缘政治格局朝向缓和趋势发展，地区国家本身作用也将增大。

　　分析人士指出，这些趋势对于参与中东地区合作的各利益攸关方的重要启示是，地区国家应坚定走自主发展之路。冷战结束后30年、阿富汗战争20年、"阿拉伯之春"10年来中东国家政治发展历程证明，外部势力一厢情愿的"民主改造"和强加的治理模式非但不会给地区国家带来政治民主化和现代化，反而会加速政治动荡和社会分裂，只有探索符合本国国情和历史文化经验的发展之路才是正确选择。

四、结　语

　　回顾二战以来的美国中东政策，其战略目标一直处在动态调整中。拜登政府推行的"中东极简主义"，设定了史上最低的目标：缓解紧张局势，想方设法找到撤出中东的路径。其实，历史证明，美国要从中东抽身并不容易。美国国内目前已经出现反对拜登中东政策的声音。资深共和党参议员格雷厄姆批评拜登的中东政策是"正在酝酿中的灾难"，或将导致"基地"组织和"伊斯兰国"卷土重来。

　　总体而言，美国既要减少在中东的战略投入，又要保持其在中东的战略利益不受损失。这两个目标相互矛盾，美国正处于进退失据的境地。在多年来占据无人可敌的全球领导地位之后，美国的"战略收缩"状态令盟友们困惑。盟友们看到的是一个对外不那么自信，以国内为导向的美国，以对自身影响力和资源的计算为指导，受公众对国际领导地位代价的厌倦所累，被国内政治两极化束缚的美国。面对一个杂乱无章、竞争激烈的世界，美国的伙伴和他的对手也将经历一个不确定时期。

美伊重返伊核协议
前景堪忧

李国富

【内容提要】2021年，美伊斗争最突出特点是双方围绕重返伊核协议展开激烈博弈。拜登政府对伊恩威并施，试图迫其作出让步。鲁哈尼政府坚守底线，并通过不断加快核研发对美施压，但对拜登还有一定期望。双方前六轮谈判无果而终。伊新总统莱希虽支持伊美谈判，但持更强硬立场。目前维也纳谈判陷入僵局，前景堪忧。

【关键词】美国；伊朗；拜登政府；伊核协议；维也纳谈判；制裁

【作者简介】中国国际问题研究院研究员，中国国际问题研究基金会中东研究中心研究员。

2021年，美伊斗争最突出的特征是双方围绕如何重返伊核协议（以下简称"协议"）展开激烈博弈。上半年，拜登新政府希望利用前任特朗普遗留下的对伊"海量"制裁为筹码，又以重返协议、解除相关制裁为诱饵，并联合欧洲和中东盟友对伊恩威并施，迫使伊在核问题和其他问题上作出让步；伊展开针锋相对的斗争，并通过不断加快核研发进度对美施压，但鲁哈尼对拜登还是有一定期望，认为拜登关于重返协议，解除制裁的政策是伊摆脱目前困境的机遇。在欧盟调停下，从4月初到6月20日，美伊进行了6轮间接谈判。据报道，虽然美伊谈判取得了较大进展，但终因在一些关键问题上双方互不退让，以及伊内部分歧，鲁哈尼未能在离任前与美达成协议，了却恢复协议的夙愿。

伊新总统莱希表示继续支持伊美谈判，但大幅调整前任政策，其中最突出的是大大降低了寻求美重返协议在伊对外关系中的优先地位，并将美解除制裁与伊经济发展脱钩。可以肯定莱希政府将会采取比鲁哈尼政府更强硬的政策。

一、拜登对伊政策是新瓶装旧酒

拜登与特朗普在对伊政策上没有本质区别，都是想最大限度地打压、削弱伊在地区的"势力范围"，所不同的只是所运用的策略和称谓不一样。特朗普是想通过极限施压，逼迫伊一步到位地签署一个能满足美要求的"更好的伊核协议"，而拜登则试图通过重返协议将这一目标拆分为两个阶段来实现。第一阶段，美通过解除对伊相关制裁，重返协议，促使伊重新严格履行协议义务，遏制住伊核快速发展势头，将伊可制造核武器的时间重新拉回到一年的（安全）期限。重点是第二阶段，美将通过之后的外交途径来解决协议的"缺陷"问题。美将与欧洲和中东盟国协调政策，形成一个巨大的联合阵线，联手向伊施压，迫使伊接受一个包括修补协议缺陷和伊导弹及地区政策问题在内的"更长、更强"的协议。

拜登重返协议两步走政策反映出美从中东战略收缩，将全球战略重点移到"印太地区"的紧迫感。拜登深知，美如想将战略重点转移到"印太地区"，就必须在中东跨过伊核问题这道坎。但在过去几年里，为反制特朗普"极限施压"，伊分阶段放弃了协议限制，加快了核研发进度，大大地缩短了制造核武器所需时间。伊核问题对拜登来说就是一个点着引信的雷，随时会爆炸。为避免美再次卷入或被拖入中东战争，美当务之急是要将伊核问题重新锁入协议的"箱子里"。拜登还想通过重返协议来弥合与欧盟在这个问题上的不合，修补美因擅自退出协议给自身声誉带来的损害。

拜登使协议"更长、更强"的政策是基于他对伊局势的判断。拜登认为，特朗普极限施压和新冠肺炎疫情肆虐的叠加影响已使伊经济面临崩溃的困境，伊急需解困。当前美伊相比，美处于更有利的地位，伊比美更需要协议，更需要解除制裁。他深信，通过重返协议，解除对伊一些经济命脉的制裁足以诱逼伊在伊核问题和其他问题上退让。因此，拜登从执政伊始就以一种强势姿态对待重返协议，除继续执行特朗普的极限制裁外，还要求伊在双方重返协议中率先迈出一步。拜登称，伊必须停止提高浓缩铀的浓度，然后，美才能取消制裁，只要伊不遵守伊核协议，他不会取消美对伊制裁。美不会为了使伊回到谈判桌而解除对伊制裁。

此外，拜登还对伊进行武力威胁。上台不久，他便指派B-52战略轰炸机从美本土飞往海湾地区。他下令轰炸了叙利亚东部伊支持的武装力量后警告伊，"你不能采取行动而不受惩罚，小心点"。2021年3月7日，拜登再次派两架B-52战略轰炸机飞往海湾地区，美明确表示，这是为了"遏制侵略行为，让伙伴和盟友相信美军对该地区安全的承诺"。因此，不难看出，拜登重返协议政策实质上是穿新鞋，走的还是特朗普的老路。

二、鲁哈尼对拜登有期待，但坚守底线

鲁哈尼视伊核协议为其执政8年最重要的外交成果之一。重新恢复协议，解除对伊制裁，是其离任前最大的夙愿。因此，鲁哈尼虽对拜登的言论保持高度警觉，但还是保有一定期盼，认为这是一个机遇。在拜登任命多名前参与协议谈判的"老人"后，他增加了对拜登重返协议，解除制裁的期盼。但拜登对伊的强硬政策很快使美伊间短期内就双方重返协议的氛围烟消云散。

在拜登执政第二天，伊外长扎里夫在美主流杂志《外交事务》上发表文章，阐述了对伊美重返协议的立场，其核心是美应首先无条件地、有效地解除自特朗普退出协议后对伊实施的所有制裁。在此基础上，伊将重新完全履行协议义务。伊拒绝就美重返协议问题与美进行双边会谈，认为任何必要的谈判须在协议联合委员会的框架内进行。伊明确划出与美谈判的范围和内容：（1）美是重返协议，因此，已签署的协议不容谈判，也不能修改；（2）安理会第2231号决议不容谈判，也不能修改；（3）与核无关的，如伊导弹和地区政策不容谈判。扎里夫还明确说，在任何情况下，伊都不会就协议的条款与美谈判，如伊想这么做，早在四年前就与特朗普谈判了。此外，伊还要求美保证，之后美政府将不再次退出协议，等等。伊最高领袖哈梅内伊更明确地指出，美如不解除对伊制裁就重返协议，不仅对伊没有意义，甚至还有害处。关于解除制裁问题，哈梅内伊

进一步明确表示，只有当美切实取消对伊制裁并经伊核实确认后，伊才会重新履行协议义务。伊只认可美取消制裁的切实行动，而非"语言和纸面上"的内容，并强调上述立场是伊领导层的共识，是不会改变的最终立场。

伊对美强硬立场是基于以下的考虑。首先，特朗普时期，美调动了所有资源对伊实施极限施压，但没有成功。伊已渡过最困难的时期，拜登想对伊施加新的压力，但美所能动用的资源已所剩不多，伊不怕。其次，美当前最关注的是如何应对中国的快速发展。拜登急于通过重返协议，解决伊核问题，以便能使美从中东抽身，美不想在中东与伊进行一场新的战争。因此，美比伊更需要双方重返协议。伊最高领袖哈梅内伊明确表示，现在与签订协议时期相比，形势对伊更有利，如要达成任何新协议，应对伊更有利。基于对全球和伊美形势的评估，面对拜登对伊强势姿态，伊采取了多方面更加强硬的措施加以反制。

第一，展示自卫决心和能力。在拜登就职之前，伊军事力量先后举行了5次大规模军事演习，伊革命卫队司令萨拉米表示，伊随时准备应对敌军可能发动的军事行动。2021年2月初，伊使用固体燃料运载火箭成功发射了新型国产地球同步卫星，大大提高了伊侦察、防御和打击能力。

第二，突破伊核协议限制，加快核研发步骤。根据2020年底伊议会通过的《反制裁战略法案》，伊在年初开始生产丰度为20%的浓缩铀，并准备生产20%丰度的金属铀，启动1000台先进的IR-2M型和164台更先进的IR-6型离心器；升级和改造阿拉克重水反应堆和启用伊斯法罕核工厂等。

第三，收紧对国际原子能机构（IAEA）核查的限制。2021年2月下旬，伊解除了IAEA根据协议对伊的苛刻核查，虽之后伊与IAEA达成了一个延长三个月的临时技术协议，但限制了IAEA对伊核查的活动，特别是对伊核活动的实时录像监控。伊称如在三个月内，美没有解除对伊制裁，伊将销毁这些录像资料。

三、维也纳六轮谈判无果而终

2021年4月6日，在协议联合委员会框架内，美伊正式在维也纳开始了双方重返协议的间接会谈。在会谈的第一天，双方成立了两个工作组，分别为制定美解除对伊制裁和伊重新履行协议所需采取的步骤工作组。联合委员会之后成立了第三个专家组，协调前两个小组的执行顺序。

在鲁哈尼时期，美伊谈判共举行了六轮，历时3个多月。其间曾发生两起伊核设施遭人为破坏的重大事件。2021年4月11日，在美伊谈判开始不久，伊纳坦兹核设施遭到人为破坏，损失巨大。伊指责是以色列所为，称此举旨在破坏伊美谈判。作为对袭击的报复，伊决定启用更先进的IR-6型离心器替换被损坏的老型号IR-1型，同时将提炼浓缩铀的丰度提升到60%。这是伊第一次提炼这么高丰度的浓缩铀。伊方还表示，如需要，伊可提炼90%丰度的浓缩铀。2021年6月，伊卡拉季离心机生产工厂再次遭到被认为是以色列的袭击。耐人寻味是两起针对伊核设施的袭击，并没有打断美伊谈判。这从一个侧面反映出双方对谈判都有时间的紧迫感，同时也说明双方谈判进展还是比较顺利。

在第五轮谈判结束后，鲁哈尼相当乐观地表示，谈判取得了重大进展，各方已就主要问题达成共识，"现在万事俱备，可重新启动核协议"了。因此，当时国际社会普遍认为在鲁哈尼离任前，美伊达成协议的可能性很大，但最终第六轮谈判还是无果而终。在第六轮谈判结束后，美明确表示，美伊仍有一些没有解决的严重分歧，主要包括以下三个方面：（1）伊是否愿意完全遵守协议义务；（2）伊是否接受美提出的解除制裁范围；（3）双方重返协议的顺序问题。①

鲁哈尼对任内没有实现其夙愿表示相当失望和不满。这也使鲁哈尼与国内强硬派在如何与美就重返协议谈判的矛盾公开化。2021年6月23日，鲁哈尼公开抱怨，如伊有意愿，如参加谈判代表获得必要的权力，伊政府将能够"今天"被解除制裁。鲁哈尼指责"议会官僚"延误了与美达成解除制裁的协议。同时，鲁哈尼还抱怨国内强硬派要求美解除所有制裁的要求不切实际，他说，"是的，我们可以被解除所有这些制裁，但这需要另一次谈判和另一次机会"。

据报道，美伊在前六轮谈判中达成了一个"原则上"的草案。伊当地媒体报道，扎里夫在7月12日给议会关于伊核协议的最后报告中对双方谈判的情况做了详细介绍。美同意解除包括对金融服务和银行、石油和天然气、石化工业、保险、航运、港口、黄金、汽车制造、钢铁、铝、铜、建筑、采矿、纺织品、航空、软件和金属、地毯和食品等的制裁；同意撤销对最高领袖哈梅内伊、其办公室和附属组织以及当选总统莱希的制裁；同意撤销对伊革命卫队外国恐怖主义组织的定性；如伊美达成协议，将有超过1000名个人和实体从美制裁黑名单中删

---

① "'Serious Differences' Remain in Nuclear Talks, US Official Says," Al-Monitor, accessed August 10, 2022, https://www.al-monitor.com/originals/2021/06/serious-differences-remain-nuclear-talks-us-official-says#ixzz6ymHudv00.

除。扎里夫承认，美仍将会保留一些对伊制裁，其中包括禁止
美公民和实体与伊做生意，以及还有一些如支持恐怖主义和侵
犯人权的个人和实体。[①]

作为回报，伊同意自愿执行国际原子能机构保障监督附加
议定书，并对履行协议义务提供负责任的监督，包括不提炼超
过3.67%丰度的浓缩铀；使用大多数老一代IR-1离心机；浓缩
铀储存不超过300千克，并交换任何多余的黄饼；根据规范重
新改造阿拉克重水反应堆。此外，伊将储存1000多台IR-2离心
机，以及数百台先进的IR-4和IR-6离心机[②]。美表示，对扎里
夫的报告不予置评。

四、莱希政府对重返协议谈判政策

2021年6月18日，莱希当选新总统后，伊采取了一系列重
大举措，使美伊谈判的氛围骤然发生逆转。首先，在第六轮谈
判后，伊以政府换届为由叫停了谈判。其次，伊最高全国安全
委员会秘书处下属监督协议执行委员会在对伊美之前谈判评估
后，认为前六轮与美谈判不成功，没有迫使美同意解除对伊所
有制裁，美也没有提供今后不会再次爽约的任何保证。因此，
该委员会拒绝了鲁哈尼政府与美"原则上"达成的重返协议草
案。最后，伊最高领袖哈梅内伊公开批评鲁哈尼过于"轻信"
美西方对伊解除制裁的承诺，同时指出协议草案中有关伊导弹

---

①　"In Report to MPs, Iran's Zarif Expresses Hopes of JCPOA Revival
under Raisi," Amwaj, accessed August 10, 2022, https://amwaj.media/media-
monitor/iran-s-raisi-will-conclude-the-jcpoa-revival-talks.

②　Ibid.

等问题的条文为美今后再次爽约和干涉伊内政提供了借口。他告诫莱希从中吸取教训，不要上美的当。不难看出，哈梅内伊阻止伊美达成协议的最主要原因是对鲁哈尼与美谈判的结果不满。

莱希政府执政后反复强调，维也纳谈判的重点是美解除对伊所有制裁，同时明确表示，"外交不会局限于伊核协议"，"如果其他各方无法确保伊朗的国家利益，我们也不打算就这样一份核协议（进行）谈判"。莱希政府对美重返协议的立场从字面上看与鲁哈尼政府差别不大，但内涵却比鲁哈尼政府更强硬，更坚决。首先，伊强调美重返协议是美"纠错行为"。维也纳谈判是讨论如何使美重返已有的协议，其实质是"技术性"谈判，而不是讨论达成一个新的协议。其次，美重返协议应首先无条件履行美之前对协议的承诺，解除对伊制裁。因为根据协议，美应终止对伊所有制裁。美违约在先，伊有权在核实美确实解除这些制裁后，再履行自己对协议的承诺。再次，拒绝讨论任何与协议无关的议题，伊导弹和地区政策问题是绝不允许谈判的。最后，坚决要求拜登政府承诺，美下一届政府不会爽约。伊认为，当前无论国际环境变化，还是伊美对抗态势，伊都处在相对有利地位，美则处于不利地位。

莱希政府对核谈判转持强硬立场，使美欧对维也纳谈判前景普遍担忧。目前美欧对伊策略是：（1）联合对伊施压，敦促伊尽快恢复谈判。（2）对伊进行威胁。拜登明确表示，如维也纳谈判失利，美已准备好其他"选项"，同时美还在海湾地区举行无人机打击演习向伊示威。2021年8月初，一艘以色列经营的油轮遇袭后，美国务卿布林肯威胁，"我们在同英国、以色列和罗马尼亚等国进行非常密切的接触和协商，将会做出集体回应"。对此，伊针锋相对地表示，伊欢迎继续谈判，但"结果必须解除对伊所有制裁和满足伊人民的权利"。伊不会为追求解除制裁而做出有损伊和伊人民利益的妥协。对于美威胁，伊革命卫队将领警告，"所有敌人均在伊导弹的打击射程内"。

五、展望维也纳谈判前景

2021年11月29日维也纳第七轮谈判正式举行。这是莱希政府与美欧间第一次就伊美重返协议的谈判。此前，伊外长阿卜杜拉·希扬在伊主要报刊《伊朗日报》刊文，进一步阐述了伊维也纳谈判的目的和基本立场。他表示，"如伊能得到保证（美不会再次爽约），在评估损失并有效和经核查地解除所有制裁后，伊准备停止实施其所有的补救措施（超出协议的核活动）"。[①] "除非（美）提供保证，防止过去痛苦的经历再次发生，且伊贸易伙伴可自信没有任何担忧地与伊进行长期经济合作，否则美重返协议将没有任何意义。"[②] 他强调，伊不会接受协议之外的任何要求，也不会讨论协议之外的任何议题。同时，他警告美欧必须充分认识到，这一机遇的窗口不会永远开着。

为了表示对谈判的"认真"和"诚意"，伊首席谈判代表巴盖里率一个阵容庞大的代表团参会。双方面临的第一个问题是从何处重启谈判。英、法、德三国强调，第七轮谈判是之前六轮谈判的延续，谈判应从第六轮谈判结束处继续。伊则坚持前六轮谈判结果只是一个草案，还有重新谈判的空间。巴盖里

---

① Hossein Amir-Abdollahian, "Vienna talks for removal of sanctions," *Iran Daily*, accessed August 10, 2022, https://irandaily.ir/News/318321.html.

② Ibid.

在第一次谈判中提出了有关解除对伊制裁和伊重新履行协议的两个具体建议，并坚持要求将解除制裁作为优先讨论的议题。美欧对伊两个谈判建议表示出强烈不满。12月3日，与会各方同意休会并回国就目前谈判情况进行研判后再继续谈判。

会后，英、法、德三国联合发布一份声明表示，伊"正在撤回在前几轮谈判中达成的几乎所有的艰难妥协"。他们对伊提出修改之前谈判达成草案"感到失望和担忧"。美国务卿布林肯表示，"伊几乎没有认真考虑采取必要措施遵守协议，这就是我们结束这轮维也纳谈判的原因"，同时他对伊发出警告，"如果外交途径失败，华盛顿将寻求其他选择"。

眼下美伊重返协议的谈判要想取得进展需跨过三个主要障碍，一是美解除对伊制裁的范围问题。伊要求美必须解除自特朗普退出协议后施加的所有制裁，无论冠以什么名义；而美只同意解除与核相关的制裁；二是谁先迈出第一步。美坚持"只要伊能履约在先，美愿意重返协议"。而伊认为，由于美爽约在先，因此必须由美迈出第一步，经核实后，伊才开始履约；三是伊要求美必须提供不再爽约保证，但遭美拒绝。

目前维也纳谈判陷入僵持局面，双方在一些关键问题上的回旋和妥协的余地不大。莱希总统与伊其他总统不同，他被普遍视为是领袖哈梅内伊钦点的接班人，伊未来最高权力的"领袖"。在领袖严厉批评鲁哈尼在谈判中太过于轻信美欧的"口头"承诺后，莱希决不会继续沿着鲁哈尼的谈判策略，而是会遵循领袖的旨意，在谈判中坚守伊底线。伊认为，美希望保留特朗普时期"大量与核无关"的制裁，是"不可接受的"。伊将会坚持对美解除制裁进行核查，为此，伊很有可能会提出在伊核协议联合委员会框架下成立一个对美解除制裁核查的小组。只有在确认美解除对伊制裁后，伊才会重新履行自己对伊核协议的承诺。这在实际上也解决了美伊谁先迈出第一步的难题。

重返协议是拜登执政后认定的一个首要外交政策目标。应该说，莱希政府的强硬立场，使拜登陷入战略困境，打乱了他试图通过重返协议要达到的战略布局。使伊核协议"更长、更强"是拜登说服国内外反对派的主要理由，也是证明他比特朗普"更精明"的主要证据，但这些都被莱希断然拒绝。在美从阿富汗仓皇撤军后，维也纳谈判的结果只是使美"单纯"地重返协议，而没有任何体现能使伊核协议"更长、更强"的内容，这对拜登来说相当于政治上的自杀，是他无法接受的。如美对伊不妥协导致谈判失败，而伊目前核发展状况和能力又使伊距离生产核武器的时间要比特朗普时期更短，更紧迫。更何况因伊限制IAEA核查，外界将很难知晓伊核活动具体情况。这种发展趋势势必迫使美或主动，或被动地对伊动武，其结果将会是拜登外交的巨大灾难，拜登将陷入两难困境。

目前维也纳谈判已陷入僵持阶段，双方相互施压。美伊虽都有重返协议的意愿和需求，但受各种因素制约，双方在一些关键问题上的回旋和妥协的余地不大。谈判前景堪忧。

第七章

非洲形势喜忧参半
拉美政情左强右弱

非洲大陆形势在挑战中孕育机遇

王泽非

【内容提要】2021年，百年变局和世纪疫情进一步叠加共振，深刻影响非洲形势发展。非洲国家积极应对疫情挑战，致力于和平、稳定与发展，总体保持稳定，但政治、安全、经济形势均受到较大冲击，复苏进程任重道远。非洲抗疫进入新常态，后续发展不确定性突出。政治局势出现新动向，动荡面明显上升。反恐安全出现新趋势，非传统安全问题更加突出。经济发展陷入新困境，也迎来新机遇。大国对非外交呈现新态势，掀起国际对非合作热潮。展望未来，非洲将继续保持和平、稳定与发展大势，但疫情发展不确定性同非洲政治安全形势中的不稳定因素交织，其和平、稳定与发展仍将面临挑战。
【关键词】非洲；新冠肺炎疫情；政治；反恐；经济
【作者简介】中国国际问题研究基金会非洲中心特约研究员。

2021年，全球疫情跌宕蔓延，百年变局加速演进。在世纪疫情和百年变局进一步叠加共振背景下，全球政治、经济、社会等领域的"断层""分化"加速向非洲传导，深刻影响非洲形势发展。非洲正面临疫情、动荡、复苏和大国竞争等多重挑战和考验，从政治经济安全外交等方方面面都呈现出明显的新特点。非洲国家积极应对新冠肺炎疫情挑战，致力于和平、稳定与发展，总体保持稳定，但政治、安全、经济形势均受到较大冲击，复苏进程任重道远。

一、非洲抗疫进入新常态

新冠肺炎疫情在非洲起步较晚，走势总体好于预期，并没有出现外界预测的灾难性后果，但2021年初和年中，第二波特别是第三波疫情来势汹涌，德尔塔等各类变异病毒持续肆虐，南部、北部非洲国家成为重灾区。2021年底，非洲刚刚走出第三波疫情"至暗时刻"，又步入第四波疫情"无边阴影"。南非首先发现并报告奥密克戎变异毒株，疫情连续4个月下行态势逆转，12月13日单日新增病例37875例，[①]创本国疫情暴发以来最高值。受奥密克戎变异毒株影响，非洲整体疫情出现明显反弹，确诊病例增速加快。世界卫生组织非洲区域主任穆蒂表示，这是非洲正经历的第四轮疫情。英国、美国、欧盟、加拿大、澳大利亚、日本等国相继宣布对南部非洲国家实施旅行限制，引发非洲国家不满。

截至2021年12月30日，非洲54个国家累计新冠肺炎确诊病例达964万，占全球确诊病例的3.4%。南非、摩洛哥、突尼斯、埃塞俄比亚、利比亚、埃及、肯尼亚、尼日利亚、赞比亚

---

① 《南非总统新冠病毒检测结果呈阳性　目前症状轻微》，光明网，2021年12月13日，https://m.gmw.cn/baijia/2021-12/13/1302718585.html，访问日期：2022年8月10日。

和阿尔及利亚十国疫情较重，占全非洲的75.6%，其中，南非累计确诊人数超过340万例，占比35.7%，居全非之首。非洲死亡率和治愈率同全球平均水平相当，但疫情未来走势不确定性较大，一是非洲新冠肺炎疫苗获取和接种呈现"双落后"局面。随着全球疫苗接种的推进，非洲出现巨大的"免疫鸿沟"。据非洲疾病控制和预防中心（以下简称"非洲疾控中心"）最新统计，非洲累计获得疫苗突破5.4亿剂，接种3.1亿剂，全非整体全程接种率为9.1%，仅15国疫苗接种率超过10%，远低于50%的世界平均水平。48个非洲国家因缺乏疫苗无法实现2021年底前40%的接种率。二是非洲疫情两极分化严重。南非、摩洛哥、突尼斯等疫情最严重的十国确诊病例占到全非54国确诊病例的70%以上。三是非洲整体新冠病毒检测能力较为薄弱，疫情有可能被低估。世界卫生组织官员曾表示，非洲有超过85%的新冠患者未被发现，真实感染病例数可能高达5900万例。非洲无症状感染者比例高达65%—85%。截至2021年底，奥密克戎变异株已扩散至非洲20多个国家，德尔塔变异毒株更是扩散至非洲大多数国家。上述因素均导致非洲疫情扩散风险较大，后续发展不确定性突出。世卫组织预计未来非洲疫苗接种和疫情防控较难在短期内到位，非洲整体面临第四波疫情冲击的风险。

12月14—16日，非盟和非洲疾控中心在线举行首届非洲公共卫生国际会议。会议梳理了疫情暴发两年来非洲抗疫进展，倡议构建涵盖五项内容的非洲公共卫生系统新秩序，即：加强非洲疫苗生产和诊疗能力；加强以人为中心的公共卫生体系；增加公共卫生从业人员；建立基于尊重和行动导向的伙伴关系；调动私营部门积极性。会议呼吁提升非洲公共卫生自主能力，以更好地应对未来健康卫生挑战。

二、政治局势出现新动向

2021年，埃塞俄比亚、吉布提、坦桑尼亚、乌干达、刚果（布）、中非、赞比亚、尼日尔、贝宁、圣多美和普林西比、佛得角、冈比亚等十余个国家顺利举行大选，基本实现政权平稳过渡，非洲大陆整体保持了政局稳定。与此同时，在疫情重压下，非洲国家普遍遭遇经济困难，疫情对非洲政局的深层次影响日益显现，非洲政治安全形势中的动荡面明显上升。

第一，非洲之角局势复杂动荡。埃塞俄比亚、索马里、厄立特里亚、肯尼亚、苏丹等地区国家形势各有新的难点，相互之间传统的民族、宗教、边界等矛盾盘根错节。特别是在埃塞俄比亚，联邦政府同提格雷州地方政府爆发军事冲突已持续一年多。2021年，埃塞内战持续演进，北部安全局势一度紧张。11月2日，埃塞政府宣布全国进入为期6个月的紧急状态，总理阿比两度奔赴前线亲自督战。目前，冲突双方仍处于拉锯状态。埃塞内战牵动厄立特里亚、苏丹等多方卷入，埃塞与苏丹在两国边境形成对峙局面。埃塞、埃及和苏丹围绕复兴大坝问题争端难以调和，外交战和武力威胁持续升级。索马里、肯尼亚海洋划界冲突难解。

第二，"军人干政"现象回潮。马里继2020年8月发生军事政变，推翻凯塔政权，成立过渡机构以来，2021年5月发生"二次政变"，军方解除了过渡总统和总理职务，军方领导人戈伊塔出任过渡总统。几内亚2021年9月发生军事政变，特种部队扣押了孔戴总统，政变领导人敦布亚就任过渡总统。同月，苏丹发生未遂军事政变，10月，苏丹军方再度起事，扣押哈姆杜克总理等反对党派主导的过渡政府官员，解散联合政治过渡机构，并接管权力。近半年来，尼日尔、马达加斯加等国也分别发生未遂政变和预谋刺杀领导人事件。国际舆论惊呼政变"魔咒"在非洲卷土重来。

第三，部分国家政局突变或内乱增多。4月，乍得总统代比突然在清剿反政府武装时重伤身亡，代比之子马哈迈特·卡卡被推举担任军事过渡委员会主席，国家进入18个月的过渡期。各方均对乍得政局突变始料未及，感到其中原因扑朔迷离。南非以前总统祖马入狱为导火索，发生27年来最严重的社会暴乱，德班、约翰内斯堡等经济中心成为暴乱中心。斯威士兰王国民众要求推进民主改革进程，发生大规模示威并演变为暴乱活动，遭到政府和军队武力镇压。塞内加尔也因反对派领袖桑科被捕一度发生动乱。

三、非洲反恐安全出现新趋势

近年来，全球恐怖势力加速向非洲渗透，非洲已成为恐怖组织发展最迅速、活动最猖獗的地区之一，因暴恐事件伤亡总人数居全球首位。当前，多数非洲国家处在政治社会转型和经济发展换挡"两期叠加"阶段，疫情同非洲欠发展、恐怖主义、难民问题叠加共振，导致非洲非传统安全问题更加突出。《全球恐怖主义指数》报告显示，全球因恐怖袭击死亡人数连续五年下降，但非洲恐怖袭击数量不降反升，多点激增，全球受恐怖袭击威胁最严重的国家均来自非洲。阿富汗塔利班重掌政权后，非洲极端组织也因此受到鼓舞，进一步加剧了非洲动荡风险。

　　非洲恐怖袭击事件主要集中在三个方向。一是从非洲之角到萨赫勒地区的"动荡弧"，该地区暴力恐怖活动不断。非洲最大的恐怖组织"索马里青年党"（沙巴布）、尼日利亚"博科圣地"以及"伊斯兰国"在非洲各分支等恐怖组织借疫生乱，频频发动袭击，在马里、尼日尔、布基纳法索三国交界地区持续活跃。主要恐怖势力之间或加强勾连，图谋打通从萨赫勒至中东地区的"作战弧"，或相互火并、抢夺地盘、扩充实力，试图向周边地区渗透。2021年6月，法国宣布将结束在萨赫勒地区的"新月形沙丘行动"，这将进一步造成地区安全真空，促使马里寻找新的安全合作伙伴。地区反恐形势更趋复杂。二是南部非洲的莫桑比克北部地区成为非洲恐怖势力的"新温床"。伊斯兰极端势力自2015年前后开始潜入莫桑比克北部。2017年以来该地区暴力恐怖袭击不断升级，到2021年已至少造成2600余人死亡，70余万居民流离失所，严重影响当地经济社会发展。2021年莫桑比克北部发生最严重恐怖袭击，莫桑政府不得不寻求南共体国家和卢旺达帮助出兵清剿，引发国际社会关注。三是几内亚湾成为全球海盗最活跃的海域。几内亚湾作为世界重要石油产地和国际海运通道，催生了海盗产业链，绑架劫持事件层出不穷。近年，国际社会日益重视几内亚湾海上安全，相关国家加大了海上巡航护航力度，沿岸国周边海域治理和反海盗执法合作力度频度上升。在域内外国家多措并举治理下，2021年中以来，几内亚湾海盗活跃度有所降低，相关海域安全环境得到一定改善。但几内亚湾仍然是全球海盗活动最猖獗的海域，历史上全球近半数海盗袭击事件发生于此。特别是新冠肺炎疫情延宕加剧沿岸国经济低迷和既有社会沉疴，海盗劫持事件呈高发态势。据国际海事局统计，2021年前三个月，在几内亚湾发生的海盗劫持事件占全球此类事件的一半。另据不完全统计，截至2021年12月1日，几内亚湾共发生各类海盗袭击事件35起，较2020年的109起减少约68%，但仍然占全球海盗袭击事件的29.6%，根除绝非易事。

此外，"恐黑合流"现象值得关注。中东多国极端势力遭打压回流，为保生存，同非洲传统犯罪组织联手，在东非、北非和萨赫勒等地区开辟"黑道"，大搞有组织犯罪，通过非法贩运、绑架勒索、买卖人口暴敛钱财。这是非洲国家和国际社会面临的一个新的安全挑战。

四、经济发展陷入新困境，也迎来新机遇

非洲是受疫情影响损失最严重的地区，非洲连续25年的快速增长因疫情戛然而止。疫情以来，非洲国家经济普遍萎缩，超过40国经济增长率一度跌至负值，呈现25年来非洲经济最差状态。特别是原材料输出国、旅游国受损严重。非洲经济结构单一，多数国家经济发展主要依靠出口原材料。疫情下外需萎缩，价格波动，对外贸易受限。石油、矿产、可可、咖啡、棉花等初级产品出口降幅明显，旅游、航空、能源、农业等支柱产业下滑严重，外资流入减少。截至2020年4月，疫情造成非洲贸易损失2700亿美元，侨汇减少500亿美元，航空业丢失350万个工作岗位，石油收入损失超过50亿美元。毛里求斯、肯尼亚、埃及、摩洛哥、卢旺达、南非等国旅游业几近"停摆"。尼日尔、马里、布基纳法索、毛里塔尼亚、利比里亚、塞拉利昂和冈比亚等25个非洲国家面临粮食危机。根据非洲开发银行报告，新冠肺炎疫情破坏了此前非洲减贫所取得的

成果，2020年非洲约有5500万人陷入极端贫困。[①]一些非洲国家结构性和周期性问题交织，债务问题突出，成为国际社会关注的热点问题。据世界银行统计，非洲国家外债规模已达8000亿美元，外债同国民收入比为37.7%。非洲开发银行报告呼吁国际社会推动和加强全球协调解决非洲债务问题。

与此同时，疫情也倒逼非洲加快经济转型。电子商务、线上咨询、远程医疗、网上办公、移动支付、在线教育等新业态蓬勃兴起，数字技术成为非洲国家抗疫的有力武器。疫情形势下，非洲亦加快联合自强步伐，一体化进程逆势推进。2021年，非洲大陆自贸区正式实施，非洲医药局协定生效。非洲联盟（以下简称"非盟"）顺利完成领导层换届，推动机构改革取得阶段性成果，成立"非洲新冠疫苗获取工作组"和"疫苗获取信托基金"，引领非洲国家抗疫，并在豁免疫苗知识产权、反对单边制裁和种族主义等方面一致发声。随着全球大宗商品价格回暖及国际物流逐步恢复，非洲经济有望进入复苏轨道。

五、大国对非外交呈现新态势

新冠肺炎疫情背景下，域外力量对非合作形成"你追我赶"的势头。美国确定安全、民主、良治和发展为美对非政策主基调。2021年2月，美国总统拜登通过线上向非盟第34届峰会致贺，成为历史上首个向非盟峰会致贺的美国总统，拜登承

---

① 《联合国报告：2020年非洲约5500万人受新冠疫情影响陷入极端贫困》，光明网，2022年5月16日，https://m.gmw.cn/baijia/2022-05-16/1302948750.html，访问日期：2022年8月10日。

诺与非洲国家合作应对新冠肺炎疫情和气候变化等全球性问题以及非洲大陆内部冲突等地区问题的挑战。拜登还一改特朗普不愿会见非洲国家领导人的做法，2021年10月，在白宫会见了到访的肯尼亚总统肯雅塔，在二十国集团峰会期间会见了刚果（金）总统齐塞克迪。4月，美国国务卿布林肯对尼日利亚和肯尼亚进行了"云访问"，就抗击新冠肺炎疫情和疫后经济复苏、地区安全、气候变化等议题与两国领导人交换意见。11月，布林肯首次实地访问肯尼亚、尼日利亚和塞内加尔等非洲国家，围绕"抗击新冠肺炎疫情、气候变化、经济、民主、和平与安全"等五大领域全面阐释美对非政策，宣布2022年举行第二届美非领导人峰会，欢迎上述三国领导人出席"领导人民主峰会"。美国政治事务副国务卿、国际开发署署长等其他高官亦频繁开展对非实体外交。美方还较高规格接待赞比亚、加纳、安哥拉总统和一些非洲国家外长访美，并邀请非洲17国领导人出席"领导人民主峰会"。美非商业峰会再次举行，美方打出"共建繁荣非洲倡议"，承诺向"新冠肺炎疫苗实施计划"注资40亿美元，至12月初美国已向非洲国家提供了9400万剂新冠疫苗援助。美国际开发署署长鲍尔在非洲增长与机会法案部长会上宣布，美将在非洲实施新的非洲贸易与投资计划，未来5年向非洲提供5亿美元伙伴资金，以带动数十亿美元私人投资。美副国家安全顾问访问尼日利亚、赤道几内亚和毛里塔尼亚，与地区国家商讨确保几内亚湾海上安全和萨赫勒地区反恐等问题。美国新任命非洲之角问题特使积极介入非洲之角事务。美国还与相关非洲国家和北约国家举行"非洲之狮"联合演习。

法国加大调整对非政策。政治上，2021年10月，举办新一届法非峰会。① 马克龙总统率先开启领导人对非实体外交，自1973年以来首次未邀请非洲国家元首和政府首脑出席，而是邀请了3000多名非洲青年领袖、企业家、学者、艺术家、运动员和非政府组织代表等与会，就破解非洲融资瓶颈、支持妇女和青年发展、应对气候变化等提出合作倡议，致力于打造新型法非关系，形式新颖。经济上，5月，法方倡议举办了非洲经济体融资峰会，宣布将增发的特别提款权转借给非洲国家，并宣布出资20亿美元，用于支持非洲创业联盟和非洲女性创业计划，承诺将每年官方发展援助规模提升至150亿欧元，呼吁发达国家将本国订购疫苗的3%至5%捐赠或低价转让给非洲最不发达国家。安全上，6月，宣布深度调整在萨赫勒地区军事存在，中止"新月形沙丘"行动，转为根据地区国家需要开展军事支援与合作，强化责任共担。在历史问题上，采取"道歉外交"，首次承认法国在1994年卢旺达大屠杀中负有"重大责任"。

其他域外国家亦努力克服疫情影响，逐步恢复对非实体外交。德国就对非殖民历史罪行道歉，力求重塑对非新型关系，并在线下召开"非洲契约"峰会。英国2020年和2021年举办两届对非投资峰会。欧盟宣布2021年为"非洲年"，10月在卢旺达举办了第二届欧盟–非盟部长级会议，为计划于2022年第一季度举办的第六届欧盟–非盟峰会做准备。日本外相2020年底2021年初两度访非，计划于2022年在突尼斯举办第八届东京非洲发展国际会议（TICAD）。俄罗斯继2019年在索契成功

---

① 《马克龙意图通过举办新型峰会谋求法国与非洲关系新突破》，光明网，2021年10月9日，https://m.gmw.cn/2021-10/09/content_1302633192.htm，访问日期：2022年8月10日。

召开首届俄非峰会后，拟于2023年举行第二届俄非峰会，并通过积极开展对非军事合作更深介入非洲和平与安全事务。土耳其召开第三届土耳其–非洲伙伴关系峰会，旨在与非洲深化广泛领域的伙伴关系与合作，并且土耳其总统埃尔多安呼吁在联合国安理会中设立一个代表非洲大陆的席位。世界和地区主要大国纷纷加大对非外交，掀起国际对非合作热潮。

展望未来，非洲大陆将继续保持和平、稳定与发展的大势。但新冠肺炎疫情形势发展的不确定性同非洲政治安全形势中的一些不稳定因素相互交织，非洲和平、稳定与发展仍将面临一定挑战，马里、几内亚、苏丹过渡进程能否顺利推进还是未定之天。非洲之角等地区一些热点问题走向尚不明朗，恐怖势力短期内难以根除，恐怖袭击有可能长期存在，不排除部分地区局势进一步恶化。非洲将加快疫后经济复苏，但非洲经济增长预期仍面临不确定性，非洲国家仍需要科学处理治理和增长之间的关系，不断巩固抗疫成果，维持财政和货币政策支持经济力度，通过社会保障减少贫困，进一步加强有利于劳动力市场的积极政策，通过推进数字化、工业化和多样化加快经济结构转型，加强区域一体化建设和多边合作，以实现共同和可持续复苏。非洲作为发展中国家最集中的大陆，其以一个声音说话的政治影响力将进一步加强，非洲的广阔市场和丰富资源也将使其战略地位持续上升，欧盟、俄罗斯、日本等均计划举办对非合作峰会，大国在非竞争将更趋激烈。

百年变局和世纪疫情叠加影响下的
拉美地区形势

王卫华

【内容提要】在世界百年大变局持续演变和世纪疫情继续蔓延的叠加影响下，2021年拉美地区形势呈现复杂多变、稳乱交织的发展态势。各国抗疫斗争接踵取得初步成效，多国在乱局和动荡中完成大选和政府换届，经济反弹超出预期，外交和地区一体化取得一些积极进展，美拉关系进入新磨合调整期。2022年地区形势发展仍不容乐观。

【关键词】拉美；新冠肺炎疫情；政治；经济

【作者简介】中国国际问题研究基金会研究员。

一、2021年拉美地区发展态势

2021年，在世界百年大变局持续演变和世纪疫情继续蔓延的叠加影响下，拉美地区形势呈现复杂多变、稳乱交织、孕育变革的发展态势。

多国在抗疫严控和社会动荡中完成大选和政府换届，尚能维持各国宪政体制的大体稳定；地区经济在去年遭受重创之后，呈较强反弹之势，但基础十分不稳定；外交和地区一体化呈现一些新的动向和起色，但总体仍处于低潮。

（一）地区抗疫斗争取得初步成效，但根除病毒的任务仍十分艰巨

2020年以来，面对突如其来的大疫情，拉美各国政府被迫按下经济和社会运转的暂停键，采取了一系列紧急经济、财政和社会措施投入抗疫斗争。2021年，抗疫仍然是拉美各国政府面临的首要任务。在各国努力下，拉美疫情一度出现缓和，但随后由于带疫解封和过早放松管制，一些国家疫情回潮，第三、第四波疫情蔓延。下半年由于积极防控和大规模接种疫苗不断取得进展，多数国家疫情不同程度缓解。感染率和病死率逐步下降，一些国家已经达到或者接近新确诊病例清零水平。但由于经济和社会尚处于带疫运转状态，加之奥密可戎变异病毒的侵入，拉美总体上仍为世界疫情最严重的灾区之一。拉美人口占世界的8.2%，但感染率和死亡率却分别占全球的20%和30%以上。截至2022年4月，巴西累计确诊病例和累计死亡病例分别居世界第三和第二位。墨西哥、哥伦比亚、秘鲁等国均被列为疫情最严重国家之列，其中秘、墨两国的病死率高居世界各国之前列。在全世界10余种主要变异毒株中，有三种产生于拉美。2021年，拉美地区二剂疫苗接种率仅为39%左右，距离建立地区免疫屏障的目标甚远，抗疫任务仍十分艰巨。

（二）拉美多国在抗击疫情的严控措施和社会动荡中完成大选，政局稳乱交织，扑朔迷离

2021年是拉美地区的大选年，各国政局跌宕起伏，难以平

静。厄瓜多尔、秘鲁、圣卢西亚、尼加拉瓜、智利和洪都拉斯等6国相继举行大选，11国议会和地方政府改选。虽然这些国家在选举中均出现不同程度和形式的选情紧张和社会动荡，但最终仍能选出新的国家领导人，实现了民选政府换届和议会的更新，使得各国政权交替在惊险中得以完成。厄、秘、智等国由于主要候选人之间得票相差甚微，被迫进入二轮投票，选情几近危急。尼加拉瓜大选结果被美洲国家组织认定为"非法"，25个成员国（世界40余国）不予承认，尼政府面临该组织和西方国家的高压和制裁，宣布退出美洲国家组织。洪都拉斯左翼的自由和重建党候选人卡斯特罗大获全胜，洪将产生本国历史第一、拉美历史第四位女总统。智利经历了40多年来最重要和焦灼的大选，左右翼争夺异常激烈。最终，左翼联盟候选人加夫列尔·博里奇以出乎意料的优势，击败右翼政党联盟候选人何塞·安东尼奥·卡斯特当选智利新总统。墨西哥举行了有史以来最大规模的中期选举（众议员和州长），结果显示朝野力量几乎势均力敌，洛佩斯总统今后三年的执政将面临较大困难。阿根廷中期选举近期揭晓，左翼执政联盟"全民阵线"地位受到反对党联盟较大挑战。萨尔瓦多2月举行议会选举，布克尔总统的"新思想"党意外取胜，引发内外关注和担忧。

巴西今年政局曾爆出大地震，博索纳罗执政三年多，政治损耗严重，抗疫不力，政绩乏善可陈，面临民众激烈反对和被议会指控的可能。随着大选的临近，巴政局不确定因素陡增，形势发展趋向难料。委内瑞拉仍处于"一国两府"局面，马杜罗政府和今年新就职的议会继续不被美洲国家组织和利马集团多数成员国所承认，国内政治和经济困境加剧，近期与反对派的对话也意外中断，但地方选举尚能在国际监督和反对派参与下如期完成，国际政治压力有所缓解。古巴爆发20多年来首次大规模群众游行抗议和骚乱，虽然较快予以解决，但古巴仍存在发生社会不稳的因素。哥伦比亚、玻利维亚、厄瓜多尔、秘鲁等国政局亦难以稳定，均发生严重的社会和政治动乱，甚至暴力流血事件。智利则于7月如期成立制宪大会，开启制定本国新宪法的进程，2022年9月4日智利将就新宪法草案举行全民公投。此外，2021年10月"国际调查记者联盟"发布的"潘多拉文件"牵涉多个拉美国家，几位领导人因此面临调查和"政治审讯"；在疫情和经济危机的双重打击下，地区贫困、社会不公、腐败、犯罪、贩毒、非法移民等沉疴趋重。难民问题日益成为全地区性问题，引起各国政府的严重关切，成为对地区安全和稳定的潜在威胁，亟待协调解决。

（三）经济反弹明显，地区整体经济形势好于预期，但复苏基础仍不牢固

2021年初，多数国际经济金融机构均对拉美经济形势前景持悲观看法，甚至认为，拉美需要几年的时间才能恢复到疫情暴发前的经济水平。从实际情况看，拉美经济恢复的速度明显好于预期。据联合国拉美经委会估计，2021年全年拉美各国的生产总值（GDP）增长率可望达到5.9%，[①] 一些国家的增长率更高，基本可望接近危机前的状态。拉美经济较强势反弹的主要原因，一是中国和美国等国家的经济快速恢复，导致对拉美产品和服务的需求增加；二是各国在疫情缓和后，国内消费的快速恢复导致需求回升。但同时，拉美经济恢复也面临以下

[①] 《拉加经委会上调拉美经济增长预期至5.9%》，商务部，2021年9月23日，http://pe.mofcom.gov.cn/article/jmxw/202109/20210903201073.shtml，访问日期：2022年8月22日。

不确定性:各国国内市场的复苏进程依然脆弱,受疫情回潮作用时有反复;美国政府实行货币宽松政策对拉美带来金融动荡和公共财政恶化的风险不断攀升;各国国内刺激经济的政策面临新困难,举步维艰。阿根廷再度陷入该国第九次主权债务违约,面临国债危机,与国际货币基金组织的谈判已历时1年多,尚未取得实质进展。阿经济发展面临通胀和货币贬值的巨大压力,短期内经济复苏渺茫。当前,拉美的通货膨胀率已高达9.7%,失业率突破10%,吸收外国直接投资同比下降了34%。外债占GDP的比率由去年的68%猛升至约80%。联合国拉美经委会等机构估计2022年地区经济增长会大幅下调至2%—3%,而人均收入和其他社会指标的完全恢复则需更长的时间。民众要求政府加大对经济和公共卫生领域的干预和投入的压力日甚。萨尔瓦多9月成为世界上首个将比特币作为法定货币使用的拉美国家,开始货币改革的新探索,其他一些拉美国家也表示了兴趣,但此举也孕育着较大的金融风险。

二、拉美地区形势发展的特点和新动向

(一)拉美各种政治力量博弈更趋激烈,左右势力各有进退,但左强右弱趋势明显,地区政治钟摆逐渐进入新周期

继拉美左翼力量近年在墨西哥、阿根廷、玻利维亚等重要国家重返政坛后,2021年拉美政坛继续呈现"左翼回潮"的大趋势。在6国总统大选中,左翼在4国取胜,右翼仅在2国占上风。但与此同时,左翼政治力量也在墨西哥和阿根廷两个重要国家的议会选举中,受到一定的削弱。凸显了当前拉美政治极化和碎片化加重、各种思潮涌动激荡、民众政治取向分化和

社会撕裂日趋扩大的特性。新自由主义、新发展主义、新保守主义、民粹主义、反现任运动、威权主义、以修宪谋求变革等多种思潮和运动并存发展。但左、右新政府上台均面临执政困境，难以提出和实施符合民众预期并为各方所接受的有效治国良策，各国达成全社会团结共识、携手共克难关的难度极大。加之在经济危机的传导作用下，社会不稳定因素有增无减，传统政党进一步失势，新生力量如雨后春笋，改革呼声不断高涨，拉美多国正在孕育着政治和社会大变革。新形势也促使拉美一些政治家和智库、社会力量，对拉美现行发展道路和模式再一次进行反思和探索。

（二）拉美联合自强和一体化努力呈现某种恢复迹象

近年来，由于左右势力争斗激烈，右翼上台执行亲美路线，加之疫情的严重影响等因素，一度蓬勃发展的拉美地区一体化陷入低潮，步履维艰。但随着形势的变化和墨西哥连任拉美加勒比共同体主席国，2021年地区合作与一体化开始重新活跃，取得一些积极进展。9月，在墨西哥积极推动下，停摆多年的拉共体第六届峰会顺利举行，并邀请古巴和委内瑞拉领导人参加。会议虽暴露出相互之间的较大分歧，具体成果有限，但仍发表了《墨西哥城声明》，各方就有关问题达成一定共识。[1] 墨西哥公开提出，改革和取代由美国控制的美洲国家组织，消除封锁和不公正待遇，建立充满活力、相互尊重、团结一致、主权不受侵犯的美洲国家间关系框架，并呼吁美改变与

---

① 《第六届拉共体首脑会议在墨西哥举行》，光明网，2021年9月23日，https://m.gmw.cn/baijia/2021-09/23/1302594574.html，访问日期：2022年8月10日。

拉美的关系，引发国际关注和争议。3月，作为全球第四大经济体的南方共同市场（南共市）举行了成立30周年视频纪念峰会，四个成员国和两个联系国元首出席。① 会议对该集团建立以来发展历程进行了总结，呼吁各成员国加强团结协作，增进互信和共识，努力消除内部分歧，推动机制改革创新，齐心应对疫情后地区和全球面临的新挑战，并决心加强与拉美"太平洋联盟"组织的关系与合作。2021年初，墨西哥与阿根廷两国总统举行会晤，提出组成"拉美团结轴心"构想。在拉美开发银行年会举办的"元首座谈会"上，哥伦比亚、阿根廷和巴拿马三方也强烈呼吁拉美国家加强团结，共同应对"恢复经济和社会发展的共同挑战"。10月，巴拿马、哥斯达黎加和多米尼加三国成立"加强民主体制联盟"并发表联合声明，呼吁美国和拉美地区各国积极应对海地等多国的难民问题，建设更稳定、满足人民福祉期待的社会结构。此外，拉美进步力量论坛"普埃布拉集团"也举行了相应会议，提出"拉美必须要有自身的政治方向，在捍卫主权和不结盟立场基础上，努力维护多边主义，反对两极化趋势"。

（三）美拉关系进入新的磨合调整期

拜登上台以来，美对拉政策做了重要调整，主要包括改变特朗普政府对拉美移民问题的基本政策，实施安全、有序、人道的移民策略，主要措施有：取消非法移民儿童与父母分离的做法；停建美墨（西哥）边境隔离墙；中止执行与中美洲国家

---

① 《南方共同市场》，外交部，https://www.fmprc.gov.cn/web/gjhdq_676201/gjhdqzz_681964/lhg_683262/jbqk_683264/，访问日期：2022年8月10日。

签署的"庇护合作协议"；逐步给予1100万在美非法移民有条件合法身份；承诺向中美洲提供40亿美元援助，以协助解决非正规移民的根源问题等政策。这些措施颇受拉美国家的欢迎。对于上届政府提出的"美洲增长计划"，拜登将其改头换面，推出拉美版的"重建更美好世界倡议"，并派高官赴拉美开展协调、对接工作，受到部分拉美国家的青睐。2021年下半年以来，美加强对拉美的"疫苗外交"，已向该地区盟友和伙伴国捐赠了4000多万剂疫苗。但是，在对拉展开"柔性外交"，淡化"美国第一"和"新门罗主义"做法的同时，美对拉美进行干涉和控制的基本政策和霸权行径并没有改变，对古、委等左翼国家政府仍然采取敌视和制裁的高压政策，继续阻止拉美国家发展对华关系与合作。美通过与巴拿马签署"区域联合作战中心"部分实现重返巴拿马运河的目的；利用巴西欲加强与北约关系的愿望，美极力拉拢巴政府和军方，妄图将巴打造为美在南美的得力政治和军事盟友。美继续利用美洲国家组织控制拉美和干预拉美国家内政外交的做法，受到拉美国家普遍的反感和反对。美政府对拉新政策既有契合拉美国家需要和期待之处，更有与拉美国家的传统外交原则和意愿严重抵触、冲突的方面，表明美拉关系的磨合期是复杂艰难而又充满矛盾、分歧和斗争的过程，双方都在相互摸底和适应，美欲达到针对拉美地区的战略目标绝非易事。

三、拉美总体形势未来趋势

在世界百年大变局的作用下，拉美地区政局可能继续处于稳乱交织的局面、政治生态将依然呈现"左右摇摆"和"左右为难"的现象。巴西未来的大选和智利对新宪法的全民公投结果，可能成为拉美政局发展的标志性事件，其结果将对拉美形势产生重大影响。坚持抗疫斗争、扩大疫苗接种范围、抵御防范奥密克戎变异毒株的传播、尽快建立国家和地区免疫屏障仍是各国政府的首要而艰巨的任务。根据拉美经委会的预测，2022年拉美经济增长在今年较大反弹后，会出现大幅的下降，地区GDP仅增长2%—3%，人均GDP更难以回到危机前水平，各项社会指标无法很快恢复甚至可能继续恶化。拉美似将面临又一个"失去的10年"。

稳妥处理与美、中、俄、欧盟等方面的关系与合作，巧为应对美方针对中国的"选边站"胁迫和"结盟冷战"的巨大压力，尽可能从各方攫取更多实惠，维护多元外交传统和经济复苏势头，是拉美多数国家内政和外交的紧迫议题和任务，也必然对拉美各国的外交策略带来不小的考验。预计地区一体化虽然会继续有所重振，但在当前拉美总体政、经形势下，恐难以迈出更多实质性步伐。

第八章

中国外交胸怀天下
为国为民勇毅前行

疫情下的中国外交谱写新篇章

罗兴武

【内容提要】面对世纪疫情和百年变局交织叠加的复杂局面，中国外交在习近平外交思想的指引下，攻坚克难，积极作为，在世界乱局中化危为机，在世界大变局中开创新局，主动开展元首外交、政党外交、抗疫外交和多边外交，推动中国同大国、周边、发展中国家关系健康稳定发展和提升，取得了丰硕成果，谱写了中国特色大国外交的新篇章。

【关键词】元首外交；政党外交；抗疫外交；大国外交；周边外交

【作者简介】中国国际问题研究基金会研究员。

2021年是中国共产党100周年诞辰，也是新中国恢复联合国合法席位50周年。在这特殊的一年里，新冠肺炎疫情仍在全球蔓延，感染病例超过2.5亿，死亡病例超过500万。[①] 面对世

---

① 《全球新冠死亡累计超500万例　欧美仍是疫情重灾区》，光明网，2021年11月3日，https://m.gmw.cn/baijia/2021-11/03/1302663727.html，访问日期：2022年8月10日。

纪疫情和百年变局交织叠加的复杂局面，中国外交在习近平外交思想的指引下，攻坚克难，积极作为，在世界乱局中化危为机，在世界大变局中开创新局，取得了丰硕成果，谱写了中国特色大国外交的新篇章。

一、元首外交开创新格局

严重疫情给各国交往带来诸多困难和挑战。但是，中国外交并未停滞不前，而是迎难而上，勇于担当，主动作为。习近平主席亲自谋划，亲力亲为，通过"电话外交""电函外交""视频外交"等多种形式，在全球五大洲开展了范围广泛、活动频繁、内容丰富、举措务实的元首外交。2021年，习近平主席同外国领导人和国际组织负责人会晤通话79次，如此密集的"云外交"实属罕见。通过这些联系，彼此就发展双边关系、共同关心的国际和地区问题深入交换意见，达成广泛共识。习近平主席还以视频方式出席世界经济论坛"达沃斯议程"对话会、中国—中东欧国家领导人峰会、博鳌亚洲论坛2021年会、领导人气候峰会、全球健康峰会、中国共产党与世界政党领导人峰会、金砖国家领导人第十三次会晤、上合组织成员国元首理事会第二十一次会议、第七十六届联合国大会一般性辩论、《生物多样性公约》第十五次缔约方大会领导人峰会、第二届联合国全球可持续交通大会、二十国集团领导人第十六次峰会、亚太经合组织第二十八次领导人非正式会议、中国—东盟建立对话关系30周年纪念峰会、第四届中国国际进口博览会等重要多边活动20多次，并发表主旨演讲和重要致辞，提出了近100项有针对性和操作性的务实举措和倡议，受到各方的高度评价和欢迎。习近平主席针对单边主义逆动，表示坚定支持多边主义，要合作不要对抗，要共赢不要独占，[①] 推动全球治理体系朝着更加公正合理的方向发展。针对保护主义暗流，强调坚持开放合作，人为"筑墙""脱钩"违背经济规律和市场规则，损人不利己。针对疫苗民族主义，提出"全球疫苗合作行动倡议"，加强疫苗研发、生产和分配国际合作，提高疫苗在发展中国家的可及性和可负担性。针对南北"发展鸿沟"持续扩大，强调发展是解决一切问题的总钥匙，提出坚持发展优先、以人民为中心的全球发展倡议。针对鼓噪"新冷战"和新的意识形态对抗的冲动，提出要弘扬全人类共同价值，倡导不同文明交流互鉴，促进人类文明发展。同时，宣布中国全年将努力提供20亿剂疫苗，[②] 未来3年再提供30亿美元国际援助，还将率先出资15亿人民币，成立昆明生物多样性基金；[③] 构建起碳达峰、碳中和"1+N"政策体系等。这些建议和举措，充分彰显了大国领袖的远见卓识和责任担当。习近平主席高瞻远瞩，主动开展元首外交，为这个"乱云飞渡"的纷繁世界把脉定向，开创新格局，发挥了战略引领作用。

[①] 《共建创新包容的开放型世界经济——在首届中国国际进口博览会开幕式上的主旨演讲》，新华网，2018年11月5日，http://www.xinhuanet.com/politics/leaders/2018-11/05/c_1123664692.htm，访问日期：2022年8月10日。

[②] 《全年将对外提供20亿剂疫苗 中国为全球疫苗公平分配作出重要贡献》，中国政府网，2021年10月23日，http://www.gov.cn/xinwen/2021-10/23/content_5644476.htm，访问日期：2022年8月10日。

[③] 《瞭望·治国理政纪事丨多样生物守护地球家园》，光明网，2022年5月21日，https://m.gmw.cn/baijia/2022-05/21/35753106.html，访问日期：2022年8月10日。

二、政党外交开创新境界

政党外交是中国外交的重要组成部分。值此中国共产党成立100周年之际，7月6日，中国共产党与世界政党领导人举行了一次史无前例的峰会，开创了政党外交新境界。习近平总书记以视频方式出席这次峰会，并发表主旨讲话，指出政党作为推动人类进步的重要力量，要担负起"引领方向、凝聚共识、促进发展、加强合作、完善治理"5种责任，把握和塑造人类共同未来，携手应对全球性风险和挑战，不断增强为人民谋幸福的能力。强调中国共产党愿继续同各国政党和政治组织一道，站在历史正确的一边，站在人类进步的一边，为推动构建人类命运共同体、建设更加美好的世界作出新的更大贡献。这是习近平总书记首次同全球政党领导人举行线上会晤，也是首次面向国际社会阐述中国共产党对人类前途命运关切和关心。来自160多个国家的500多个政党和政治组织等领导人、逾万名政党和各界代表出席会议。20多位政党和政府领导人在峰会上致辞，热烈祝贺中国共产党成立100周年，高度评价中共百年不平凡的历程，热情赞誉中共十八大以来，在以习近平同志为核心的党中央领导下，中国在各领域取得的历史性成就和对人类进步作出的重要贡献；积极响应习近平总书记在讲话中提出的政策主张，表示政党应担负起为人民谋幸福的责任，愿同中共一道，共同建设更加美好幸福的世界。本次峰会是中国共产党迄今主办的规格最高、规模最大的全球性政党峰会，也是中国和世界政党外交史上的一个里程碑。

三、抗疫外交取得新成就

面对疫情在全球肆虐，中国开展了新中国历史上规模最大的人道主义行动，为全球抗疫贡献中国智慧和力量。2021年5月，习近平主席以视频方式出席全球健康峰会，他在讲话中提出了"坚持人民至上、生命至上""坚持科学施策，统筹系统应对""坚持同舟共济，倡导合作团结""坚持公平合理，弥合'免疫鸿沟'""坚持标本兼治，完善治理体系"等五点主张，[①] 这对提振多边主义、推动国际抗疫合作、引领全球治理体系变革具有重大意义。同时，宣布支持全球抗疫合作的5大举措。指出疫苗是战胜疫情的利器、强调要把疫苗作为全球公共产品，确保发展中国家的可及性和可负担性，努力全年对外提供20亿剂疫苗，在向"新冠疫苗实施计划"捐赠1亿美元基础上，年内再向发展中国家无偿捐赠1亿剂疫苗。截至2021年10月底，中国共为受疫情影响的发展中国家抗疫和恢复经济社会发展提供了20亿美元援助，向150多个国家和14个国际组织提供了抗疫医疗物资，为全球供应了3200多亿只口罩、39亿多件防护服、56亿多份检测试剂盒，累计派出36支抗疫医疗专家组赴34个国家协助抗疫。截至2021年底，中国已同19个国家合作生产疫苗，已向120多个国家和国际组织提供近20亿剂疫苗，成为对外提供疫苗最多的国家。中国以实际行动破解疫

---

① 《携手共建人类卫生健康共同体——在全球健康峰会上的讲话》，中国政府网，2021年5月21日，http://www.gov.cn/gongbao/content/2021/content_5612964.htm，访问日期：2022年8月10日。

苗"产能赤字""分配赤字",彰显了"慷慨无私的国际合作精神",取得了抗疫外交的新成果。

四、大国外交持续推进

大国外交是中国外交的重点,中国采取多种形式,持续推进大国关系均衡发展。

(一)中俄关系进入历史最好时期

2021年是《中俄睦邻友好合作条约》签署20周年。6月28日,两国元首发布联合声明,正式宣布该条约延期,[①]延期决定为当前国际形势注入了稳定因素,也为两国关系长远发展奠定更加牢固的基础,是人类命运共同体理念的生动实践。党的十八大召开至2021年底,习近平主席8次访俄或出席多边活动,普京总统9次访华,两国元首在各种场合会晤37次。如此高水平、高频率、高质量的元首外交,在大国交往中绝无仅有,成为当今世界大国、邻国和睦相处、合作共赢的典范。今天的中俄关系成熟、稳定、坚固,经得起任何国际风云变幻的考验。双方在涉及彼此核心利益问题上相互坚定支持,在国际事务中密切配合,战略协作富有成效。2021年,两国元首4次会晤通话,并共同出席一系列多边视频峰会,就中俄关系和重大国际地区问题深入交换意见,达成新的重要共识。双方将巨

---

① 《习近平同俄罗斯总统普京举行视频会晤　两国元首宣布〈中俄睦邻友好合作条约〉延期》,中国政府网,2021年8月28日,http://www.gov.cn/xinwen/2021-06/28/content_5621312.htm?tdsourcetag=s_pcqq_aiomsg,访问日期:2022年8月10日。

大政治优势不断转化为务实合作成果，质量和体量同步提升。2021年，中俄双边贸易额达1468.87亿美元，同比增长35.8%，创历史新高，中国连续4年成为俄最大贸易伙伴。2021年3月，两国开启建设国际月球科研站合作；2021年7月30日，签署860兆瓦燃气蒸汽循环电站项目合同；2021年8月17日，同江铁路大桥实现铺轨贯通、田湾核电站和徐大堡核电站于2021年5月顺利开工；2020年12月3日，东线天然气管道中段等顺利投产；陆海联运国际交通走廊、中蒙俄经济走廊、中欧班列等项目稳步推进。截至2021年8月，两国建立了152对友好省州和友好城市，每年约500万人次往来。

中俄是搬不走的邻居，是彼此离不开的战略伙伴。在两国元首的共同引领下，双方将继续密切高层交往，加强疫苗合作，不断扩大双边贸易规模，拓展低碳能源、数字经济、农业等领域合作，推进"一带一路"同欧亚经济联盟对接，共同反对将体育和疫情政治化、病毒污名化、溯源工具化，共同捍卫两国核心利益，把"不是盟友、胜似盟友"的新时代中俄全面战略协作伙伴关系不断推向新高。

（二）推动中美关系重回健康稳定发展轨道

拜登总统执政一年来，美国一些政客仍以国家"安全"为由，打着"人权、民主、自由"的幌子，编造谎言，诋毁抹黑中国发展道路，肆意干涉中国内政，叫嚣要和中国"脱钩"。一年来，美国国会出台了300多项反华议案，将900多个中国实体和个人列入各种单边制裁名单，严重破坏了中美之间的正常往来。美继续向台湾出售武器，多名议员窜访台湾，公然干涉中国香港、新疆、西藏、南海事务，还在全球范围内拼凑打压中国的"小圈子"。由于美奉行错误的对华政策，致使中美关系遭到全面冲击。对此，中方坚持原则，敢于斗争，向美方进行严正交涉，表示强烈不满和坚决反对。双方外交代表在安克雷奇、天津、苏黎世、罗马等多个场合深入沟通，中方点出影响中美关系的症结和要害所在，明确表示美国没有资格居高临下同中国说话，中国人不吃那一套；并向美方提出两份清单并亮明三条底线。两份清单是：要求美方纠正其错误的对华政策和言行清单以及中方关切包括撤销对孟晚舟的引渡在内的重点个案清单。三条底线是：美国不得挑战、诋毁甚至试图颠覆中国特色社会主义道路和制度；不得试图阻挠甚至打断中国的发展进程；不得侵犯中国国家主权，更不能破坏中国领土完整。经过不懈努力，被非法拘押1028天的孟晚舟女士平安回国，有力地伸张了公道正义。2021年恰是基辛格秘密访华50周年。50年来，双方携手合作，为世界办成了许多大事，解决了许多难题，给各国带来实实在在的好处。2021年中美贸易额达7500多亿美元，疫情下逆势同比增长28.7%，美国企业和民众从同中国接触中获得巨大利益。中方希望美方回归理性，不要把对抗中国当政策，把打压中国当作"政治正确"。中美关系历史经验证明：合则两利，斗则俱伤。在中美关系处于十字路口的关键时刻，两国元首在2月和9月两次通话的基础上，11月16日又进行了中美关系史上首次视频会晤，双方就事关中美关系发展的战略性、全局性、根本性问题以及共同关心的重要问题进行了充分、深入地沟通和交流，为两国关系把舵领航。两国元首都强调中美关系的重要性，都反对打"新冷战"，都认为中美不应该冲突对抗。会晤中，习近平主席强调了新时期中美相处应坚持"相互尊重、和平共处、合作共赢"三点原则，提出了中美双方应着力推动"四个方面的优先事项"，即展现大国的担当，引领国际社会合作应对突出挑战；本着平等互利精神，推进各层级各领域交往，为中美关系注入更多正能量；以建设性方式管控分歧和敏感问题，防止中美关系脱轨失控；加强在重大国际和地区热点问题上的协调与合作，为世界提供更多公共产品。拜登总统重申"一中"政策和"三个无意"，即重申美国政府奉行一个中国政策，不支持"台独"，希望台海地区保持和平稳定。美方无意改变中国的体制，无意通过强化同盟关系反对中国，无意同中国发生冲突。两国元首所进行的这次坦率、建设性、实质性和富有成效的会晤，有利于增加双方相互了解和国际社会对中美关系的正面预期，有助于推动中美关系重回健康稳定发展的正确轨道。

（三）中欧全面战略伙伴关系在挑战中取得新进展

中国和欧盟是世界上两大独立自主力量和两大主要经济体，也是全面战略伙伴关系。2020年底，中国和欧盟如期结束中欧投资协定谈判，2021年前11个月，中国与欧盟贸易总值为4.84万亿元，同比增长20%，双方持续推进和平、增长、改革、文明四大伙伴关系。2月9日，习近平主席以视频方式主持中国—中东欧国家领导人峰会并发表主旨讲话，他精辟地总结了中国—中东欧国家"有事大家商量着办、让合作方都有收获、在开放包容中共同发展、通过创新不断成长"4项合作原则，得到与会各方的积极响应。峰会确定了"团结抗疫、务实合作、互联互通、绿色创新"4大合作重点，通过了《2021年中国—中东欧国家合作北京活动计划》，为下阶段合作明确了方向、规划了路径。中方还提出了一系列重要倡议和举措，包括：中方愿同中东欧国家开展疫苗合作；计划今后5年从中东欧国家进口累计价值1700亿美元以上的商品；争取未来5年中国从中东欧国家的农产品进口翻番，双方农业贸易额增长50%；等等。

峰会达成务实合作文件近90份，创历史之最，总额近130亿美元，为新形势下双方合作提供了新动力。随着国际形势出现新变化，中欧关系也面临新问题。欧洲议会以所谓新疆"种族灭绝"为由，冻结审议中欧全面投资协定，并通过涉疆决议，对中国进行制裁。中方坚决维护国家利益和民族尊严，立即进行反制。欧洲议会还通过了"欧盟—台湾政治关系与合作"报告，立陶宛政府允许台湾当局设立"驻立陶宛台湾代表处"。对于上述错误做法，中方均表示强烈谴责和坚决反对；宣布将中立外交关系降为代办级。中方坚持原则，敢于斗争，同时保持理性，善于斗争，抓住时机，多做工作。5月底，中方主动邀请波兰、塞尔维亚、爱尔兰、匈牙利4国外长访华，得到欧洲国家积极响应。一年来，习近平主席同欧洲13国领导人和欧洲理事会主席通电话，还举行了中法德和中德领导人视频峰会和会晤，彼此就双边关系、中欧关系发展和相关问题深入交换意见。中欧在维护多边主义、加强全球治理等领域存在广泛共识，在应对气候变化、共同抗击疫情等方面取得积极成果。中欧地理标志协定正式生效，比雷埃夫斯港、匈塞铁路等"一带一路"标志性项目稳步推进，中欧经济利益融合不断加深。双方都主张维护多边主义，支持贸易和投资自由化便利化，认为中欧共同利益远大于矛盾分歧，彼此应加强对话接触，妥善管控分歧，共同推动中欧合作行稳致远。

五、周边外交提质升级

中国始终将周边外交置于我国外交的首要地位，东盟是周边外交的优先方向，中方予以高度重视。2021年是中国—东盟建立对话关系30周年。30年来，中国和东盟合作实现跨越式发展，成为亚太区域合作中最成功、最具活力的典范。中国——东盟经贸合作取得巨大飞跃，双方贸易规模扩大85倍，相互投资超过3100亿美元。2021年中国与东盟贸易总值达8782亿美元，中国成为东盟第一大贸易伙伴。随着共建"一带一路"走深走实，印尼雅万高铁、西部陆海新通道等一大批重大基础设施项目顺利实施。双方成功签署了《区域全面经济伙伴关系协定》（RCEP），并于2022年1月1日生效，成员所在地区成为全球最大的自贸区。面对疫情肆虐，双方守望相助，共克时艰。东盟国家捐款捐物，为中国加油。中国向东盟国家派医疗专家组，提供大批抗疫物资。截至2022年8月下旬，中方已向东盟10国提供了超过6亿剂新冠疫苗。双方妥善管控分歧，为地区和平稳定作出重要贡献。2002年，中国与东盟国家签署《南海各方行为宣言》，当前各方正就"南海行为准则"保持密切沟通磋商。

　　2021年11月22日，习近平主席以视频方式出席并主持中国——东盟建立对话关系30周年纪念峰会，并发表重要讲话，深刻总结双方关系发展要相互尊重、坚守国际关系基本准则等四点宝贵经验。同时，提出了共建"和平、安宁、繁荣、美丽、友好"家园的五点建议，擘画未来蓝图，为中国东盟关系发展指明了方向。此外，还提出了一系列倡议和举措，倡议启动"中国东盟健康之盾"合作，再向东盟国家提供1.5亿剂新冠疫苗无偿援助，向东盟抗疫基金追加500万美元，未来3年再向东盟国家提供15亿美元发展援助，开启中国东盟自贸区3.0版建设，未来5年力争从东盟进口1500亿美元农产品等。中方提出的这些倡议和举措，得到了东盟国家领导人的积极响应和支持。峰会发表了联合声明，双方正式宣布将中国东盟关系提升为全面战略伙伴关系，确立了双方关系史上新的里程碑。

巴、柬坚定支持中方在人权等问题上的立场，中巴"全天候战略合作伙伴关系"和中柬"铁杆"关系进一步发展。中老铁路正式通车，老挝由"陆锁国"变为"陆联国"，两国友谊持续深化。中国与朝鲜、韩国、蒙古等邻国的友好合作保持良好势头，成为地区稳定的重要因素。10月，习近平主席应约同日本新首相岸田文雄电话沟通，为中日关系正常发展引路领航。中印双方保持外交和军事对话，掌控局势，共同维护边境地区和平与安宁。习近平主席分别与中亚哈、吉、塔、土、乌五国元首通电话，"中国＋中亚五国"首次举行外长线下会晤，双方就加强上合组织合作和阿富汗问题等深入交换意见，达成共识。中国同中亚五国的战略伙伴关系迈上新高度。

六、发展中国家外交基础更加坚固

（一）中非关系更加紧密

中国是最大的发展中国家，非洲是发展中国家最集中的大陆。中国秉持"真、实、亲、诚"的对非政策和正确义利观，不断加强同非洲国家的团结与合作，取得丰硕成果。在中非合作论坛已走过的21年间，中国对非贸易和投资分别增长了20倍和100倍，中国已连续12年成为非洲最大贸易伙伴。2021年，中非贸易额和对非直接投资额在疫情下逆势上扬，分别达到2542亿美元和超过37.4亿美元，同比增长35%和26.1%，为非洲经济复苏作出了突出贡献。面对疫情蔓延，中非双方守望相助，共克时艰。非洲国家以不同方式给予中方有力声援和宝贵支持。截至2022年4月，中国向非洲53国和非盟提供了超过

1.8亿剂疫苗。中国在非洲的1100多个"一带一路"合作项目坚持运行，近10万名中国工程技术人员坚守岗位，一批铁路、公路、电站等项目克服疫情影响陆续开工，助力当地经济社会发展。

11月29日，中非合作论坛第八届部长级会议线上召开，习近平主席在会议开幕式上发表主旨演讲，提出了"坚持团结抗疫、深化务实合作、推进绿色发展、维护公平正义"的四点主张。宣布中国将同非洲国家共同实施"九项工程"、80个重点援助项目。在此框架下，中方将再向非方提供10亿剂疫苗，派遣1500名医疗队员和公共卫生专家以及500名农业专家；为非洲农产品输华建立"绿色通道"，力争未来3年从非洲进口总额达3000亿美元，提供100亿美元贸易融资额度，支持非洲出口；未来3年推动中国企业对非投资总额不少于100亿美元，向非洲金融机构提供100亿美元授信额度，设立中非跨境人民币中心；将国际货币基金组织增发给中方的特别提款权中拿出100亿美元转借给非洲国家；邀请1万名非洲高端人才参加研修研讨活动；支持非洲大陆自贸区建设和"非洲绿色长城"建设等。本届论坛会议审议通过了四份成果文件，是历届论坛会议中最多的一次，体现了中非双方共谋发展的强烈愿望，展现出中非合作的巨大潜力和广阔前景。

（二）中阿关系迈上新台阶

2021年，中国同阿拉伯国家保持领导人密切沟通，实现外长交往全覆盖。双方坚决捍卫多边主义，坚定维护公平正义，主张通过和平谈判解决分歧，反对外来势力干涉内政及单边制裁和"长臂管辖"。3月和7月，中方分别提出了实现中东和平安全的五点倡议和解决叙利亚问题的四点主张、落实巴以"两国方案"的三点思路，为推动地区热点问题政治解决贡献中国智慧。阿方坚定支持"一个中国"原则，反对单边主义和强权政治，坚决支持中国在台湾、涉港、涉疆、涉藏、南海和病毒溯源问题上的立场。面对突如其来的新冠肺炎疫情，中阿守望相助，共克时艰。22个阿拉伯国家从政治、物质、精神和服务等方面给予中方坚定支持。中方向8个有紧急需求的阿拉伯国家派出医疗专家组，向22个阿拉伯国家援助和出口2.47亿剂疫苗，还同5个阿拉伯国家联合进行疫苗第三期临床试验和4国进行疫苗原液合作及灌装生产。双方经贸合作充满活力。迄今已有19个阿拉伯国家和阿盟同中国签署"一带一路"合作文件，一大批基础设施建设项目落地生根。双方合作建立的各种产业园区持续推进，并且在5G、大数据、核能、航天卫星、电子商务等领域的合作不降反升。2021年，中国阿盟签署了《中阿数据安全合作倡议》，中国还同埃及、阿尔及利亚、叙利亚、吉布提等国签署了经济技术合作和战略合作等协议。中阿双方还新签了一大批住房、石化设施、排水、水泥、采矿等项目合同。2021年前10个月，中阿双边贸易额达2637.9亿美元，同比增长35.46%；中方从阿方进口原油2.2亿吨，同比增长2.24%。金融合作生机勃勃。迄今，中国5家银行和金融机构在8个阿拉伯国家设立了分行和办事处；5个阿拉伯国家的银行在中国设立了2家分行和4家办事处；9个阿拉伯国家已成为亚投行成员国。人文交流丰富多彩。截至2021年，中国已同22个阿拉伯国家全部签署了文化合作协定，在阿拉伯国家开设了16所孔子学院，同7个阿拉伯国家开通了直航，13个阿拉伯国家成为中国公民出境旅游目的地国，10个阿拉伯国家给予中国公民免签或落地签。事实充分说明，双方合作正朝着全方位、多层次、高质量方向发展，中阿全面战略伙伴关系迈上新台阶。

（三）中拉关系进入平等、互利、创新、开放、惠民的新时代

2021年9月和12月，习近平主席先后向拉美和加勒比国家共同体第六届峰会和"中国—拉共体论坛"第三届部长会议发表视频致辞，强调历经国际风云变幻，中拉关系已进入平等、互利、创新、开放、惠民的新时代。中拉同属发展中国家，是平等互利、共同发展的全面合作伙伴。面对突如其来的新冠肺炎疫情，中拉同舟共济，守望相助，成功举办了抗击疫情特别外长视频会议，多个拉美国家积极声援和支持中国。截至2021年底，中国累计向拉美地区30个国家提供超过3亿剂疫苗和近4000万件抗疫物资，举办了近50场经验交流视频会议，构建起中拉卫生健康共同体。中拉高质量共建"一带一路"逆势而上，取得丰硕成果。2021年，中拉双边贸易额为4515.91亿美元，同比大幅增长41.1%。双方有效推动"一带一路"倡议在拉美实质性落地。中国约2700家企业在拉美投资兴业，累计投资金额超过4500亿美元，实施各种工程项目138个，累计承包工程合同额超过2200亿美元，为当地创造了60多万个就业岗位，拉美已成为中国第二大海外投资目的地。双方人文交流日益密切，民心相通成果显著。已启动"中拉科技伙伴计划""中拉青年科学家交流计划"和中拉新闻交流中心等项目；截至2022年4月，中拉中文热持续升温，已有23国建立了46所孔子学院和6所孔子学堂，成为全球发展最快的区域之一。

12月3日，王毅国务委员兼外交部长在中国—拉共体论坛第三届部长会上发表主旨讲话，阐释了中拉共创自主、联动、绿色、开放、普惠发展机遇的五点建议，并宣布系列合作举措，受到地区国家热烈欢迎。

2021年10月，首次中国—太平洋岛国外长会以视频方式成功举行，会议支持习近平主席提出的"全球发展倡议"，达成共建应急物资储备库、减贫与发展合作中心、应对气候变化合作中心等重要成果。对方表示愿继续同中方加强团结抗疫，就坚持多边主义、应对气候变化等全球性议题同中方加强沟通协作，维护发展中国家的共同利益。

七、多边外交凸显风采

2021年是新中国恢复联合国合法席位50周年。50年来，中国在联合国这个多边外交舞台上积极阐述对国际形势的重大看法，为国际社会提供中国方案、中国主张、中国倡议，中国由过去的参与者变成了推动者、倡议者。今天，中国的国际影响力、感召力、塑造力显著上升，正日益走近世界舞台中央，不断展现中国外交风采。

（一）为全球治理提出中国主张

中国积极参与全球治理体系改革和建设，坚定践行真正的多边主义，主张全球事务应由各国共同治理，任何国家都没有包揽国际事务、主宰他国命运、垄断发展优势的权利。坚持共商共建共享原则，主张提升广大发展中国家在全球事务中的代表性和发言权，维护以联合国为核心的国际体系、以国际法为基础的国际秩序、以联合国宪章宗旨和原则为基础的国际关系基本准则，坚决反对单边主义、保护主义、霸权主义、强权政治，反对所谓"以规则为基础的国际秩序"和打着"民主人权"旗号干涉别国内政。积极推动经济全球化朝着更加开放、包容、普惠、平衡、共赢的方向发展。

（二）为全球发展作出中国贡献

中国坚持推动自身发展的同时，也有力促进了全球发展事业。1979年至2020年，中国国内生产总值年均增长9.2%，成为世界经济增长的重要引擎。从2006年开始，中国已经连续15年成为世界经济增长的最大贡献国，平均贡献率超过30%。中国全面建成小康社会，提前10年实现《联合国2030年可持续发展议程》减贫目标，对全球减贫贡献率超过70%。中国向166个国家和国际组织提供援助，为120多个发展中国家落实联合国千年发展目标提供支持。中国积极推进绿色低碳发展，提前实现对国际社会承诺的2020年碳减排目标，并承诺力争2030年前实现碳达峰、努力争取2060年前实现碳中和。近年来，面对逆全球化思潮，中国坚定奉行互利共赢的开放战略，实行高水平的贸易和投资自由化便利化政策，截至2021年9月，成为50多个国家和地区的最大贸易伙伴、120多个国家和地区的前三大贸易伙伴。中国还申请加入《全面与进步跨太平洋伙伴关系协定》和《数字经济伙伴关系协定》，为全球经济复苏带来新利好。

（三）为国际秩序变革提出中国倡议

党的十八大以来，习近平总书记面向世界提出构建人类命运共同体重大倡议，这一理念已多次写入联合国、上合组织、博鳌亚洲论坛、中阿合作论坛、中非合作论坛、中拉论坛等有关决议和文件。2021年，习近平主席进一步提出构建"人类卫生健康共同体""人与自然生命共同体""全球发展命运共同体"等倡议，构建人类命运共同体成为引领时代潮流和人类前进方向的鲜明旗帜。习近平主席还提出推动建设相互尊重、公平正义、合作共赢的新型国际关系的倡议，积极发展全球伙伴关系。截至2022年10月，中国已同世界上108个国家和4个地区组织建立伙伴关系，开创了一条对话而不对抗、结伴而不结盟的国与国交往新路。习近平主席还提出了共建"一带一路"倡议，成为推动构建人类命运共同体的生动实践。截至2021年12月16日，145个国家和32个国际组织与中国签署了200多份共建"一带一路"合作文件，"六廊六路多国多港"建设稳步推进，一大批合作项目落地生根。截至2021年底，中欧班列目前累计开行4.9万多列，通达欧洲23个国家的180个城市，成为稳定全球产业链供应链的"钢铁驼队"。"一带一路"建设已成为国际社会深受欢迎的公共产品和公共平台。

2021年9月21日，习近平主席出席第76届联合国大会一般性辩论并提出全球发展倡议，为重振全球发展事业提供了中国方案。习近平主席提出的全球发展倡议，顺应了和平与发展的时代主题，蕴含了中国全面建成小康社会的宝贵经验，呼应了各国人民追求更美好生活的强烈愿望，把发展议程放在国际合作的更重要位置，为各国聚焦发展、团结发展、共同发展提供了行动指南，注入了思想动力。这一倡议是中国助力重振全球发展伙伴关系的重要宣示，有助于国际社会形成合力，加快落实2030年可持续发展议程。

（四）为维护世界和平注入中国动力

中国一贯秉持以和为贵理念，坚定不移走和平发展道路，坚持奉行独立自主的和平外交政策，主持公道，伸张正义，反对地缘争夺和拉帮结伙；坚持政治解决分歧和争端，反对使用武力和单边制裁。作为安理会常任理事国，中国积极探索和实践符合宪章精神的热点问题解决之道，积极推动伊朗核问题、朝鲜半岛核问题、巴以争端、叙利亚、利比亚、也门、阿富汗等问题的政治解决。中国积极参加国际维和行动，是联合国第二大维和出资国，也是联合国安理会常任理事国中派遣维和人员最多的国家。中国军队累计参与近30项联合国维和行动，派出维和军事人员5万多人次。截至2021年6月，有2400多名中国维和人员在全球各地执行任务，还有8000人的维和待命部队和300人的常备维和警队，随时准备为维护世界和平出征。

雄关漫道真如铁，而今迈步从头越。站在"两个一百年"历史交汇的关键节点，面对百年之大变局加速演变和国际环境日益复杂，我们在前进的道路上还会遇到这样或那样的困难和挑战，任重道远。我们一定要居安思危，增强忧患意识、底线思维和政治敏锐性，埋头苦干，勇毅前行，不断谱写中国特色大国外交新篇章，以更加优异的成绩，向党的二十大胜利召开献礼！

中美关系进入大国博弈的论衡时代

陈永龙

【内容提要】拜登入主白宫一年多的时间里，美国对华政策考虑一直在对其前任错误政策的评估、继承和调整的反复过程中游走。令人关注的是，拜登亲自领头游说、诱压盟国和伙伴打造遏制、对抗中国的"包围圈"，动作频频。政府、国会和政治精英沆瀣一气，一个个比着对中国谁更强硬，公开叫嚣，侵犯中国主权、安全和发展的核心利益。重要时刻，中方外交高层对美方的种种对抗行径进行了坚决而有力的回击。关键时刻，领导人通话和视频会晤顶住了刮自美方的对抗邪风，让中美关系仍能在逆风中前行。目前中美关系面临的挑战十分严峻，以斗争求稳定、止对抗、促合作，将成为中美关系新时期的常态特征。中美关系重回正道，寻求新时期新关系的新模式，将成为双方决策者和政治家的重点关注问题。创造包容性平衡和均势下的共存发展环境应成为双方共同努力的方向。

【关键词】中美关系；分歧与挑战；包容互惠；平衡均势

【作者简介】中国国际问题研究基金会高级研究员。

一、中美关系进入历史低谷

拜登当选美国第46任总统，世人对他寄予了希望。众多国家希望他能改变特朗普乱怼世界的霸凌政策，中国希望他对特朗普的非理性政策拨乱反正，让中美关系稳定下来，重回正轨。

令人失望的是，拜登政府的对华政策同其前任相比，延续性远大于差异性，而且丰富了特朗普的强硬政策。特朗普一意孤行地打开了对抗中国的"潘多拉盒子"，拜登则企图与所谓"民主国家"联手打压中国。拜登政府打着重新评估前任政策的幌子，紧锣密鼓地实施了欧亚之行，所到之处多次喊出"美国回来了"的口号，加紧重拾"民主联盟"对抗中国之路。美不断强化"印太战略"的内涵和行动的同时，更搞出了美英澳三国协定，①让亚太安全格局出现了极其危险的动向。拜登政府正在以西方"民主和人权"价值观为基础的意识形态联盟和以西方自由市场经济兼科技创新优势为纽带的产业链和供应链联盟，建立对中国进行全球性、全面性打压的态势。

在其直接对华双边政策方面，拜登政府煞有介事地提出

---

① 《美英澳签署"奥库斯"框架下首份协议，外交部：有关行径有违当今世界和平》，光明网，2021年11月23日，https://m.gmw.cn/baijia/2021-11/23/1302690190.html，访问日期：2022年8月11日。

"竞争、合作和对抗"三分法，①实质是发动全政府、动员全社会，全方位遏制中国。不惜泛化国家安全概念，滥用国家力量，在缺乏事实依据的情况下恶意打击中国企业，破坏双方合作气氛。对在美生存工作的华裔科学家进行无端歧视和打击监视，限制他们与中国的往来。在美国现政府眼中，中国已不仅仅是美国的主要战略竞争对手，美国要同中国"展开极其激烈的竞争"，更在相当程度上视中国为其主要战略竞争敌手，认为必须以实力地位碾压中国。现在美国的霸凌行径比以往任何政府有过之而无不及。中美关系"正处在重要的十字路口"。

二、中美关系面临的分歧与挑战

中美关系如此下沉，其实是美国的三观（中国观、美国观和世界观）严重扭曲使然。中国政府多次表达诚意善意，愿同美国发展健康稳定的双边关系，愿在相互尊重、平等互利的基础上实现合作共赢。中国多次表明无意挑战美国，也不会取代美国，更不会谋求建立与美国对立的体系或阵营。当然，更不用说会成为另一个美国了。这些实事求是的表达和真心诚意的愿望，美国就是听不进去，中国透明的政策举措，美国总是无视。相反，美国总把自身的问题和影响力的下降与中国挂钩。美国不承认美国的问题来自自身，无视本国政策和结构性问题，无视撕裂的党派和社会，更不用说腐朽堕落了的政治领导

① 《外交部：所谓"竞争、合作、对抗"三分法是美方打压中国的"障眼法"》，中国新闻网，2022年4月22日，http://www.chinanews.com.cn/m/gn/shipin/cns-d/2022/04-22/news923985.shtml，访问日期：2022年8月11日。

力了。美国的对外政策从来就没有平等二字，欺骗、制裁、长臂管辖、武力占领和颠覆政权信手拈来。美国病了，而且病得不轻，却还躺在自我修复能力上做美梦。美国也无视百年未有之大变局的残酷现实，更无视美国在很多方面成为大变局的负能量，仍然以山巅之国自居，傲慢俯视全球。殊不知，当美国还沉浸在世界权力中心、主导地位的梦幻世界时，皮尤研究中心于2021年发布的一项调查发现，超过半数（57%）的全球受访者认为，美国民主曾经是良好的榜样，但近年已经不是了。世界对美国的信任度和美国向世界提供公共产品的能力已经大大下降了。

当今世界的主要矛盾是什么，要弄清这一既重要又复杂且敏感的问题，首先应当明确当今时代的主题是否发生了变化。主流看法是，和平与发展仍是当今时代的主题，合作共赢是主旋律。围绕和平与发展所面临的全球性问题和挑战应为当今世界的主要矛盾，其表现如下。

一是多边主义与单边主义、真多边和伪多边、全球化与去全球化、开放包容与保护主义也即人类命运共同体理念与本国利益第一观念的对立与冲突构成了国际社会政治上的主要矛盾。

二是生产力的高度发展和社会财富的大幅增长与广大民众生活水平改善严重滞后的不平衡矛盾构成了经济社会的主要矛盾。

三是战后秩序演化中的存废矛盾。在新的秩序建成之前，既有秩序存在现实性和合理性，同时在许多方面已经不适应时代发展，不能有效应对诸如气候变化和疫情大流行等严重问题的挑战。和平环境下的秩序演化和全球治理的矛盾既突出且复杂，需要世界主要大国共同谋划施策。

　　上述矛盾在国家关系和政策举措上得到充分的反映，包括中美但不仅仅限于中美的主要大国或大国力量有很强的关联性。应当看到，中美之间争斗的目标有本质的不同。美国寻求的是全球领导地位和维护霸权，中国寻求的是相互尊重、公平正义与和平发展民族复兴的正当权益。中国认为你死我活的阵营式对抗并不适用于中美两国。尽管有人还在痴人说梦，他们在很大程度上已失去了市场。一个重要并还在持续发展的情况是，贸易链的重大变化使以中国为最大贸易伙伴的国家超过了美国，美国许多重要的盟国或伙伴都视中国为不可或缺的经贸伙伴，世界绝大多数国家都不愿意在中美之间选边站队，更不愿意被绑上美与中国对抗的战车。尽管有些政治精英称全球最大的地缘政治断层线位于中美之间，尽管美方的右翼鹰派喋喋不休地喊叫中美关系的战略竞争性质，中美分歧与矛盾仍构不成当今世界的主要矛盾。

　　然而，中美双边关系未来5—10年，将面临极其严峻的挑战和考验，这是因为，中美关系既充满了敏感而复杂的若干冲突点，也存在着共同利益和避免两败俱伤的缓和点，主要表现如下。

　　一是美国正处于一个政治和社会的高危动荡期，经济上存在债务危机和金融动荡等诸多风险，这使得美国必然拿中国说事，挑起新的争议和冲突。

　　二是地缘政治和意识形态博弈在大变局时代更趋激烈，形形色色的"民主联盟"机制等会不断翻新花样，美国牵头的各种小圈子在很多情况下将多角度剑指中国。

　　三是在这一期间，中国将会在经济总量上赶超美国。这对中美关系来说将是一个历史性的节点，也是21世纪的重大事件，美国世界老大的根基将发生标志式动摇。由此美对华的焦虑成真，其强硬对抗情绪可能会进一步发酵。

四是类似当前的新冠肺炎疫情大流行以及各种气候灾害频发将或深或浅地影响中美关系。

五是围绕全球治理的主导权、担当精神和公共产品的明争暗斗，特别在联合国内外诸多方面的较量将会增多。

六是美国将对事关中国主权的热点问题进行抹黑、恶意炒作和颠覆，特别在涉台问题上不断搞事迟滞中国统一和发展进程。

七是在中国东海和南海及在中国周边国家间不断制造事端。

因为两国间领导力的严重不对称，因为历史重要关口的高风险性，因为美国好斗基因和霸凌性，所以以斗争谋稳定、以斗争促合作、以斗争求管控将成为中国对美外交今后若干年的常态。中国外交将进一步经受更大的洗礼。

三、中美关系重回正道

历史已经并将继续证明，无论特朗普政府对华政策还是拜登政府一年来的对华政策，都已极大地伤害了中国和美国自身，同时殃及世界，严重违反了历史潮流，丧失了道义，冲击了多边主义。特朗普单打独斗也好，拜登利用所谓民主峰会联合盟伴打压中国也罢，都不受世界待见。一些国家避而寻求自身空间。一些国家则明确表示，这些年，尤其在新冠肺炎疫情肆虐以来，如果没有中国经济增长的贡献，世界恐怕早已陷入更大衰退。为打一场反华经济战而结伴，为在地缘政治上遏华而联盟，为在高新技术上围堵中国而拉帮结派都不是好主意。我们一直认为，利益重于对抗，合作大于分歧。中国走的是一条符合中国国情的社会主义市场经济道路，这条道路让近亿的中国人民在不长的时间内摆脱了贫困，将让14亿人民从小康迈向富强。这是一个伟大的历史性创举，为国际社会的可持续发展开辟了新路。中国的发展和繁荣，就是对世界最好的贡献，包括美国在内的发达国家也无不分享了中国的发展红利。美国甚至是最大的中国红利享受者。那么为什么特朗普和拜登一方面表示欢迎中国的繁荣和发展，另一方面却以种种借口，甚至编造荒唐的理由打压、迟滞中国发展呢？明眼人都知道，制度和价值观只不过是工具，真正的原因是美国容不下一个在国家力量和发展前景能超过美国的国家，容不下一个广大民众都能享受幸福感和参与感的民族。人们也都知道，中国之所以成功，不仅是中华文明的成功，更是因为中国共产党的英明和坚强领导。世界上有哪个政党能获得超过90%的民众拥护和爱戴？美国那些专门制造对手和敌人的政客和阴谋论者应该睁大眼睛，看清当今世界潮流和中国不可抗拒的发展趋势。为什么偏偏看不清我们正处在一个竞争性相互依存的社会现实呢？一花独放不是春，百花齐放春满园。共存竞争、制度性共存、发展共存，这是天经地义的人间正道。中美之间不是谁吃谁的午餐的问题，而是各自都有自己的午餐。中美之间谁也吃不了谁，谁也改变不了谁，谁也颠覆不了谁。相互尊重，平等互利，重回正常国家的交往，舍此没有任何其他选择。正如习近平主席在视频会晤中明确指出的，过去50年，国际关系中一个最重要的事件就是中美关系的恢复和发展，造福了两国和世界。未来50年，国际关系中最重要的事情是中美必须找到正确的相处之道。

四、中美平衡均势

作为世界最大的发展中国家和最大的发达国家，无论从双边还是从全球角度看，中美关系对世界和平与发展的意义不言而喻。中美关系稳定，世界受益，可持续发展就有希望；中美关系若继续恶化，世界遭殃，全球治理将雪上加霜。面对百年未有之大变局，严峻而复杂的中美关系又一次来到时代的十字路口。历史上处理大国关系的模式不再适用。中美需要摒弃"新冷战"思维，制止对抗。中美迫切需要探索出新的交往之路。中美关系回不到过去，但中美关系必须前行。合则两利，斗则俱伤，这是中美关系多年来磕磕碰碰的现实，也应当成为双方的共识。中美之间要合作的事情太多太多，远大于分歧，更重于冲突。中美应该拿出战略胆识和政治魄力。2021年以来，中美最高领导人互通电话和视频会晤，外交高层数次对话，其他方面的对话沟通也陆续开展。中美的机会窗口仍在。我们真诚地希望，即便一时难以达成好的协议，双方也应当避免过度或过激行为，都应当保持克制。坚冰形成非一日之寒，中美结怨之久一时难以解开结症可以理解。但中美都是智慧的大国，在双方还未达成积极消解分歧的路径之前，似可促使双边关系形成一种包容性平衡和均势的状态，以利双方能有一个相对宽松的环境不断走近。美方有学者称，中美之间已进入相互"讨价还价"的新阶段。在我看来，中美关系似已进入包容性论衡时代，应在和平共存条件下不断增进共识和努力。

论衡的第一层含义是中美双方要尊重对方主权、安全和发展的核心利益，其中不干涉内政是最基本的共处之道。近年来，美方不停地在中国核心利益上奉行错误政策，致使中美关系遭到全面冲击。美方在台湾、涉港、涉疆、涉藏等问题上不断制造严重事端，尤其在台湾问题上更为猖狂，国会出台多项反华议案，政要升级美台勾连，军情机构明目张胆越线助台，严重违反了双方建交时明确的"一个中国"承诺。台湾问题是中美之间最严重最敏感的问题，一旦处理失误，将会对中美关系造成颠覆性和全局性破坏。在安全问题上，美一方面打着"航行自由"旗号，搅乱南海东海秩序，另一方面挑拨离间中国周边国家的对华关系，夸大陆、海边界矛盾和冲突，甚至在战略上谋划"亚洲版北约"，搞三方（美英澳）协定、"四边（美日印澳）机制"、五眼联盟等，多管齐下对中国进行牵制和围堵。在发展问题上，泛化安全概念，强行关键技术和产品的脱钩断链，割断双方重要企业的联系与合作，不断地孤立中国。

政治泛化已成为美国打压中国信手拈来的工具。2021年12月6日，美方以中国侵犯人权为由宣布了不派任何外交或官方代表出席2022年北京冬奥会。全世界都很明白，谎言加政治操弄只能使美更加丧失道义和信誉。

论衡的第二层含义是中美双方需要超越"新冷战"。有人说，事实上的新冷战已在中美之间发生。更有甚者，鼓吹第二次冷战已经到来，宣扬美中对抗显然比美苏对抗更有可能导致热战。必须指出，这是一种严重的误判，甚至是有意而为之的混淆视听。明眼人都会注意到，美方的确有人，包括一些政要和所谓的精英人士，他们一心煽动"新冷战"。冷战冲动在美国已形成不可忽视的危险倾向。尽管如此，"新冷战"也只是美国的一厢情愿。中国坚决反对"新冷战"，并在对美交往中努力避免、阻止"新冷战"的发生。一心一意谋发展的中国对冷战毫无兴趣，根本谈不上接招。同样，美国人民同中国人民一样，都坚决反对和鄙视"新冷战"，因为"新冷战"的结局注定会使双方共同受害，而且在程度上只会远大于传统冷战。鉴于双方在经济上的深度融合以及持续发展的相同目标和需要，合力管控、自我管控应成为双方超越"新冷战"的第一要务。

论衡的第三层含义是中美双方要树立正确的竞争观。中国不但不惧怕竞争，相反鼓励竞争。因为有比较才能发现差距，有竞争才能取得进步。这是自然规律。同其他任何国家一样，中美两国的竞争无可避免，有益的竞争也无须避免。然而，中美关系具有世界性、全局性、复杂性和敏感性的性质和特点，一旦戴上意识形态的帽子，就很容易让本来很正常的事情变形。说得明白一点，美国强调用竞争来定义中美关系，扭曲了世界共通的价值观和国家关系定位准则，只强调自身的利益，缺乏最起码的包容精神，具有强烈的霸凌、不平等和排他性。中方坚决反对用所谓的竞争定位中美关系，因为美方是以竞争为名，行打压、对抗和霸权之实。

中国主张和平、发展、公平、正义、民主和自由的全人类共同价值。在人类共同价值的基础上争取相互尊重、相对平衡的关系，这是中美之间的必做课题。

论衡的第四层含义是中美双方要践行多边主义，促进普惠包容。我们要践行真正的多边主义，正如习近平主席在第76届联合国大会上所指出的，世界只有一个体系，就是以联合国为核心的国际体系。只有一个秩序，就是以国际法为基础的国际秩序。只有一套规则，就是以联合国宪章宗旨和原则为基础的国际关系基本准则。联合国宪章宗旨和原则是践行多边主义的宝典。遵照它，才能弘扬全人类的共同价值，才能克服意识形态的偏见，摒弃各种小圈子式的伪多边，才能有效管控零和博弈，防止对立两极或两个对立阵营的发生。遵照它，全球合作才有保障，未来发展才有希望。

论衡的第五层含义是亚太是中美和平共处、合作发展最好的试验场。21世纪将是亚太世纪的说法已有时日，这既基于半个世纪以来地区国家蓬勃发展的成就，也显示新兴经济体群体性崛起及其巨大潜力。然而，亚太地区的安全紧张形势一刻也没消停过。究其原因，人们莫衷一是，其实，根源和助推剂均来自一个超级大国，只不过它同时还戴着亚太安全保护者的光环。揭开历史的本来面目，早先的朝鲜战争和后来的越南战争，美国均进行了武装干涉。美国从来就没有离开过亚太，尤其是近年来，从奥巴马政府到特朗普政府和拜登政府，美国变着花样增加对亚太的投入，从"重返亚太"到"亚太再平衡"，从"印太概念"到"印太战略"，从美日印澳"四边机制"到"美英澳"三方协定，不断地理论化和机制化，一步步加大战略投入，付诸实际行动。与之同时，南海本无大事，美国有意扰之。美国打着"航行自由"旗号，行破坏地区国家主权和安全之实，把亚太地区硬生生地变成演武场和军备竞赛的的搞事场，使亚太地区日益成为当代地缘政治博弈的前沿。在中国家门口制造"中国威胁论"，岂非咄咄怪事，亚太地区能稳定吗？亚太既是中国的安身立命之所，也是世界和平与发展的未来希望。没有哪个国家能像中国一样呵护亚太地区的稳定和发展。和平共处的五项原则是中国最先提出的，努力促成全球最大的自贸协定《区域全面经济伙伴关系协定》的也是中国。坚持亲诚惠容的周边关系更是中国一贯的政策。比较中美在地区的作为，像明镜一样透明。地区国家强烈抵制在中美之间选边站队的愿望美国应当清楚。中美在该地区和平共存、合作发展符合所有方面的共同利益。

论衡的第六层含义是中美双方应当用人类命运共同体理念

精神统筹相互关系。人类社会共同发展已成为历史大势。我们生活在同一个地球村，每个国家的发展都与这个大势息息相关。世事沧桑，当今世界任何国家都不可能再搞霸权，所有国家都有权利为世界发挥自己的优势，助力共同发展。2015年9月，习近平主席在第70届联合国大会上提出建立平等相待、互商互谅的伙伴关系，营造公道正义、共建共享的安全格局，谋求开放创新、包容互惠的发展前景，促进和而不同、兼收并蓄的文明交流，构筑遵从自然、绿色发展的生态体系，形成打造人类命运共同体的总体布局和总路径。连续多年，习近平主席在多个场合的重大会议上不断完善和树立人类命运共同体的意识和合作共赢理念。

其实，习近平主席2013年提出的"一带一路"倡议就是人类命运共同体的最先实践。共商共建共享的原则就是推动中国与所有国家谋求共同发展的有效路径，而不是美等一些国家的政客所说的中国地缘政治目标和地缘经济目标，更不是"马歇尔计划"的翻版，包括美国在内的发达国家都可以参与其中。拜登总统在2021年度西方七国首脑会议上提出"重建美好世界"计划，试图抗衡中国的"一带一路"倡议。拜登总统显然是想错了，也做错了。

上善若水，厚德载物。作为世界两个最大经济体，应求同存异，搁置争议，顺应时代大势，为人类社会共同发展承担历史责任和担当。尽管中美合作不是万能的，但没有中美合作是万万不能的。中美必须有这样的境界。

开创中俄关系发展新时期

——纪念《中俄睦邻友好合作条约》签署20年

俞　邃

【内容提要】《中俄睦邻友好合作条约》将中俄全面合作提升到了一个崭新的发展阶段。条约将"世代友好、永不为敌"用法律形式固定下来，树立了结伴不结盟的创举，成为当今世界上许多国家广为采纳的范本，足以影响当今世界整个国际关系。条约吹响了打破美国单方面主导国际旧秩序的号角，并有助于中国的统一大业。中俄加强和巩固双边关系，形成相互依托，带动上合组织成员国，促进"一带一路"与各自发展战略构想对接，为推进构建人类命运共同体作出贡献。条约延期五年，是中俄新时代全面战略协作伙伴关系深入发展的重大标志。
【关键词】中俄关系；《中俄睦邻友好合作条约》；战略协作
【作者简介】国际自然和社会科学院院士。

　　《中俄睦邻友好合作条约》于2001年7月16日签订，为期20年。2021年6月28日下午，习近平主席在北京同普京总统举行视频会晤，发表联合声明，正式宣布《中俄睦邻友好合作条约》延期五年。这是中俄新时代全面战略协作伙伴关系深入发展的重大标志。

《中俄睦邻友好合作条约》签署的20年，正处于"百年未有之大变局"，条约的生命力越来越得到彰显。适逢美国为挽回世界霸主地位颓势，疯狂推行以反华、反俄为主的霸权主义甚嚣尘上之际，我们更有必要来认识和评估《中俄睦邻友好合作条约》的历史贡献和深远意义。

一、条约产生的背景

《中俄睦邻友好合作条约》签订的时候，苏联解体、俄罗斯独立后将近10年时间。其间，冷战结束，唯一超级大国美国飞扬跋扈，一方面，加紧北约东扩，弱化俄罗斯综合国力、挤压俄罗斯战略空间，打破了叶利钦亲西方以图振兴俄罗斯的幻梦。另一方面，美国和西方反社会主义势力开始把主要矛头对准正在和平崛起的改革开放的中国，竟然使用导弹袭击中国驻南斯拉夫大使馆。中俄之间出于各自的内外需要，两国合作关系的热度不断上升。1992年12月中俄宣布"相互视为友好国家"，1994年9月双方提出建立"新型的建设性伙伴关系"，并确认新型伙伴关系是睦邻友好，互利合作，不结盟，也不针对第三方的关系，双方还宣布不将本国核武器瞄准对方。1996年4月两国决心建立"平等信任的、面向21世纪的战略协作伙伴关系"，并建立两国领导人定期会晤机制。1996年和1997年中俄及哈萨克斯坦、吉尔吉斯斯坦和塔吉克斯坦五国元首签署《关于在边境地区加强军事领域信任的协定》和《关于在边境地区相互裁减军事力量的协定》,^① 创造了睦邻友好的新安全模式。

中俄关系在这将近10年中,为国家之间建立良好关系树立了范例。从根本上说,有如下原因。

其一,中俄发展两国关系有着共同的利益基础。两个大国毗邻,都在致力于经济建设和社会复兴,彼此都需要相互理解、同情和支持,都希望开展互利合作,促进共同发展。两国都需要有一个和平、稳定的国际环境和周边环境。两国改革的着眼点,主要是以扩大同国际社会的联系为方向,力求提高经济效益和科技水平,并在此基础上提高人民的生活质量。中国关心俄罗斯的改革进程,希望它能尽早摆脱困境,并力求借助经过振兴的俄罗斯的科技与资源优势。俄罗斯国内上下普遍对中国经济改革感兴趣,许多人认为中国改革的成功经验对俄罗斯有一定借鉴作用。

其二,中俄发展两国关系有着稳定的思想基础。历史教训表明,两大邻国唯有和睦相处,加强合作,方能彼此得益。中俄双方都把和平共处五项原则作为处理两国关系的基础,尊重各自选择的发展道路。中俄之间不存在根本的利害冲突。人们常说,中俄之间有着许多共同的"接触点",有的俄领导人说是共同的"接触线",我以为甚至可说是共同的"接触面"。在互利的条件下进行合作,有利于各自的国家利益。双方也意识到,两国都面临一个共同的问题,即防止某些势力企图把他们的意志强加给中俄两国。

---

① 《关于在边境地区加强军事领域信任和相互裁减军事力量的〈上海协定〉和〈莫斯科协定〉签署20周年纪念》,人民网,2017年4月24日,http://world.people.com.cn/n1/2017/0424/c1002-29231574.html,访问日期:2022年8月11日。

其三，中俄发展两国关系有着深厚的物质基础。两国接壤，有4300多公里的共同边界，经济互补性强，彼此市场广阔，发展合作潜力大。在互利互惠基础上积极开展经贸与科技合作，有助于双方的经济发展。中俄两国人民还有着悠久的文明和传统的友谊，如当年俄罗斯领导人所说，"两种伟大文明的交汇，还将为整个人类开辟广阔的前景"。

其四，中俄战略协作伙伴关系的内涵广泛。就双边关系来说，两国要在平等互利基础上加强各个领域的长期合作，包括经济、政治、军事、科技、文化和其他领域；合作形式有官方的，也有民间的。就全球意义来说，中俄战略协作伙伴关系还涉及双方对当代世界重大问题的立场和态度。两国领导人本着对世界和平与发展和对人类未来的历史责任感，将在国际事务中加强协调与合作。

中俄战略协作伙伴关系在这个阶段取得了丰硕成果，积累了宝贵经验。双方始终关注在业已取得的成就基础上，不断充实新内容，克服薄弱环节，避免消极因素。因此，作为历史的必然，于2001年形成了《中俄睦邻友好合作条约》。[①] 随着时间的推移，中俄伙伴关系还会得到进一步的丰富和发展。

二、条约的核心内容

《中俄睦邻友好合作条约》开篇就宣称，之所以签订此条

---

① 《中华人民共和国和俄罗斯联邦睦邻友好合作条约》，外交部，http://treaty.mfa.gov.cn/web/detail1.jsp?objid=1531876992084，访问日期：2022年8月11日。

约，是基于中俄两国人民睦邻友好的历史传统，认为1992年至2000年期间两国元首签署和通过的中俄联合宣言和声明对发展双边关系具有重要意义，坚信巩固两国间各个领域的友好、睦邻与互利合作符合两国人民的根本利益，有利于维护亚洲乃至世界的和平、安全与稳定，重申各自根据《联合国宪章》及其参加的其他国际条约所承担的义务，希望促进建立以恪守公认的国际法原则与准则为基础的公正合理的国际新秩序，致力于将两国关系提高到崭新的水平，决心使两国人民间的友谊世代相传。条约主要内容涵盖以下几个方面。

其一，遵循《联合国宪章》和国际关系准则。条约称，缔约双方根据公认的国际法原则和准则，根据互相尊重主权和领土完整、互不侵犯、互不干涉内政、平等互利、和平共处的原则，长期全面地发展两国睦邻、友好、合作和平等信任的战略协作伙伴关系。缔约双方在其相互关系中不使用武力或以武力相威胁，也不相互采取经济及其他施压手段，彼此间的分歧将只能遵循《联合国宪章》的规定及其他公认的国际法原则和准则，以和平方式解决。缔约双方将加强在联合国及其安理会和联合国专门机构的合作，努力增强联合国作为由主权国家组成的最具权威性和最具普遍性的国际组织在处理国际事务，尤其是在和平与发展领域的中心作用，确保联合国安理会在维护国际和平与安全领域的主要责任。

其二，尊重各自国家的核心利益。条约称，缔约双方相互尊重对方根据本国国情所选择的政治、经济、社会和文化发展道路，确保两国关系长期稳定发展。中方支持俄方在维护俄罗斯联邦的国家统一和领土完整问题上的政策。俄方支持中方在维护中华人民共和国的国家统一和领土完整问题上的政策。双方还将根据现行的协定采取措施，加强边境地区军事领域的信任和相互裁减军事力量，将扩大和加深军事领域的信任措施，以加强各自的安全，巩固地区及国际稳定。双方遵循领土和国界不可侵犯的国际法原则，严格遵守两国间的国界。

其三，谋求国家发展，倡导平等互惠原则。条约称，缔约双方将在互利的基础上开展经贸、军技、科技、能源、运输、核能、金融、航天航空、信息技术及其他双方共同感兴趣领域的合作，促进两国边境和地方间经贸合作的发展，并根据本国法律为此创造必要的良好条件。双方将大力促进发展文化、教育、卫生、信息、旅游、体育和法制领域的交流与合作，将根据本国法律及其参加的国际条约，保障维护知识产权，其中包括著作权和相关权利。双方还将在国际金融机构、经济组织和论坛内开展合作，并根据上述机构、组织和论坛章程的规定，促进缔约一方加入缔约另一方已成为成员（参加国）的上述机构。

其四，为维护地区与世界和平发展，承担国际义务。条约称，缔约双方不参加任何损害缔约另一方主权、安全和领土完整的联盟或集团，不采取任何此类行动，包括不同第三国缔结此类条约。缔约任何一方不得允许在本国领土上成立损害缔约另一方主权、安全和领土完整的组织和团伙，并禁止其活动。反对任何以武力施压或以种种借口干涉主权国家内政的行为，愿为加强国际和平、稳定、发展与合作进行积极努力。双方将大力促进加强两国周边地区的稳定，确立相互理解、信任和合作的气氛，推动旨在上述地区建立符合其实际的安全和合作问题多边协作机制的努力。双方还将根据本国法律和各自承担的国际义务，在打击恐怖主义、分裂主义和极端主义，以及打击有组织犯罪和非法贩运毒品、精神药品、武器等犯罪活动方面进行积极合作。

三、条约的重大贡献

《中俄睦邻友好合作条约》签订的20年，是两国关系不断攀升、蒸蒸日上的20年，也是两国关系开创历史上最好时期的20年。我们从双边、多边和全球的角度，可以看出该条约在五个方面已经并将继续作出重大贡献。

其一，条约将中俄全面合作提升到了一个崭新的发展阶段。作为21世纪指导中俄关系健康稳定发展的纲领性文件，条约将"世代友好、永不为敌"用法律形式固定下来，将1996年确立的战略协作伙伴关系务实化，以求增强政治信任，加深传统友谊，扩大互利合作，促进共同发展。20年的实践业已证明，这一切不仅完全做到了，而且做得让两国人民满意，让爱好和平的世界各国人民高兴。深信经过双方的协同努力，今后还会更上一层楼。

《中俄睦邻友好合作条约》是中俄关系史上名副其实的重要里程碑。与1950年《中苏友好同盟互助条约》相比，除两国的历史背景、国家实力与世界地位差别而外，《中俄睦邻友好合作条约》具有三点划时代意义的特色：一是确认两国世代友好、永不为敌。条约宣称要致力于将两国关系提高到崭新的水平，决心使两国人民间的友谊世代相传。二是倡导不结盟、不对抗、不针对第三国的原则，亦即结伴不结盟原则。条约中明确规定，本条约不影响缔约双方作为其他国际条约参加国的权利和义务，也不针对任何第三国。缔约双方根据有关协定进行的军事和军技合作不针对第三国。三是宣称超越意识形态，尊重各自的道路选择。条约的表述是：缔约双方相互尊重对方根据本国国情所选择的政治、经济、社会和文化发展道路，确保两国关系长期稳定发展。

其二，条约树立的结伴不结盟的创举，足以影响当今世界整个国际关系。条约摒弃了那种不是结盟就是对抗的冷战思维，成为当今世界上许多国家广为采纳的结伴不结盟原则的范本。这不仅是对冷战时期结盟观的否定，也是对冷战结束后依然肆虐的北大西洋公约组织的直接否定。从本质上讲，结伴不结盟原则顺应了世界多极化、经济全球化和国际关系民主化三大潮流，体现了以互信求安全、以互利求合作的新型国家关系。中俄之间虽不结盟，却成为新型大国关系的典范。

条约还宣布，缔约双方将在预防国际冲突及其政治解决方面相互协作。缔约双方将加强在联合国及其安理会和联合国专门机构的合作。这是对联合国宪章宗旨与原则的弘扬和发展，也是对和平共处五项原则的丰富和发展。

其三，条约吹响了建设新型国际关系的号角。缔约双方主张，严格遵守公认的国际法原则和准则，愿为加强国际和平、稳定、发展与合作进行积极努力。如今美国举起双拳打击中俄的拙劣做法，从反面证明了这个条约存在的重要意义。

其四，条约为加强和巩固上海合作组织起到规范作用。双方合力打击恐怖主义、分裂主义、极端主义和有组织犯罪，致力于将两国边界建设成为永久和平的边界，从而使得上合组织覆盖的这一地区成为当今世界最稳定的地区。这说明条约超越双边范畴，对于地区和世界的和平、安全与稳定发挥了特殊作用。

中俄加强和巩固双边关系，形成相互依托，带动上合组织成员国共同势力，促进"一带一路"与欧亚经济联盟及有关国家发展战略构想对接，为推进构建人类命运共同体作出了贡献。

其五，条约不仅维护了双方的国家安全与稳定，而且有助于中国的统一大业。条约明文昭示，俄方承认世界上只有一个中国，中华人民共和国政府是代表全中国的唯一合法政府，台湾是中国不可分割的一部分。俄方反对任何形式的"台湾独立"，支持中方在维护中华人民共和国的国家统一和领土完整问题上的政策。条约的相关条款还明确指出，如出现缔约一方认为会威胁和平、破坏和平或涉及其安全利益和针对缔约一方的侵略威胁的情况，缔约双方为消除所出现的威胁，将立即进行接触和磋商。据此条款，双方在遇到安全威胁时拥有相当灵活的互动与协调空间。

这里还要特别指出的是，2019年6月中俄两国元首在莫斯科签署了意义重大而深远的《中俄关于发展新时代全面战略协作伙伴关系的联合声明》。其内涵主要是弘扬《中俄睦邻友好合作条约》的原则和精神，强调中俄关系进入新时代，迎来更大发展的新机遇。双方认为，当前中俄关系的主要特征是：高度的政治互信；完备的高层交往和各领域合作机制；内容丰富、具有战略意义的务实合作；坚实的世代友好民意基础；密切有效的国际协调。双方再度确定了一系列指导两国关系的基本原则：相互尊重，平等信任；互帮互助，睦邻友好；相互支持，战略协作；互谅互让，合作共赢；不结盟、不对抗、不针对第三方。双方秉持2001年《中俄睦邻友好合作条约》宗旨以及其他双边关系文件精神，指导两国关系长远发展，宣布将致力于发展中俄新时代全面战略协作伙伴关系。其目标和方向是：守望相助，相互给予更加坚定有力的战略支持，支持对方走自身发展道路和维护本国核心利益，保障两国各自安全、主权和领土完整。为此双方将进一步开展相关领域互信合作。深度融通，就国家发展战略对接进行密切协调和战略协作，拓展经贸和投资互利合作。在推进"一带一路"与欧亚经济联盟对接方面加强协调行动。开拓创新，更加全面挖掘两国关系潜力和发展动能。普惠共赢，维护以《联合国宪章》宗旨和原则为核心的国际秩序和国际体系，推动建设相互尊重、公平正义、合作共赢的新型国际关系，推动构建人类命运共同体。声明还强调指出，发挥两国元首战略引领作用，将政治合作、安全合作、务实合作、人文交流、国际协作作为中俄全面战略协作伙伴关系的重点领域，充实中俄全面战略协作伙伴关系内涵。由此也可见，《中俄睦邻友好合作条约》奠定了中俄新时代全面战略协作伙伴关系的基础，开创了中俄关系发展的新时期，条约延期恰恰适应了中俄新时代全面战略协作伙伴关系的需要。

总之，正如习近平主席2021年6月28日在与普京总统通话时所指出的，《中俄睦邻友好合作条约》确立的世代友好理念符合两国根本利益，契合和平与发展的时代主题，是构建新型国际关系和人类命运共同体的生动实践。今天的中俄关系成熟、稳定、坚固，经得起任何国际风云变幻考验。双方在涉及彼此核心利益问题上相互坚定支持，战略协作富有成效，有力维护了两国共同利益。在国际事务中密切协调配合，共同捍卫真正的多边主义和国际公平正义。在世界进入动荡变革期、人类发展遭遇多重危机背景下，中俄密切合作，为国际社会注入了正能量，树立了新型国际关系的典范。

2021年中美经贸关系回顾和 2022年前瞻

何伟文

【内容提要】2021年拜登政府延续了特朗普对华敌视和对抗政策，包括经贸政策，并在以价值观划线和拉拢盟友围堵中国上更加猖獗。同时在策略上有所调整。中美元首视频峰会和双方主管部门多次会晤，试图管控分歧，使双边关系氛围有所缓和，但中美经贸关系没有实质性改善。但是，中美双边贸易却出现惊人增长，并创历史新高，美方挑动的贸易摩擦进一步遭到失败。未来美方打压、围堵中国的经贸总方针将继续。美方以价值观和意识形态划线，将贸易问题意识形态化，并以台湾问题、涉疆、涉港、涉藏等问题将贸易问题政治化。另外，中美经贸对话机制可能恢复，双边贸易额有望大幅增长，省州合作将有较大增强。

【关键词】中美关系；经贸关系；贸易摩擦

【作者简介】中国国际问题研究基金会研究员，中国国际贸易学会专家委员会首席专家。

回顾2021年，从1月20日拜登总统履新白宫，2月11日中美两国元首除夕通话拉开拜登政府对华外交的大幕，到3月18—19日中美高层安克雷奇会晤中方驳斥美方"从实力地位出发论"、"竞争、合作、对抗"三分法，[①] 再到7月天津会晤中方提出"三条底线""两份清单"，美方提出"公平竞争论"，[②] 中美关系包括经贸关系逐渐明朗化。9月10日中美两国元首再度通话，双边对话进程加快。10月4日美国贸易代表戴琪发表了拜登政府对华贸易愿景的讲话，提出中美"再挂钩""长久共存"。10月6日苏黎世会晤，美方将中美关系简单地定义为竞争关系，遭到中方反对。11月16日，中美两国元首视频峰会，为中美两国关系包括经贸关系确定了基调和方向。

一年来，拜登政府总体延续了特朗普政府对抗和打压中国的基本方针，并进一步发展为纠集盟友围堵和规锁中国，策略上则有某些姿态性缓和。在经贸领域，中美紧张关系没有实质性改善，但美方挑起的贸易摩擦进一步遭到失败。中美经贸博弈进入战略相持阶段。

一、2021年拜登政府对华贸易方针的主要表现和基本态势

尽管经历8个半月"审议"后，美国贸易代表戴琪于2021

---

① 《中方谈中美高层战略对话》，新华网，2021年3月20日，http://www.xinhuanet.com/world/2021-03/20/c_1127233417.htm，访问日期：2022年8月11日。

② 《外交部：天津会谈对争取下一阶段中美关系健康发展是有益的》，人民网，2021年7月26日，http://world.people.com.cn/gb/n1/2021/0726/c1002-32170461.html，访问日期：2022年8月11日。

年10月4日才公布拜登政府对华贸易方针和方略。但无论有无这一讲话，拜登政府一年来的行动，已经清晰地证实了其对抗和围堵中国的基本立场和基本方针。

（一）完全保留对华高额关税

拜登上台以来，尽管没有对中国产品施加新的关税，但截至2021年，特朗普时期对价值大约3700亿美元的中国进口商品征收的关税全部保留，没有作出任何改变。

（二）科技打压的继续和加强

通过大数据分析可以发现，自2017年1月特朗普执政以来美国国会、政府及重要智库共发布的对华政策文件和研究报告中，聚焦中国科技发展和中美科技竞争的报告占比呈现上升趋势，仅2021年上半年，占比就高达75.5%，即美国每发布的4篇涉华文件或报告，其中就有3篇是关于中国科技的。因此可以说，拜登政府基本沿袭并发展了特朗普的对华科技打压政策，并把科技竞争视为中美战略博弈的焦点。其基本政策倾向是：中国已经动摇美科技领先地位成为美国各界共识，在高科技产业以及基础前沿技术领域的"脱钩"（Decoupling）已经成为美国的重要选择和现实做法；美国正在加速发展人工智能技术、高超声速技术、生物技术、量子科技、先进计算等领域，而电子信息、人工智能、高端芯片元器件、清洁能源技术等成为美对华封锁管制的重点领域。美国已经把对中国的科技脱钩作为遏制中国崛起的重要手段之一。正如美国战略与国际问题研究中心（CSIS）报告所指出，"技术供应链管控正成为实现政治目标的重要砝码和工具"。为了美国国家利益，"中美之间在科技上一定程度的脱钩不可避免"。

为了落实以脱钩为基本导向的对华科技政策，美对华科技政策内容从单点对高科技企业的封锁制裁，扩大到将技术投资管控、技术交流阻断、科技人才封锁等多种手段结合，在政策设计上越来越精准。

2021年6月8日，美参议院通过了总投资额达2500亿美元的"美国创新与竞争法案"（USICA），旨在向美国技术、科学和研究领域投资逾2000亿美元，强调通过战略、经济、外交、科技等手段同中国开展竞争，以"对抗"中国日益增长的影响力。该法案包罗了遏制中国科技竞争、外交事务、航天、芯片和5G、购买美国制造、网络安全和人工智能、医学研究等诸多议题。

2021年10月28日，参议院通过《2021年安全设备法》，禁止华为、中兴等中国公司的通信设备进入美国电信网络。[①]

美国以"国家安全风险"为由，继续围堵打压中方高科技企业与机构。限制中国企业对美方"敏感领域"尤其是人工智能、半导体、先进材料等"重大工业技术"领域的投资并购活动。2021年3月，美国联邦通信委员会（FCC）根据《2019年安全和可信通信网络法》宣布将华为、中兴、海能达、海康威视和浙江大华5家中企列入"威胁国家安全"名单（即所谓"黑名单"）。[②] 10月26日，美国联邦通信委员会宣布以所谓"国安"

---

① "US Lawmakers Vote to Tighten Restrictions on Huawei, ZTE," wwwcost, October 29, 2021, accessed August 11, 2022, https://wwwcost.com/71087.

② "FCC List of Equipment and Services That Pose National Security Threat," FCC, accessed August 11, 2022, https://www.fcc.gov/document/fcc-list-equipment-and-services-pose-national-security-threat.

为由撤销中国电信美洲公司的在美运营许可。[①] 同时，不定期将中国高科技企业或科研机构加入出口管制"实体清单"，禁止美国企业与清单中的中国企业进行贸易往来，切断中国高科技企业供应链，切断中国科研机构从国际上获得正常科研资源的渠道。

（三）大大强化纠集盟友围堵和打压中国

这是拜登政府有别于特朗普政府，且对中国更有害的主要特点。拜登上任后迅速修复与盟友关系，并从地缘战略与经济关系两大方面入手。在地缘战略方面，美国的重要着力点为"印太地区"，很快重启了包括日本、印度、澳大利亚在内的"四边安全对话"机制，构建以亚太盟友国家为支点的"印太战略框架"，加紧构筑围堵中国的"包围圈"，并将合作范围由疫苗供应、新兴技术、气候变化等领域向军事领域推进，试图将"四边安全对话"转变为"四边军事集团"和"亚太版北约"。在经济方面，美国的主要合作伙伴则是欧盟、加拿大和墨西哥。

2021年6月15日，美国与欧盟宣布设立美欧贸易和技术委员会（Trade and Technology Council，TTC）这一新的经济合作机制，并在9月15日举行了首届贸易和技术委员会部长级会议。会议达成多项合作共识，以推动美欧在几大重点议题领域的技术和市场规则方面的合作，这标志着贸易和技术委员会作为美欧跨大西洋经济合作新机制的全面启动。9月30日，贸易

---

① "FCC Revokes and Terminates China Telecom AMERICA's Authority to Provide Telecom Services in AMERICA," FCC, accessed August 11, 2022, file:///C:/Users/jdk/Downloads/DOC-376902A1.pdf.

和技术委员会匹兹堡会议确定了构筑以相同价值观为基础的、排除中国的半导体芯片等世界前沿技术供应链。

2021年10月4日，戴琪在讲话中提到，"美国将继续与盟友合作，制定21世纪的公平贸易规则，促进市场经济和民主政体在竞争中占上风"。①

因此，拜登政府对华围堵和打压的经贸政策与特朗普政府没有本质区别，但有策略区别。表现在：第一，包装成愿意对话，不寻求冲突，并设立护栏的样子。而且接触对话的确在增加。第二，在叙事方式上，把中美关系定位为"对抗、竞争、合作"，然后归结为"竞争"。这貌似有理，实际迷惑性更大。

二、中美经贸关系并无实质性改善

2021年9月10日习近平主席应约与拜登总统通话、11月16日两国元首视频峰会，以及其间两国主管部门负责人的多次会晤或通话表明，这些对话都具有建设性。但美方表现了明显的言行不一。

中美经贸关系实质性好转的标志是美方切实拿出行动，遵守王毅国务委员兼外交部长提出的三条红线，即：（1）不再攻击中国社会主义制度和中国共产党领导，承认中国有选择自己

---

① "Remarks as Prepared for Delivery of Ambassador Katherine Tai Outlining the Biden-Harris Administration's 'New Approach to the U.S.-China Trade Relationship'," USTR, accessed August 11, 2022, https://ustr.gov/about-us/policy-offices/press-office/speeches-and-remarks/2021/october/remarks-prepared-delivery-ambassador-katherine-tai-outlining-biden-harris-administrations-new.

道路的权利；不再以民主、"威权"、"人权价值观"等攻击中国；不再纠集盟友围堵中国，不允许中国影响扩大。（2）尊重中国主权，停止干涉中国内政（台湾问题、涉疆、涉港、涉藏等问题）。（3）撤销违反多边规则的对华单边关税，取消对华高科技封锁和单边制裁。这三条，美国一条也没有做，相反愈演愈烈。

三、拜登政府对华经贸政策的错误、本质和根源

（一）错误在那里？

1. 以捏造事实为基础的"规则"

戴琪2021年10月4日关于拜登政府对华经贸政策的讲话中，采取了全盘否定中国经济体制和贸易规则的叙事方式，称"继续对中国以国家为中心和非市场的贸易做法表示严重关切"，然后从占据"规则高地"出发，"将使用全部现有方法，并根据需要创造新的方式，以保护美国的经济利益不受有害政策和做法的影响。"并且声称，"至关重要的是，我们将继续与盟国合作，为21世纪的公平贸易制定规则，并促进市场经济和民主国家的竞争"。

但这些指责都是捏造。例如，戴琪说，"长期以来，中国不遵守全球贸易规范"，"侧重于世贸组织的争端解决案件。我们提出了27个针对中国的案件，包括一些我自己提出的诉讼，以及通过与盟国合作提出的诉讼。我们在每一个被裁决的案件中

都取得了胜利"。① 事实是其一，世贸组织对中国贸易政策8次审议全部通过。其二，中国已经全部完成入世承诺，并在许多地方超出承诺。其三，世贸组织1995年成立至2021年12月14日，争端解决机制累计立案607起，其中美国作为被告159起，中国作为被告47起。美国是中国三倍多，显然，"长期不遵守国际规范"的是美国。其四，美国27个针对中国的案件并没有全部获胜。2019年7月16日，世贸组织裁决美国对华11个反补贴案全部违规。11月1日，由于美国拒绝纠正，世贸组织授权中国对美国36亿美元产品实施报复税，系世贸历史上此类案例最大金额之一。2020年9月15日，世贸组织专家组认定美国对华单边加征关税为非法。

再如，戴琪说："在2000年，美国有超过100家钢铁公司。我们每年生产1亿吨的钢铁，该行业在全国各地雇用了13.6万人。不久后，中国开始建立自己的钢铁厂。它的生产能力膨胀，剥夺了美国钢铁公司的宝贵市场机会。低价的中国钢铁充斥着全球市场，赶走了美国和世界各地的企业……在美国，自

---

① "Remarks as Prepared for Delivery of Ambassador Katherine Tai Outlining the Biden-Harris Administration's 'New Approach to the U.S.-China Trade Relationship'," USTR, accessed August 11, 2022, https://ustr.gov/about-us/policy-offices/press-office/speeches-and-remarks/2021/october/remarks-prepared-delivery-ambassador-katherine-tai-outlining-biden-harris-administrations-new.

2000年以来，钢铁行业的就业率已经下降了40%。"① 事实是美国钢铁工业的问题跟中国没有因果关系。中国钢铁外销主要对象是亚洲，不是美国。2002年，中国占美国钢铁进口不足3%，可以"忽略不计"。2018年特朗普加征钢铝税，限制主要来自墨西哥、加拿大、巴西、俄罗斯、土耳其、德国、日本和韩国的钢铁进口。中国对美钢铁出口2017年只占美国钢铁进口2.5%。2021年前三个季度，中国对美钢铁出口占美国钢铁进口的比重仍然仅有2.4%。

戴琪又说，"中国近年来加强国家为中心和非市场的贸易做法"，"伤害了美国和世界各地的人民"。② 事实是中国97%的商品和服务都是由市场定价。2002—2020年，美国对中国出口累计增长462.5%，为对世界出口累计增长105.6%的4倍，为从中国进口累计增长247.3%的2倍。

戴琪还说："中国举国发展芯片，政府支持1.5万亿人民币。"事实是美国为科技发展战略提供1100亿美元财政支持，美国芯片法案（立法中）承诺对英特尔、三星、台积电在美建厂提供补贴540亿美元。欧洲议会审议中的欧盟芯片法案规定为芯片产业提供1450亿欧元财政支持。

2. 以价值观而不是客观经济规律为基础

拜登政府滥用"国家安全"借口，大规模持续对中国进行

① "Remarks as Prepared for Delivery of Ambassador Katherine Tai Outlining the Biden-Harris Administration's 'New Approach to the U.S.-China Trade Relationship'," USTR, accessed August 11, 2022, https://ustr.gov/about-us/policy-offices/press-office/speeches-and-remarks/2021/october/remarks-prepared-delivery-ambassador-katherine-tai-outlining-biden-harris-administrations-new.

② Ibid.

高科技封锁和打压的经典例子是半导体供应链。从4月白宫半导体芯片会议至11月8日，美国连续举行四次半导体供应链会议。召集美欧日韩和中国台湾地区主要半导体工业巨头参会，研究完善"以相同价值观为基础的半导体供应链"，并迫使三星、台积电等企业交出相关商业数据。白宫力迫英特尔、三星和台积电在美国投资建厂，填补供应链短板；同时强烈反对英特尔扩建其成都厂。11月8日起，美商务部部长雷蒙多访问日韩印东盟多国，研究完善供应链，完全排除中国。白宫闭眼不看现实：中国市场占全球半导体芯片总销量三分之一；离开中国，不可能有完整的全球半导体芯片供应链。

（二）本质

综上所述，拜登政府对华经贸政策的本质可以归结为在美国治理下，以美方定义的"公平竞争"和"规则"为基础，实现中美"持久共存"；在美国的限制下实现"再挂钩"，而不是简单的对抗和摧毁。其目的是把中国压缩到无法对美国经济、技术和安全构成挑战的空间里，其要点如下。

第一，美国规则规范中国基础上的"持久共存"。由美国及其盟友制定规则，中国实施，特别是不允许政府支持高科技产业。这样，中国无法建立强大的、世界领先的高技术产业，无法对美国构成威胁。如果中国不听从，所实行的贸易规则即便符合世贸规则，也称其为"政府为中心"，美国就有一切理由进行"301调查"、施加单边制裁、贸易限制和技术封锁。

第二，在美国限制下实现"再挂钩"。其主要内容是：美欧排斥中国，构筑高科技产业包括5G、半导体芯片、人工智能、超算、网络通信和物联网等供应链并在东盟和"印太地区"寻求补足这一供应链。在美欧构筑并主导高科技产业供应链基础上，再考虑把中国挂到从属位置。

第三，在美国主导和美国利益的前提下保持和中国的有限合作。由于中美之间贸易、投资和人文交流业已达到极大规模，且两国在全球供应链中业已形成错综复杂的分工，中国许多产品难以被取代，又由于中国市场可以给美国带来很大利益，因此拜登政府始终表述了合作一面。但拜登政府心目中的合作有两个特点：第一，不是平等互利，而是以美国利益为转移的，相对的合作。例如气候变化方面的合作，要求中国加快履行承诺，美国并不需要做什么。又例如执行第一阶段协议，只要求中方从美国购买大量商品，美国并不承诺从中国购买大量商品。美国要求中国对美国资本进一步开放市场，但继续禁止中国企业投资美国。第二，仅限于非敏感领域和较低端领域。

（三）根源

1. 美国认定中国的发展对其构成根本性的挑战

在中国共产党领导下，中国实行社会主义制度，在意识形态、价值观和政治立场上与美国存在根本不同。而中国经济、科技、贸易和国防实力迅速增强。2021年中国GDP达到114.37万亿元，达到美国75%左右，从而成为百年来第一个经济总量达到美国四分之三的经济体（1995年日本GDP达到美国71%，为美国成为世界第一后最高）。中国制造业和出口规模远远把美国甩在后面。2021年9月中国单月货物出口额已经等于美国两倍。中国5G技术已经走到世界前面，到2030年人工智能技术也将跻身世界前列。国防力量迅速壮大，双航母和可实施洲际核打击的东风导弹有重大威慑力量。因此，美国认定，中国将在经济上、军事上和全球地缘政治上对其构成根本性挑战，是其战略敌人和对手，一定要千方百计打压、围堵和封锁。

2. 美国国内政治生态方面的根源

近年来，华盛顿精英们大肆炒作的"中国威胁论"已经成为华盛顿共识。竞相反华成为美国两党"政治正确"的基本标准。加上选举因素，无论民主或共和两党都在全力争取选票，而对华"示弱"很难在华盛顿政治生态中立足。

3. 美国国内社会经济根源

近10年来，随着中产阶级实际收入的下降和一部分蓝领岗位的流失，全球化在美国社会中的支持率有明显下降。疫情以来美国经济受到深重打击，贫富差距加大，就业尚未恢复到疫情前水平。贸易逆差则进一步上升到历史新高。据皮尤不久前的调查，对中国持负面看法的被调查对象占到62%。[①] 因此，政客们将中国描绘为病毒发源地，并进而描绘为给美国带来经济困难的重大原因，容易得到一部分人的支持。

4. 美国维持世界霸权的需要

中国世界影响的日益扩大，引起了美国的严重不安。美国不允许中国对美国主导地位构成威胁，认为必须进一步巩固与欧洲、日本、澳大利亚及北约的联盟关系，而十分有效的途径是把中国描绘并强化为它们的"共同敌人"。

以上四个根源都是根本性的，长期存在的。这决定了拜登政府对华经贸政策的本质是打压和规锁。

---

① "U.S. Views of China Increasingly Negative amid Coronavirus," beSpacific, accessed August 11, 2022, https://www.bespacific.com/u-s-views-of-china-increasingly-negative-amid-coronavirus-outbreak/.

四、中美双边贸易惊人增长，美国挑起的 对华贸易摩擦失败

一年来，中美双边经贸关系的实际发展呈现出与拜登政府的主观愿望和错误方针完全相反的结果。双边贸易持续强劲增长，美国企业继续看好中国市场，脱钩也没有发生，对中国资本市场投资出现新高涨。

（一）双边贸易

据中国海关统计，2021年前11个月，中美贸易达到前所未有的6823.22亿美元，同比猛增30.2%，大致相当于对全球的增速（31.3%），超过对中国产品没有征收额外关税的欧盟（增长29.2%）和东盟（增长29.8%）。

其中中国对美出口达到5199.14亿美元，比历史最高水平的2018年（贸易战开始年）全年4784.23亿美元还高出8.7%。中美贸易摩擦爆发三年来算总账，中国对美出口仍然比从美进口增长更快。这说明，中国对美出口竞争力战胜了单边关税障碍，中国产品在美国的不可替代性远超美国产品在中国市场的不可替代性。

三年来，美国市场占中国出口总额的份额从19.2%降至17.2%。但同期东盟和欧盟（2021年为欧盟加英国）占中国出口总额的份额各增加1.5个百分点。中国在美国市场失去的份额，在东盟和欧盟市场轻松补回并有余。同期我从美进口累计增长7.9%，从全球进口则增长22.3%。美国在中国进口市场的份额从7.5%降至6.6%。同期美国从东盟进口比例上升0.9个

百分点，从欧盟进口比例保持在11.6%不变。美国已经不是中国进口的主要来源。

然而单边关税使美国企业和家庭蒙受重大损失。美中贸委会委托牛津经济研究所的研究报告，由于关税92.4%由美国进口商支付，进口消费品和中间产品涨价使美国企业和消费者蒙受了沉重打击。对华贸易摩擦使得美国2018—2019年GDP减损0.5个百分点（1080亿美元），家庭实际收入减少880亿美元，美国公司市场资本化减少1.7万亿美元。[①] 因此，美国3500多家公司向美国国际贸易法院起诉美国政府对华加征关税为非法，要求政府赔偿其损失。美国大企业联合会160名跨国公司首席执行官联名呼吁拜登政府取消对华额外关税，迫使美国贸易代表署加快关税排除程序。[②] 据前述美中贸委会报告预计，如果中美贸易摩擦继续升级，今后五年美国GDP将合计减少1.6万亿美元，就业岗位将减少73.2万个。因此，美方单边关税无法持续。美方挑起的贸易摩擦已经失败。

（二）双向投资

在特朗普政府的限制下，中国对美直接投资继续低落。据美国荣鼎咨询公司统计，2020年中国对美直接投资为72亿美元（含在地利润再投资及当地融资），虽比2019年的63亿美元有所增长，但相比2016年达到的459亿美元大幅下降。主要投资

[①] "The US-China Economic Relationship," USCBC, accessed August 11, 2022, https://www.uschina.org/reports.

[②] "Get Rid of Tariffs on China to Help Ease Inflation, Two Dozen Business Groups Tell Biden," Indonesia Coconut Family, accessed August 11, 2022, https://indococofam.com/get-rid-of-tariffs-on-china-to-help-ease-inflation-two-dozen-business-groups-tell-biden.

项目有腾讯收购环球音乐集团，哈药收购健安喜（GNC）。行业集中在消费领域，高科技领域和绿地投资几乎没有。同年美国企业对华投资为87亿美元，比2019年减少近三分之一，为2004年以来最低。2020年中美双向直接投资合计为159亿美元，为2009年以来最低。2020年美国在华风险投资为32亿美元；中国企业在美风险投资为23亿美元，为5年来最低。[①]

　　美国在华企业普遍看好中国市场前景。据美中贸委会2021年7月会员调查，95%企业2020年在华实现盈利，四分之三企业盈利好于或等于全球总盈利水平，78%认为中国市场好于其他新兴市场。[②]上海美国商会2021年10月6日发布的调查报告显示，82.2%的企业预计2021年收入增长，77.9%的企业对未来五年中国业务乐观，[③]这一比例已恢复至贸易摩擦以前水平。高盛等华尔街巨头则直接与中国银保监会、证监会对话。中美双向直接投资的态势是美企对投资中国保持相当高热度，且中国市场开放度越来越高；中企在美投资则遇到较大困难，但仍然保持一定水平。因此，整个态势是美企需要中国市场更多一些。

---

　　① "Two-Way Street—US-China Investment Trends—2021 Update," Rhodium Group, accessed August 11, 2022, https://rhg.com/research/twowaystreet-2021.

　　② "USCBC 2021 Member Survey," USCBC, accessed August 11, 2022, https://www.uschina.org/reports/uscbc-2021-member-survey.

　　③ "China Business Report 2021," AMCHAM, accessed August 11, 2022, https://www.amcham-shanghai.org/en/preview.

五、中美经贸博弈进入战略相持阶段

上述情况表明，中美经贸博弈进入了战略相持阶段。

（一）两个基本标志

第一个标志是美方未能压服中方。无论高额关税、单边制裁、科技封锁，还是围堵和规则之争，都没有使中国退让，也没有改变双边经贸增长的大势。相反美国自己蒙受了重大损失。

第二个标志是中方也未能迫使美方改变。无论中方如何坚决反制，也无视双边实际经贸发展态势对中方相对有利，美方仍然坚持围堵打压中方，对其历史性、方向性错误没有作出任何实质性纠正。没有撤销哪怕1%的高额关税，也没有减少一家实体清单上的企业。

（二）基本态势之一：贸易与投资中方占优

这方面中国占有优势。无论华盛顿做什么，中美贸易都将持续增长，而且中国对美出口优势将继续保持。美方高关税迟早将被迫解除。

美国对华投资限制仍将持续，但美商看好中国市场并保持投资增长也将持续。

（三）基本态势之二：科技封锁和单边制裁双方胶着

这方面态势非常不好。美国继续加紧对华为、中兴等中国高科技企业的严格限制，将高端半导体芯片供应链向美国集中，排斥中国；将大约900家中国企业列入实体清单。但美国将有选择地允许部分中端及以下技术如车用芯片继续对华供应。目前态势是美国对中国的限制从产品和企业的限制日益向科技体制和政府行为限制发展。在可预见的未来，一方面美国对华限制打压将进一步加强。但另一方面，这些封锁和限制却将促进中国自主创新的长足进展。

（四）基本态势之三：围堵中国引起的地缘贸易板块演变仍对中国有利

美国花费极大精力拉拢欧盟和日本，建立奥库斯（AUKUS）三方伙伴关系、"印太联盟"和"印太经济框架"，以图尽可能压缩中国的贸易与投资空间。但迄今处于有利位置的恰好是中国，不是美国。2021年前三个季度与三年前的2018年同期比，中国与东盟贸易额从4340.04亿美元增至6305.39亿美元，增长45.3%；美国与东盟贸易额则从2019.5亿美元增至2370.56亿美元，增长17.4%。中国—东盟贸易额与美国—东盟贸易额规模相比，从2.15倍扩大到2.66倍。同期中国与欧盟27国贸易额从4479.69亿美元增至5993.37亿美元，增长33.7%；同期美国与欧盟贸易额从5956.86亿美元增至6446.43亿美元，增长8.2%。中国—欧盟贸易额规模已经相当于美欧贸易额93.0%。2022年1月生效的《区域全面经济伙伴关系协定》将建成世界最大自由贸易区，占世界出口总额30%左右。中国与其他14个成员的贸易额将继续迅速扩大，而美国处于域外。因此，从地缘贸易角度，中国略占优势。

六、2022年中美经贸关系前瞻

2021年中美经贸关系的上述尖锐矛盾和斗争，均将在2022年继续。2022年是美国中选年，它加剧了美国国内反华政治生态。但双方会不时进行对话，试图加以管控和微调。

（一）双边经贸关系氛围紧张和某种缓和将交替出现

11月16日，习近平主席与拜登视频峰会传达了稳定中美关系的总方针，有利于中美经贸关系的改善。中美在格拉斯哥联合国气候大会发布的联合声明和双方经贸团队保持沟通，表明中美经贸往来环境变得略微宽松。

（二）美方对华围堵和打压，特别是规则的规锁和高科技的封锁不会改变

美欧在七国集团、跨大西洋贸易与技术理事会、"重建更美好世界"倡议（B3W）和筹划中的"印太经济框架"等机制性安排中，将在规则上和高科技供应链上继续系统地围堵、压缩中国发展空间。美国将继续利用反补贴、网络安全、"国家安全"、"人权"等各种理由打压中国高科技企业，特别是与美国企业竞争全球价值链高端环节主导权的高科技企业。

（三）继续将贸易问题意识形态化

以"民主国家峰会"为标志，以价值观和意识形态划线，将贸易问题意识形态化，并以台湾涉疆涉港问题将贸易问题政治化将进一步发展。

（四）在一定程度上恢复对话

中美经济对话或商贸联委会等对话机制，可能在一定程度恢复，并将取得一定成果。双方将继续审议和执行第一阶段协议，但谈判新的贸易协议可能性很小。

（五）双边贸易将持续增长，双边投资将继续不对称增长

2022年，双边贸易额有可能突破8000亿美元大关。美国在中国全球贸易中的比重将大体稳定在目前的12.5%左右或略有下降，美国将稳定处于第三大贸易伙伴地位。美国企业对华投资将出现有力增长。中国对美投资环境可能略有改善，投资额也可能略有回升，但不会有明显好转。

（六）中美可能在一些具体领域发展合作

1. 中国对美出口

下列领域产品中国对美出口可能增加：有助于缓解美国供应链中断的领域，如计算机与电子产品、通用机械设备及中间品、新能源汽车零部件等；拜登基建计划如付诸实施，一些工程机械或零部件；能够缓解美国市场供应缺口和通胀压力的消费品领域，如纺织品、杂项制品、木制品、家具及辅件、灯具及照明设备、小五金、箱包、玩具及运动器材等。

2. 中国从美进口

农产品和原油进口增长余地已经不大；天然气进口尚有增长余地，中美2021年11月4日已签年供400万吨的20年长期协议。波音737MAX复飞后，美国飞机对华出口将迅速回升，但不可能恢复过去的市场份额。美对华新能源汽车、医药及生物技术产品、半导体芯片（中端）、数控机床等出口都有望增加，

但高科技产品出口限制不会放松，因此增长余地不大。

（七）中美省州间合作机制将有较大增强

中美两国地方间的合作将会出现新高潮，并为整个中美经贸关系大局起到重要的稳定器作用。

中欧关系现状分析及前景展望

石　岩

【内容摘要】受欧洲内外因素的影响，2021年中欧关系开局不利，屡受冲击。《中欧全面投资协定》被欧洲议会搁置，双方意识形态分歧上升。欧洲对华认知负面化，台湾问题凸显。与此同时，中欧领导人保持了密切沟通，为中欧关系大局稳定、向好发展提振信心，中欧务实合作势头仍然强劲，双方在诸多地区热点和全球问题上深化交流，共同维护多边主义，致力于国际和地区秩序的稳定。中欧关系仍有坚实而广泛的合作基础和共同利益，但当前大国博弈、欧洲焦虑心态及"战略自主"主张正在干扰欧盟的对华政策，使中欧关系面临空前考验。

【关键词】欧盟对华政策；政治互信；务实合作；欧洲"战略自主"

【作者简介】中国国际问题研究院欧洲所助理研究员，博士。

一、中欧关系受消极因素干扰

2021年，中欧关系屡受冲击，影响双边关系健康发展的消极因素愈加凸显。

（一）欧盟"价值观外交"损害中欧政治互信

2021年，欧盟强化"人权制裁工具"，突出更具进攻性的"价值观外交"，成为在中欧关系中制造矛盾的主要因素。2020年底，在中欧双方的共同努力下，《中欧全面投资协定》谈判完成，这一协定不仅对中欧经贸合作的深远发展有重要意义，亦对稳定全球经贸发展和战略稳定有标志性意义。然而，2021年3月下旬，欧盟30多年来首次采取了对华制裁措施，以莫须有的罪名制裁中国新疆相关人员和机构，中方随即果断反制，欧洲议会于3月24日取消中欧投资协定审议会。5月20日，欧洲议会通过决议冻结中欧投资协定，使中欧双方倾力达成的高水平双边投资协定批准和签署程序陷入停滞，给中欧关系再添阴影。除双边层面，欧方也多次在多边外交场合对华采取进攻性"价值观外交"。2020年7月，欧盟在联合国人权理事会上批评中国人权现状，同年12月，欧洲议会通过决议指责中国政府实施"强迫劳动"，一些欧盟成员国在2021年继续在联合国等多边场合与美国抱团无端指责中国人权状况。欧方这种进攻性的"价值观外交"严重损害了中欧政治互信。

（二）部分欧盟国家及立法机构操弄台湾问题破坏中欧关系政治基础

一直以来，台湾问题在中欧关系中并非问题，但以2021年为转折点，台湾问题在中欧关系中由隐性变为显性。2021年9月，欧洲议会外事委员会发布报告，强调"加强欧盟—台湾经贸关系的紧迫性"。① 10月，台湾地区所谓的"经贸投资考察团"窜访捷克，打着经贸投资的幌子，妄图实质性提升与捷克关系。11月18日，立陶宛不顾中方多次警告，公然批准台湾当局在其首都维尔纽斯设立"驻立陶宛台湾代表处"，触及中方底线，致中立外交关系降为代办级。11月初，欧洲议会7名议员窜访台湾，严重违反欧方对奉行一个中国政策的承诺，触碰中方底线，严重破坏中欧关系的政治基础。

（三）欧盟"供应链安全""降低经济依赖"及"价值观与经济利益不可交易"等政策主张冲击中欧经贸合作共识

经贸合作一直是中欧关系的稳定器，但中欧经贸关系的竞争面在上升，欧方认为中欧在全球战略性价值链上的竞争力出现此消彼长的态势。另外，在新冠肺炎疫情冲击和逆全球化思潮的双重影响下，欧盟提出增强经济独立性和韧性，内部出现"供应链多元化"和"产业本土化"主张。更重要的是，欧盟和德国都受到"武器化的相互依存"（weaponized interdependence）观点影响，以默克尔对华政策为代表的"利益与价值观可以共存并进"的立场受到质疑，价值观愈加压过经贸利益，在舆论中占据上风。欧盟的对华政策也出现对以往"政经分离"原则的偏离，冯德莱恩9月的盟情咨文中提出，"不可拿价值观原则与经济利益交易"。"供应链安全""降低经济依赖"及"价值观红线"等政策主张意味着欧盟也在以自己逻辑

---

① "EU-Taiwan Relations: MEPs to Push for Stronger Partnership | 18-10-2021 | News | European Parliament," European Parliament, accessed August 11, 2022, https://www.europarl.europa.eu/news/en/agenda/briefing/2021-10-18/13/eu-taiwan-relations-meps-to-push-for-stronger-partnership.

趋于对华部分"脱钩"。

（四）欧美协调增强干扰中欧关系

美国拜登政府执政以来，欧美关系经历调整和修复期，尽管双方结构性矛盾仍在，但协调方式有所变化，在经贸、产业和科技领域联手制华态势上升。欧方主动提出与美建立"贸易和技术委员会"及"中国问题对话机制"，美欧协调呈现机制化趋势。在美国对欧洲极力拉拢、中欧政治分歧扩大的背景下，欧美以"维护共同价值""维护共同规则"为名，在涉疆、台湾、人权、新冠病毒溯源调查、"强迫劳动"、打击"补贴"和"产能过剩"等对华行动上日趋同步。2021年10月底，欧美在钢铝关税等争端上达成和解，并联手推动"绿钢"标准。另外，美国对"碳关税"的态度由反对转为开放，开始积极回应欧方提出的"碳边境调节机制"，这意味着未来美欧将在"碳关税"问题上合流，进一步破坏"共同但有区别的责任"这一全球应对气候变化问题的共识。

另外，拜登政府重新重视所谓"老欧洲"，对"新欧洲"有所淡化，个别中东欧国家为延续特朗普政府时期美对其支持和援助，祭出台湾问题和对华关系，向拜登政府送投名状。

二、中欧合作仍有巨大潜力

尽管中欧关系受到挑战和冲击，但中欧合作的基础和意愿仍在，2021年双方在经贸合作、绿色议题和地区问题上的利益与共识体现出中欧仍有巨大的合作潜力。

（一）中欧贸易延续强劲增长势头

2020年，欧盟与中国货物贸易在疫情中逆势双向增长，中国首次取代美国成为欧盟最大贸易伙伴，2021年延续这一强劲势头。据海关总署数据，2021年前三季度，中国对欧盟进出口3.88万亿元，增长20.5%。欧盟继续保持中国第二大贸易伙伴地位。2021年前三季度，中国自欧盟进口1.5万亿元，增长18.4%，对欧盟出口增速超过20%。新冠疫情下，欧中经贸合作保持强劲韧性，中国继续保持欧盟第一大贸易伙伴地位。从中欧班列的情况看，据国铁集团数据，2021年1月至10月，中欧班列开行12605列，运送货物121.6万标准箱，同比分别增长26%、33%；开行列数和运量均超2020年全年总量，实现了班列开行数量和货物发送量双增长。① 9月，首列"铁路快通"中欧班列在乌鲁木齐国际陆港区正式发运。同时，一列国际班列也通过"铁路快通"模式由新疆霍尔果斯口岸进境驶往重庆，这标志着全国海关对中欧班列的监管进入全新阶段，这也必将为中欧贸易发展注入新的动力。

（二）《中欧地理标志协定》激活农业合作

2021年3月1日，2020年签订的《中欧地理标志协定》正式生效。3月3日，中国驻欧盟使团与欧盟农业总司共同举办中欧地理标志产品推广视频交流会，中国农业农村部，河南、安徽、陕西、江西省有关主管部门，以及相关地理标志产品行业

---

① 《中欧班列前10个月开行列数和运量均超去年全年总量》，中国国家铁路集团有限公司，http://www.china-railway.com.cn/xwzx/ywsl/2021 11/t20211113_117977.html，访问日期：2022年8月11日。

协会、企业代表60多人出席会议。欧方表示欢迎中国农产品进入欧洲市场，愿共同推动双方地理标志产品推介工作。9月3日，农业农村部部长唐仁健应约同欧盟农业委员沃伊切霍夫斯基举行视频会谈，就进一步推进中欧农业农村合作进行了深入交流，包括持续推进农业科技合作、深化可持续农业合作以及加强农业实用人才交流。

（三）欧洲企业仍对中国市场充满信心

在2021年10月19日与中国商务部部长王文涛会见时，中国欧盟商会主席伍德克表示，尽管疫情带来了前所未有的挑战，欧洲企业在华业务目前总体向好，中国欧盟商会许多会员企业在华业绩远远优于其他市场的表现，商会会员企业愿在清洁能源、技术创新等方面加强对华合作。在10月25日与中国驻欧盟使团团长张明大使的视频会见中，欧洲企业协会秘书长马库斯·拜勒也表示，欧洲企业高度关注中欧关系发展，十分看重中国市场的巨大潜力，愿继续扩大对华经贸投资合作。

2021年10月18日，国务院总理李克强与德国总理默克尔以视频方式共同出席中德经济顾问委员会座谈会，并同与会代表交流。李克强重申，中国将继续深化改革、扩大开放，中国的市场也会越来越开放，愿扩大进口国外先进技术和产品，持续打造市场化法治化国际化营商环境，对包括外资企业在内的各类市场主体一视同仁，积极参与国际标准制定，提升中国标准与国际标准的一致性。这一表态进一步为中欧经贸和企业合作注入信心。

（四）绿色合作空间大

2021年，绿色合作成为中欧合作的新亮点。双方不仅在内部政策层面相向而行，还建立了高层对话机制，并协同推进绿色金融，在减排目标上相互激励，体现出共同应对气候变化的责任担当。

1. 绿色高层对话建立

2020年9月，中国和欧盟领导人宣布成立中欧环境与气候高层对话（以下简称"高层对话"）。中国国务院副总理韩正和欧盟委员会执行副主席弗兰斯·蒂默曼斯于2021年9月27日举行第二次高层对话。双方重申中欧环境与气候高层对话将继续作为加强环境与应对气候变化双边合作行动的重要平台。双方讨论了全球气候和生物多样性危机的各个方面，重点讨论了即将在昆明举行的《生物多样性公约》第十五次缔约方大会（COP15）和在格拉斯哥举行的《联合国气候变化框架公约》第二十六次缔约方大会（COP26）。

2. 绿色金融同步推进

2021年11月4日，由中欧等经济体共同发起的可持续金融国际平台（IPSF）在联合国气候变化大会（COP26）期间召开年会，发布了《可持续金融共同分类目录报告——减缓气候变化》（以下简称《共同分类目录》）。《共同分类目录》包括了中欧绿色与可持续金融目录所共同认可的、对减缓气候变化有显著贡献的经济活动清单，目前版本覆盖了包括能源、制造、建筑、交通、固废和林业六大领域的主要经济活动。《共同分类目录》融合了中欧各自目录的特点和优势，对推动中欧绿色投融资合作、引导跨境气候投融资活动、降低跨境交易的绿色认证成本具有重要意义。

3. 减排目标互相激励

欧盟计划将全经济范围内的温室气体2030年减排目标从相较1990年水平至少减排40%提高为至少减排55%，并到2050

年实现碳中和。为此，欧盟推出了"减排55%"一揽子计划提案，包括：将碳排放交易应用于新的行业，并收紧现有的欧盟碳排放交易体系；增加可再生能源的使用；提高能源效率；加快低排放交通方式以及配套基础设施和燃料的推广；与欧洲绿色新政目标保持一致的税收政策；防止碳泄漏的措施；保护和增加自然碳汇的工具。[①] 2021年10月24日，国务院发布《国务院关于印发2030年前碳达峰行动方案的通知》，正式发布碳达峰行动方案。欧盟绿色政策负责人、欧盟委员会执行副主席蒂默曼斯在格拉斯哥参与气候谈判时表示，中国的行动是负责任的，中国在巴黎气候峰会上发挥了关键作用，并向格拉斯哥会议派出了高级别代表团，中国走在正确道路上。[②]

（四）在地区问题上凝聚共识

1. 就阿富汗局势交换意见

2021年8月阿富汗变局及美国溃逃撤军暴露出欧洲的战略困境。美国单边决定，欧洲被动接受，反映出欧洲对美国的高度依赖。美军撤离后，欧洲部队甚至无法单独维持在阿富汗的行动，加油、侦察、情报等方面处处受限。此外，阿富汗变

---

① "Opening and Closing Remarks of Executive Vice-President Timmermans at the Fit For 55 Discussion during the Environment Council," European Commission, accessed August 11, 2022, https://ec.europa.eu/commission/commissioners/2019-2024/timmermans/announcements/opening-and-closing-remarks-executive-vice-president-timmermans-fit-55-discussion-during-environment_en.

② "Frans Timmermans Speech at Final COP26 Plenary," European Commission, accessed August 11, 2022, https://ec.europa.eu/commission/commissioners/2019-2024/timmermans/announcements/frans-timmermans-speech-final-cop26-plenary_en.

局将带来的难民、非法移民、恐怖主义复燃等问题也对欧构成直接威胁。阿富汗撤军事件再次证明美欧之间的战略和利益裂痕。

自阿富汗变局发生以来，习近平与默克尔和马克龙就阿富汗形势进行了沟通。中欧领导人在阿富汗局势和大国关系等重大国际事件上也保持了积极的沟通协调，体现出中欧面对国际局势变化切实践行多边主义，增进大国互信。

9月，王毅与法国总统外事顾问博纳通电话，也就阿富汗形势交换了意见。中方强调，美国的责任不能推卸，但当务之急是向阿提供急需的经济、民生、人道援助，帮助阿局势平稳过渡，避免导致难移民潮，给周边及欧洲国家带来苦果，还要改掉单边制裁的老毛病，如冻结阿在美外汇储备、动辄对阿富汗施压的做法。博纳表示，法中在维护阿富汗和平稳定方面拥有共同利益，愿在联合国安理会等框架下同中方加强协调，推动阿富汗早日实现和平与稳定。与美偏好军事占领相比，中欧在阿富汗等地区热点上的共识主要体现在两点：一是注重国家能力建设；二是主张在联合国等多边框架下解决问题。

2. 就"奥库斯事件"表达关切

奥库斯事件和潜艇订单争端发生后，10月26日，习近平同马克龙通电话，指出，当前国际形势变化很快，我们就重大议题及时沟通协调，有利于为中法关系定向把舵，也有助于为世界局势注入更多稳定性，并再次强调法方主张欧盟战略自主是正确的。

3. 就在非第三方合作表达意愿

在2021年7月6日与法国总统马克龙、德国总理默克尔举行的视频峰会上，习近平欢迎法国、德国加入中非共同发起的"支持非洲发展伙伴倡议"，开展三方、四方或多方合作。马克龙表示法方高度评价中方为落实二十国集团有关减缓债倡议所做努力，愿同中方继续就帮助非洲融资、教育等问题加强协调。默克尔也表示愿就非洲疫情与中方保持沟通，并愿积极研究加入中非提出的"支持非洲发展伙伴倡议"。三国领导人也在伊核、阿富汗、缅甸等地区热点问题上交换了意见。

三、欧盟"战略自主"动向及对中欧关系的影响

回顾2021年中欧关系的波动，造成双方分歧的意识形态因素、经济竞争因素等一直都存在，即便美国因素也未使中欧关系在2018年至2020年出现如此波动，但促成中欧合作的经贸利益和高层共识并没有发生根本变化。因此，最大的变化因素来自欧盟自身，尤其是"战略自主"政策的新动向。2021年，欧盟的"战略自主"在大国博弈的背景下被赋予新的内涵和实践，这一新的调整及欧盟内部政策过程的混乱，成为影响2021年乃至未来中欧关系的最大变量。

（一）欧盟面临内外困境，寻求大国外交突破

2018年以来，大国博弈在经济、制度、意识形态、国际规则等领域全面展开，呈现出经济竞争政治化、安全化，政治博弈向经济泛化，多边主义集团化等趋势。欧洲大陆战略地位被边缘化，但面临的风险威胁前线化，濒临成为大国博弈的"战场"，欧盟认为中美俄对其构成"经济胁迫"。从欧盟内部看，欧盟仍未摆脱一体化困境以及周边安全等多重危机，对自身经济和产业竞争力亦愈加忧虑，在数字经济、人工智能、量子计算机等新兴领域的产业化方面表现落后。同时，疫情反复、供

应链危机、能源危机考验欧盟经济韧性，而能否保持经济增长态势对欧洲一体化命运至关重要。波兰和匈牙利等国与欧盟的政治矛盾上升，绿色转型政策加剧东西欧国家能源和经济结构矛盾，一体化困境制约欧盟对外能力提升。欧盟引以为豪的"规范性力量"弱化，维护国际规则和秩序稳定的能力下降，这加剧了欧洲的不自信和焦虑。阿富汗撤军事件和"奥库斯"事件进一步暴露出欧盟的战略困境。

因此，欧盟希望借运筹大国博弈实现欧盟提升自身国际竞争力、规则秩序塑造力以及地缘政治经济影响力的目标，进而对内形成一体化的新动力，而中欧关系也在欧盟的"大国外交"棋局中被"调整"。

（二）欧盟试图建立"攻防体系"以提升大国博弈优势

欧盟主动提出建立贸易和技术委员会以实现美欧协调的机制化，寻求管控美欧之间的经贸冲突，管控中美经贸对抗对欧洲的利益挤压以及美欧之间在对华经贸政策上的利益分歧，防范美国对华政策及中美对抗对欧洲利益的挤压。另外，欧盟在推动"绿钢"标准、打击"补贴"和"产能过剩"等问题上与美合作，意在借力美国维护欧洲需要的"规则和秩序"稳定。另一方面，欧盟以"不对称博弈"寻求对中俄的优势，对中国继续践行"合作伙伴、经济竞争者和制度性对手"的三分法，以"人权""经贸"为幌子在涉疆、涉港、台湾问题上严重挑衅中方底线，实施价值观武器化。对俄罗斯，采取"抵制、约束和接触"的政策组合，强调"欧盟必须变得更加强大而且有韧性"。

在政策工具方面，出台"反胁迫工具"（anti-coercion instrument），试图破解自身对其他大国的"经贸、安全、能源、市场依赖"造成的被动,寻求可"自主"地采取"反制措施",以保障其对外推行"人权"政策、经贸规则和制裁措施的效果,维护利益,守中带攻。推出"碳边境调节机制",欲以强制关税的方式寻求全球气候变化政策中各方的"均等责任",以"碳关税"的方式为内部绿色转型保驾护航,攻中带防。

(三)欧盟对外拓展地缘政治经济空间,谋求战略平衡

欧盟加大在亚太地区的投入,向日本、印度示好,发布欧版"印太战略",淡化军事维度,强调为该区域提供"秩序安全""规则安全"及"供应链安全"。2021年,法德军舰先后进入南海航行。11月底,德国与美加澳参加由日本海上自卫队主导的在菲律宾海的军事演习。另外,欧盟还启动了"全球门户"计划,通过发展援助政策投资全球基础设施项目,对冲"一带一路"倡议,并避免附庸于美国主导的"重建美好世界"计划。

(四)欧盟"战略自主"新动向对中欧关系利弊并存

"降低对外依赖"、进攻性"价值观外交"、"不对称博弈"及对美"借力策略"等作为欧盟"战略自主"新内涵的组成部分,确实对中欧关系造成冲击和挑战,这一趋势将会持续。另外,在这一战略导向下,欧洲议会、成员国等欧盟内部多元的政策主体亦会导致政策混乱,背离真正的"战略自主",加大对中欧关系的冲击和破坏。但另一方面,欧盟自身仍面临经济转型压力、一体化困境和周边安全困境,短期内也难以摆脱对美安全依赖、对俄罗斯能源依赖以及中欧经贸互利共赢的客观存在,其"不对称博弈"和进攻性"价值观外交"不可持续,本质上与欧洲利益及其"战略自主"相背离。此外,欧盟介入亚太、"印太",侧重于在规则和秩序上发挥影响力,一定程度

上也有助于对冲美国在此推行的军备竞赛和权力政治。因此，运筹中美欧三边关系仍有现实性。

四、结语

从欧盟进攻性"价值观外交"及德国绿党的意识形态色彩来看，中欧关系仍有下行趋势，当务之急是稳定双边、增强互信。"人权问题"和台湾问题仍将是中欧关系矛盾触发点，若欧盟机构及其他成员国不能通过协调一致的原则在台湾问题上约束越轨行为，中欧关系的回旋空间将被极大压缩。中欧应直面关切，加强沟通，明确底线。同时，中欧应扩大在绿色领域和地区热点上的多边合作，以合作亮点压过矛盾分歧，营造良好的政治氛围。另外，中方也需要新的对欧政策文件，推动中欧关系向好发展。

勠力同心　携手共筑新时代
中非命运共同体

贺红燕

【内容提要】2021年中国与非洲国家团结应对新冠肺炎疫情挑战，齐心协力筹办中非合作论坛第八届部长级会议，推动论坛本届会议取得圆满成功，将中非命运共同体建设推向新高度。中非合作论坛成果丰硕，双方政治互信愈加巩固，合力打造卫生健康共同体，中非务实合作转型升级，人文交流更趋多元，和平与安全合作稳步推进，中非共促国际公平正义。新时期中非关系也面临新挑战。2022年是全面落实中非合作论坛第八届部长级会议成果的开局之年。中非双方应以此为新的起点，开创新时代中非合作高质量发展新局面。

【关键词】中非关系；中非命运共同体；中非合作论坛；新起点新思路

【作者简介】中国国际问题研究基金会特约研究员。

一、新时代中非命运共同体建设破浪前行

2021年是中国共产党成立100周年和"十四五"规划开局之年，也是落实中非合作论坛2018年北京峰会成果收官之年。中国对非外交以习近平新时代中国特色社会主义思想和习近平外交思想为根本遵循，继续秉持真实亲诚理念和正确义利观，与非洲国家团结应对新冠肺炎疫情挑战，齐心协力筹备中非合作论坛第八届部长级会议（以下简称"论坛第八届部长会"），推动论坛本届会议取得圆满成功，并将中非命运共同体建设推向新时代，呈现新高度。

（一）旗帜指引，中非合作论坛成果丰硕

中非合作论坛是国际对非合作的一面旗帜。论坛第八届部长会成功召开是2021年中非关系最大亮点。根据论坛后续机制程序并经中非双方共同商定，论坛第八届部长会于11月29—30日在塞内加尔首都达喀尔举行。[①] 国务委员兼外交部长王毅、商务部部长王文涛同塞内加尔外长艾莎塔，经济、计划和合作部部长奥特现场共同主持会议，王毅并在会议前后访问了塞内加尔和埃塞俄比亚。

本次会议是疫情发生以来中国在境外最大规模的实体外交活动，也是与会范围最广的国际对非合作盛会。会议主题

---

① 王传军：《行稳致远的中非合作新时代——写在中非合作论坛第八届部长级会议召开之际》，光明网，2021年11月29日，https://news.gmw.cn/2021-11/29/content_35343444.htm，访问日期：2022年8月11日。

是：深化中非伙伴合作，促进可持续发展，构建新时代中非命运共同体。会议评估总结了中非双方落实2018年论坛北京峰会后续成果和中非团结抗疫情况，规划了未来3年及中长期中非关系发展蓝图。习近平主席和非洲5个次区域代表性国家的元首、非盟委员会主席、联合国秘书长以视频方式出席了会议开幕式。习近平主席发表题为《同舟共济，继往开来，携手构建新时代中非命运共同体》的主旨演讲，总结归纳65年来的中非关系，首次提出"中非友好合作精神"，就构建新时代中非命运共同体阐述"四点主张"，即坚持团结抗疫、深化务实合作、推进绿色发展、维护公平正义，宣布对非合作"九项工程"，在中非关系史上树立了新的里程碑。非洲53国和非盟委员会出席会议，36国外长和诸国经贸、财政等部部长云集会场。会议通过《达喀尔宣言》《中非合作论坛—达喀尔行动计划（2022—2024年）》《中非应对气候变化合作宣言》和《中非合作2035年愿景》4份成果文件。非洲国家高度评价习近平主席重要讲话，赞赏习主席宣布的对非疫苗援助等重要举措，期待同中方进一步深化务实合作。[①] 在全球疫情跌宕蔓延，百年变局加速演进的背景下，论坛第八届部长会的成功召开对中非双方进一步凝聚共识、加强合作，推动疫后非洲、中国乃至世界经济复苏发展具有以下重要意义。

第一，继往开来，引领中非关系迈向新时代。2021年是中非开启外交关系65周年，面对百年变局和世纪疫情，中非双方一致决定弘扬"真诚友好、平等相待，互利共赢、共同发展，主持公道、捍卫正义，顺应时势、开放包容"的中非友好合作

---

① 《中非合作论坛第八届部长级会议》，中非合作论坛，http://www.focac.org/focacdakar/chn/，访问日期：2022年8月11日。

精神，携手构建新时代中非命运共同体。

第二，成果丰富，彰显中非团结合作强大声势。这次会议通过的成果文件是历届论坛会议中最多的一次，体现了中非双方共克时艰、共谋发展、共创未来的强烈意愿，也展现出中非合作的巨大潜力和广阔前景。《达喀尔宣言》宣示中非双方在重大问题上的政治共识，展现双方在涉及彼此核心利益和重大关切问题上坚定相互支持。《达喀尔行动计划（2022—2024年）》全面规划了未来3年中非各领域合作。《中非应对气候变化合作宣言》表明了中非携手应对气候变化、共同推进绿色发展的坚定决心。《中非合作2035年愿景》是中非合作首次确立中期规划和远景目标。会议成果再次印证了中非双方坚持团结共赢、捍卫公平正义的合作本色。

第三，与时俱进，展现中非合作鲜明时代特征。面对新冠肺炎疫情的共同挑战和实现经济复苏的共同任务，中非双方决定共同实施卫生健康、减贫惠民、贸易促进、投资驱动、数字创新、绿色发展、能力建设、人文交流、和平安全"九项工程"，合力保持中非合作力度不减，推动合作提质升级。

总之，论坛第八届部长会为中非关系带来新机遇，为中非合作带来新动能，为中非人民带去新福祉。中非双方将携手全面落实本次会议成果，为推动构建人类命运共同体发挥示范作用。

（二）政治引领，中非政治互信愈加巩固

中非间高度政治互信是中非合作稳步走在国际合作前列的重要保障。疫情以来，中非双方克服困难，通过创新开展视频峰会、领导人通话、"线上＋线下"活动等方式，保持中非政治交往热度不减，中非友好互动不断档断线。

继2020年习近平主席倡议召开中非团结抗疫特别峰会，同11位非方领导人通话，中非双方共同成功举办中非合作论坛成立20周年系列庆祝活动之后，2021年，习近平主席同埃及、布隆迪、刚果（金）、塞拉利昂、坦桑尼亚、刚果（布）、马拉维、赤道几内亚等8国总统通话。李克强总理通过视频方式出席第四届中非地方政府合作论坛。杨洁篪主任2021年2月访问乌干达、赞比亚，12月访问刚果（布）、塞拉利昂。王毅国务委员兼外交部长延续中国外长连续31年新年首访非洲的优良传统，1月访问尼日利亚、刚果（金）、博茨瓦纳、坦桑尼亚、塞舌尔五国，11月底赴塞内加尔出席论坛第八届部长会并访问塞内加尔和埃塞俄比亚。王毅还首次出席中方同非洲驻华使团共同举办的"非洲日"招待会，全年与11个非洲国家外长通话。在中国共产党建党百年之际，80余位非洲领导人和政党领袖发来贺电、贺函。非洲7国领导人视频出席中国共产党和世界政党领导人峰会，充分体现了中非高度的政治互信。

（三）团结抗疫，合力打造中非卫生健康共同体

在政治引领下，中非坚持守望相助，加强团结抗疫，传统友谊继续升华。在中国抗疫艰难时刻，非盟、非洲国家政府和人民给予了中方宝贵支持，所有非洲建交国和非盟通过不同方式表达慰问和支持。非洲疫情暴发后，中国也发起新中国成立以来最大规模人道救援行动，截至2021年12月，中国向非洲53个国家和非盟伸出援手，实现对非抗疫援助"全覆盖"；向非洲提供了120批检测试剂、防护服、口罩、隔离眼罩、呼吸机等紧急抗疫物资，积极同非洲国家分享抗疫经验，向17个非洲国家派出抗疫医疗专家组或短期抗疫医疗队，同非洲40国的45所医院建立对口合作机制，中国援建的非洲疾控中心总部项

目提前开工建设并取得阶段性成果。

中国积极履行推动新冠疫苗成为全球公共产品的庄重承诺，在疫苗上市之初、国内供应极其紧张的情况下，即开始向非洲援助疫苗。截至2021年底，中方已向45个非洲国家及非盟委员会提供2亿多剂疫苗，帮助提高疫苗在非洲的可及性和可负担性。中国积极推动实现疫苗在非洲本地生产，已在埃及启动疫苗本地化生产，同摩洛哥和阿尔及利亚等国疫苗生产合作也将落地。在论坛第八届部长会上，习近平主席宣布再向非洲提供10亿剂疫苗，其中6亿剂为无偿援助，4亿剂由中方企业同有关非洲国家联合生产提供。这是疫情发生以来由一国单独承担的最大规模对非疫苗援助计划，旨在助力非洲国家实现非盟确定的2022年60%非洲人口接种疫苗的目标。

中方高度重视非洲债务问题，致力于同国际社会一道全面落实"二十国集团缓债倡议"。目前，中国是二十国集团成员中落实缓债金额最大的国家，已先后同19个非洲国家签署缓债协议或达成缓债共识。习近平主席在论坛第八届部长会上宣布免除非洲最不发达国家2021年底到期未还的政府间无息贷款债务，并愿从国际货币基金组织增发的特别提款权（SDR）中拿出100亿美元，转借给非洲国家，充分体现了中方帮助非洲国家减轻债务压力、促进经济复苏的诚意。

（四）化危为机，中非务实合作转型升级

突如其来的疫情严重冲击世界经济和国际对非合作，但中非合作依旧克服困难砥砺前行。大量中方企业员工坚守岗位或赴非复工复产，1100多个中非合作项目坚持运行。中方企业投资的尼日利亚莱基深水港、肯尼亚内罗毕机场快速路等重大项目取得重要进展，为非洲国家稳经济、促就业、保民生作出了

贡献。在中非双方共同努力下，中非合作论坛北京峰会"八大行动"顺利实施，600亿美元配套资金整体落实到位。中非贸易和投资逆势"双增"，2021年1—11月，中非贸易额达2304亿美元，创历史新高，同比增长36.9%，中国有望连续13年蝉联非洲第一大贸易伙伴。同期，中国对非直接投资额达33.1亿美元，增长17%，中方还推动中非民间商会发布《中国企业投资非洲报告》，中非在民间投资等领域合作取得新突破，彰显中国企业对非洲市场的信心，也体现了中非合作的强大韧性和活力。中非在自由贸易方面迈出可喜步伐，2021年1月1日《中国—毛里求斯自由贸易协定》正式生效，成为中非间首个自贸协定。中国同非洲自贸区秘书处签署成立中非经济合作专家组合作文件，双方将就深化中非经贸合作、促进贸易便利化、交流自贸区建设经验等开展机制性对话。"一带一路"合作在非洲基本实现全覆盖。

　　中方积极采取措施助力非洲提振出口能力、改善贸易环境，主动扩大自非洲非资源类产品进口。一是拓宽非洲产品输华渠道。2021年9月，40多个非洲国家、近900家企业参展第二届中非经贸博览会，以现场或连线等方式签约135个合作项目协议，涉及金额约230亿美元。中国还在湖南长沙和浙江义乌分别设立非洲非资源性产品集散交易加工中心和非洲产品展销中心。二是促进中非贸易便利化。新增肯尼亚等7国10余种产品获得输华准入，中国自非洲进口农产品额近5年平均增速达11.4%，中国已成为非洲第二大农产品出口目的地国。习近平主席在论坛第八届部长会上宣布将同非方共同实施贸易促进工程和投资驱动工程，设立非洲农产品输华"绿色通道"，扩大非洲最不发达国家输华零关税待遇的产品范围，力争未来3年从非洲进口3000亿美元商品，推动企业对非洲投资总额不少于 100 亿美元，向非洲金融机构提供 100 亿美元授信额度，重点扶持非洲中小企业发展。三是搭建电子商务新平台。鼓励非洲优质特色产品通过电子商务平台直接对接中国市场。2021 年，中国举办多场非洲产品电商推广季活动，累计成交额突破 5000 万元。上述举措必将推动中非贸易实现更高质量的平衡发展。

中非在团结抗疫进程中也形成了借助经济互补优势，实现合作提质升级，推动各自经济社会尽快复苏发展的强烈共识。为此，中非双方化挑战为机遇，加强在医疗卫生、电子商务、数字经济、产业链供应链融合等领域合作。中国企业通过"云上"方式与非洲国家分享大数据、云计算、移动支付等数字领域技术经验，在线上举办各类洽谈会、推介会，邀请非洲国家开展特产"直播带货"，为中非经贸合作提质升级开拓了新的广阔空间。2021 年，中非双方在中非互联网发展与合作论坛上宣布了"中非数字创新伙伴计划"，联合中国互联网协会、海南省广播电视总台等启动中非合作论坛非洲产品电商推广季暨"全球国货之光"非洲特别专场直播季，召开中非创新合作大会等，均取得良好效果，形成了中非合作新声势。

当前，世界各国都面临疫情后经济恢复与发展的重任。习近平主席在论坛第八届部长会上提出构建新时代中非命运共同体的四点主张，宣布未来三年中国将同非洲国家共同实施"九项工程"，致力于在加强中非传统领域合作的同时，着力推动中非合作向卫生健康、贴近民生、绿色发展、数字经济、能力建设等领域转型升级。这些举措顺应时代发展潮流，必将为中非双方乃至世界的长远可持续发展贡献力量。

（五）民心相通，中非人文交流更趋多元

近年来，中国非洲研究院、中非青年大联欢、智库论坛、

媒体合作论坛、新闻交流中心等重要人文交流机制和平台陆续创立。同时，双方努力克服疫情给中非人员往来造成的影响，不断创新交流形式，举办了丰富多彩的线下线上相结合的活动，"中国与非洲"影像作品大赛、中非青年大联欢、中非智库论坛等活动取得圆满成功，由中非演员共同参演、反映中非携手抗击埃博拉的连续剧《埃博拉前线》首播，受到中国观众广泛好评。这些合作有力促进了中非人民特别是青年之间的相知相亲。

在论坛第八届部长会上，习近平主席宣布：中国愿把所有非洲建交国列入中国公民组团出境旅游目的地；在华举办非洲电影节，在非洲举办中国电影节，举办中非青年服务论坛和中非妇女论坛。上述新举措必将推动中非人文交流合作进一步走深走实。

（六）安全共筑，中非和平与安全合作稳步推进

中国积极参与非洲和平建设，支持非洲国家自主解决非洲问题，为非洲和平安全事业发挥了独特的建设性作用。中国积极落实对非盟1亿美元无偿军援和新增8000万美元军援，并从中安排3亿元人民币用于支持萨赫勒五国集团联合部队建设。中方推进实施"中非和平安全合作基金"，为非洲维和维稳努力提供装备、物资、培训等各种支持。同时，中国积极参加联合国在非维和行动，是五个常任理事国中向非洲派出维和人员最多的国家。中国还决定向联合国维和人员捐赠30万剂疫苗，优先用于非洲任务区。

在论坛第八届部长会上，习近平主席宣布的对非合作"九大工程"中，和平安全是重要内容。中方将以落实论坛会议成果为契机，为非洲援助实施10个和平安全领域项目，开展军事

教育、军事训练、军事医学、后勤保障、海上安全等领域交流合作，支持非洲实现"消弭枪声的非洲"倡议，为促进非洲和平与发展提供更加有力和有效的支持。

（七）责任呼唤，中非共促国际公平正义

当前，百年变局与世纪疫情叠加震荡，全球治理体系和国际秩序加速变革，世界进入新的动荡调整期。面对深刻变化的国际形势和复杂严峻的全球性挑战，中非双方加强在国际事务中的协调配合，在涉及彼此核心利益的问题上相互支持，坚定维护联合国宪章宗旨和原则，共同发出反对单边主义、强权政治和霸凌行径，反对将疫情政治化、反对种族歧视、反对任何形式的外来干涉的正义之声，合力捍卫发展中国家整体利益。为凝聚国际对非合作共识，推动各方形成支持非洲的合力，2021年5月，中非双方共同发起"支持非洲发展伙伴倡议"，彰显了新形势下双方加强团结协作、共促公平正义的坚定决心。9月，习近平主席发起"全球发展倡议"后，中非双方就共同支持和参与倡议达成广泛共识，为深化全球合作、推进多边主义作出了重要贡献。

2021年是新中国恢复在联合国的合法席位50周年。中国感谢当年支持中国的广大非洲朋友，将继续秉持真实亲诚理念和正确义利观，同非洲国家进一步加强团结，相互支持，携手维护以联合国为核心的国际体系和以国际法为基础的国际秩序，为捍卫世界公平正义作出更大贡献。

二、新时期中非关系面临新挑战

百年变局和世纪疫情背景下，中非关系发展面临更复杂环境，中非合作的挑战面上升。

一是疫情久拖不决，中非务实合作无奈受阻。防疫措施导致中非间人员交往、航运物流受限，中非"面对面"交往几近"停摆"。一些合作项目被迫停滞或延后，复工复产困难，包括留学生项目在内的人文交流、人员培训、文艺巡演等合作项目难以推进。

二是非洲形势中不确定因素增多，中国在非合作项目和人员安全问题趋于严峻。2021年以来，非洲一些国家政局不稳导致部分在非中资公司受到冲击。疫情背景下，非洲恐怖组织更趋活跃，中方人员遭绑架事件频发，特别是11月两名中国公民遭袭遇害，成为中非合作中出现的一个新课题。

三是外部因素干扰，中非传统友好无端承压。拜登政府继承特朗普遏华政策，在非洲公开打压抹黑中非合作，蓄意炒作中国涉非洲债务问题、环境问题等，拉拢部分非洲国家出席"领导人民主峰会"，拼凑"价值观同盟"，并欲以"重建更美好世界倡议"制衡"一带一路"倡议，旨在挑拨中非关系，引导非洲国家亲美远华，对中非关系造成一定负面影响。

虽然中非关系面临以上挑战，但中非传统友谊深厚，政治互信牢固，都认同人类命运共同体理念，都支持真正的多边主义，都主张国际公平正义，非洲国家也是"一带一路"合作最积极的参与方，中非双方都有相互尊重、合作共赢的坚定意愿。中非友好合作精神的巨大优势必将成为中非合作的强大动力，推进中非友好合作在疫情后继续引领南南合作和国际合作潮流。

三、新起点，中非合作新思路

2022年是全面落实中非合作论坛第八届部长会成果的开局之年。中非双方应以此为新的起点，开创新时代中非合作高质量发展新局面。

第一，弘扬中非友好合作精神，增强中非战略互信，携手构建新时代中非命运共同体。中国与非洲作为最大的发展中国家和最大的发展中大陆，双方理念相近，利益相融、目标一致。双方应继续坚持和平共处五项原则，发扬光大中非友好合作精神，克服困难，创新方式，统筹规划线上、线下交往，坚持中国外长新年初首访非洲的优良传统，并视疫情形势争取实现非洲国家领导人访华和更多中国国家领导人访非。保持中非各层级交往势头，深化中非治国理政经验交流，支持非洲探索适合自己国情的发展道路，在发展振兴的道路上携手并进，为推动构建人类命运共同体树立典范。

第二，积极落实论坛第八届部长会成果，推动中非共建"一带一路"高质量发展。第八届部长级会议上宣布的"九项工程"，既有传承延续，也有发展创新。中非双方应继续加强在贸易、投资、绿色发展、能力建设、人文交流、和平安全等传统领域合作，积极推进建立非洲农产品输华"绿色通道"、扩大非洲输华零关税待遇产品范围、转借特别提款权、扩大中方对非投资、支持中小企业发展、实施应对气候变化项目等成果落地见效。同时把卫生健康、减贫惠农领域置于优先的位置，加快落实习近平主席宣布的将再向非洲提供10亿剂疫苗的重大举措，扩大疫苗在非洲本地化生产合作范围，推进更多惠民项目。双方还应把数字创新作为中非合作新的增长点，着力推动中非合作提质升级。

新冠肺炎疫情暴发后，中非"一带一路"合作显示出强大韧性与活力。双方应继续秉持共商共建共享原则，坚持开放、绿色、廉洁理念，以落实论坛第八届部长会成果为契机，推动共建"一带一路"合作同非盟《2063年议程》《联合国2030年可持续发展议程》和非洲各国发展战略深入对接，共同确定合作优先方向，推动中非"一带一路"合作向高标准、可持续、惠民生的方向发展。

第三，活跃人文交流，促进中非人民心灵相通。充分用好中国非洲研究院、中非青年大联欢、智库论坛、媒体合作论坛、新闻交流中心等重要人文交流机制和平台，鼓励双方智库、媒体、企业、高校间继续通过线上线下相结合方式加强交流沟通，讲好中非友好合作的故事，不断增进中非人民特别是中非青年之间的相互了解和友谊，进一步巩固中非友谊世代相传的民意基础。

第四，深化中非和平安全合作，维护非洲和平稳定。中非双方应积极推动实施和平安全工程，相互配合落实对非盟和萨赫勒五国联合部队军事援助，加强打击国际恐怖组织的情报信息交流和执法合作。中国可在联合国在非洲维和行动框架下，推进中非维和部队联合训练、现场培训合作。双方应继续呼吁国际社会秉持人类命运共同体意识，坚持综合施策、标本兼治，帮助非洲国家推进落实非盟《2063年议程》和《联合国2030年可持续发展议程》，通过发展经济、消除贫困、改善民生，实现非洲长治久安，消除和平安全问题产生的土壤。

　　第五，加强国际合作，妥善应对大国在非竞争。中非双方应进一步凝聚在反霸权、反干涉、反制裁、反种族主义、维护真正多边主义和国际公平正义等方面的共识，弘扬和平、发展、公平、正义、民主、自由的全人类共同价值，在国际事务中加强合作，在涉及彼此核心利益的重大问题上相互支持，合力提升发展中国家特别是非洲国家在国际事务中的发言权和代表性，坚定引领构建人类命运共同体的历史进程。

　　非洲实现和平与发展对维护世界和平与发展至关重要。支持非洲发展是国际社会的共同责任。非洲应当是国际合作的大舞台，而不是大国博弈的竞技场。中非双方应携手推动各方在"支持非洲发展伙伴倡议"和"全球发展倡议"框架下，凝聚国际对非合作共识，发挥各自优势加大对非投入，形成推动非洲经济社会发展的有效合力，帮助非洲尽快战胜疫情，实现经济复苏，为非洲可持续发展注入新的动力。

中国同拉丁美洲关系

张　拓

【内容提要】2021年中拉关系克服了疫情给双边友好交往带来的各种困难和障碍，逐渐回归到顺畅发展的新常态，继续保持着稳中向好的积极趋势，并呈现出政治关系的紧密性、经贸交流的强韧性、抗疫合作的创新性、工作机制的完备性和合作恢复的全面性等鲜明特点。当前，中拉关系也将面临着政策沟通契合、优先发展产业、深化金融合作、重视新兴科技、互为发展选择等新机遇。与此同时，中拉双方也需高度警惕来自第三方的干扰给中拉关系健康发展造成负面影响。
【关键词】中拉关系；政治；经济；贸易
【作者简介】中拉友协副会长。

一、当前中拉关系的主要特点

2021年，中国同拉丁美洲关系在双方的紧密合作下，努力克服了疫情给双边友好交往带来的各种困难和障碍，逐渐回归到顺畅发展的新常态，继续保持着稳中向好、越来越好的积极趋势，更加凸显出中拉在各领域互利合作的深层内涵和战略价值，并为新时代中拉关系由量变向质变转化不断积累和创造有利条件。当前中拉关系呈现出以下几个鲜明的特点。

（一）政治关系的紧密性

尽管疫情使中拉高层面对面交往受到严重影响，但并未能阻碍双方领导人以云外交模式进行直接的政治互动。习近平主席2021年同众多拉美国家元首视频通话或互致信息，双方最高领导层的沟通频率甚至比正常年份都要高得多。短时间内，习近平主席已同拉美所有建交国的元首进行过视频或电话沟通，甚至同有些国家领导人多次通话或互致信息，习近平主席还应一些拉美国家领导人之邀在地区及国内相关活动中发表视频讲话或在重要国际会议场合进行视频会面。在墨西哥举行的拉共体峰会上，习近平主席首次以线上方式向会议发表致辞，再次阐述了中国对拉美的最新政策宣示，强调新时代中拉关系将建立在平等、互利、创新、开放和惠民的基础上。[①] 不少拉美国家领导人也积极在线上参加由中国主办的国际会议、博览会或论坛，特别是众多拉美国家的领导人和政党领袖还参加了中国共产党举办的世界政党峰会。这种高层领导人之间的高频率线上沟通互动已成为中拉关系史上一种前所未有的特殊现象，为中拉关系在疫情严重影响下仍能逆势前行发挥了关键和引领性的作用。除最高领导人之间的互动之外，两国政府各部门和各层级负责人也以线上方式保持了经常性沟通。12月

---

① 《习近平向拉美和加勒比国家共同体第六届峰会作视频致辞》，中国新闻网，2021年9月19日，https://www.chinanews.com.cn/gn/2021/09-19/9569325.shtml，访问时间：2022年8月11日。

10日,中国同中美洲国家尼加拉瓜恢复大使级外交关系。[1]拉美和加勒比地区33国中,同中国建交国增至25国。中拉在落实双方最高领导人在双边关系问题上所达成的共识作出了积极努力。在许多重大国际问题上,拉美国家同中国保持相同或近似的立场,彼此紧密协调配合,增强了发展中国家的声音。在涉中国核心利益问题上,中国得到越来越多拉美国家的同情和支持。在台湾问题上,更加坚定地支持一个中国的拉美建交国明显增多。2021年12月3日晚,中国—拉共体论坛第三届部长级会议以视频方式举行,习近平主席在这次具有重要意义的会议上发表了视频讲话,拉美国家领导人及政府高官以在线方式积极与会。这次会议意味着因疫情及其他因素而暂时中断的中拉整体合作主要机制得到恢复,并为其重振注入了新的活力和动力。

(二)经贸往来的强韧性

继2020年中拉贸易在疫情的极端冲击下仍基本保持2019年的历史最高水平、拉美对华出口逆势上扬并展示出双边经贸往来的强韧性后,2021年中拉经贸合作又呈现了爆发式成长态势:前三个季度,双边贸易额已超过2020年全年的水平,为3318亿美元,增幅达45%,许多重要国家对华贸易已占其整个外贸的30%—40%,双方利益融合进一步深化。在中拉贸易上,拉美已从过去的严重逆差转为略有顺差,实现了双边贸易的总体平衡,特别是巴西对华出口顺差占其总顺差的一半左

---

① 《中华人民共和国和尼加拉瓜共和国恢复外交关系》,中国政府网,2021年12月10日,http://www.gov.cn/xinwen/2021-12/10/content_5659735.htm,访问时间:2022年8月11日。

右。双边贸易结构也出现明显的优化，拉产品对华出口种类越来越多，质量越来越好。中国十大水果供应国中拉美国家占据三个，厄瓜多尔的白虾60%出口到中国，为满足中国人民对美好生活的向往和保障双循环战略的顺利实施发挥了不可替代的作用。拉美国家积极参加上海进博会，其产品的优良质量和异国风味引起中国消费者的普遍关注和热烈欢迎，成为中国民众了解拉美的一个重要窗口。乌拉圭在担任南共市主席国期间，顶住压力公开表示希望同中国商签双边自贸协议并开始有所动作，拉美其他国家也披露了类似想法，欲借双边自贸优惠进一步扩大其在中国的市场份额。在投资领域，2021年上半年，中国对拉美投资近104亿美元，同比增长近45%，中国在拉美的投资存量目前已达4500亿美元，数千家中国企业在拉美各国投资兴业，为促进当地的就业和经济发展作出了重要贡献。"一带一路"在拉美已实质性落地，正步入商签规划协议的新阶段，其项下在建工程继续有条不紊地循序推进，哥伦比亚首都地铁，智利电网收购等新增重大项目顺利签署，中企在拉美新增工程承包业务也有较大增长。2021年1—5月，同比增幅达52%，远高于其他地区，对拉美"一带一路"项目的具体实施进行了高效配合。智利正式加入了亚投行，巴西已完成加入该行的立法程序。"一带一路"倡议在拉美的积极影响与日俱增，搭乘其发展快车、便车已成为朝野各界的共识。从2021年中拉经贸合作的优异表现看，双边经贸关系又跨越了一个新台阶，进入了"奔四"的新时期，即4000亿美元贸易额，4000亿美元以上投资存量和超过40%贸易投资增长率，并展示出其潜力无穷的强韧性和成长性。

（三）共同抗疫的创新性

共同抗疫和疫苗外交是贯穿于2021年中拉关系的一条主线，是双方友好合作的一个新的突出亮点，是未来增进相互了解的一个创新领域，同时也是向拉美展示中国实力与诚意的重要窗口。在百年大变局和世纪大疫情的双重叠加下，中拉共同抗疫赋予了新时代双边关系的新内涵。2021年以来，在拉美疫情日益严重、疫苗求告无门的情况下，中方急拉美所急，率先向拉美国家提供了疫苗，截至2021年10月已向拉美20多个国家捐赠或销售了3亿多支疫苗，占地区接受疫苗总量的一半以上，成为拉美最主要的疫苗提供国之一。有些国家接种中国疫苗率高达70%以上，迄今中国疫苗仍在源源不断地向拉美输送，为拉美国家控制和减少新冠肺炎疫情的感染率、重症率、死亡率和经济社会生活逐渐回归正轨作出了重要贡献；除向拉美提供疫苗成品外，中国还同一些具备相关条件的国家开展合作，或向其提供疫苗原液在当地加工封装，或与合作伙伴共同研发、临床试验和本土生产，有效减少了生产成本，争取了时间，提高了疫苗在拉美的公平性和可及性。中国疫苗以其及时、批量和安全的特点在拉美国家受到广泛的欢迎和重视。当中国疫苗首次抵达某国时，该国的总统或其他高级官员往往会亲赴机场迎接并举行交接仪式，一些国家的总统还在媒体面前带头接种中国疫苗，亲自为中国疫苗站台，为树立中国疫苗在该国抗疫中的正面形象起到了重要的宣传作用和示范效应。此外，中国除大力开展疫苗外交外，还根据拉方不同需求向其提供了近4000万件各类抗疫物资，举办百余场经验交流视频会，分享中国抗疫成功经验并成功召开中拉疫情特别外长会议，不仅助力拉美国家抗击疫情取得成效，为构建中拉卫生健康共同体作出贡献，还间接地帮助相关国家政府稳定国内局势，巩固执政地位，缓解民众情绪，增进双方相互了解并连带推动了中拉在其他领域里的友好合作。尤为值得指出的是，中国具有自主知识产权的疫苗首次进入拉美市场，打破了美西方医药产业在拉美的绝对垄断地位，展示了中国的强大科技研发实力、中国药物进入拉美市场的巨大潜力和进一步发掘和拓展其他潜在合作领域的创新能力。

（四）工作机制的完备性

近些年来，中拉在建设和完善促进双边合作的工作机制和体制上付出了巨大努力并取得明显成效，在疫情影响下中拉合作仍能持续发展完全得益于这一日益完善的工作机制的保障。与此同时，该机制也伴随着双边关系的新变化而不断充实着新内容，增添着新工具。当前中拉关系工作机制的主要架构是：中拉命运共同体是中国发展对拉关系的最终目标，中国所有对拉政策的制定及采取的具体行动都是围绕着实现这一目标而展开的。疫情以来，中拉卫生健康共同体、绿色发展理念等都是为实现这一最终目标而作出的重要宣示、探索和实践。"一带一路"倡议向拉美延伸是中国发展对拉关系的政策总纲，"一带一路"倡议实际上涵盖了中拉关系政治、经济和社会等所有领域，其共商、共建、共享基本原则和政策沟通、贸易畅通、设施联通、资金融通和民心相通的五通理念将会长时间地贯穿并统揽中国对拉美在各个领域的合作，进而成为中国开展对拉全方位工作的指导思想和行动纲领。中国近年来就中拉关系发布的政策宣示为深化双边合作设定了具体行动框架，其确定的五位一体基本原则、"1+3+6"的合作领域、"3×3"的合作新模式及提出的各种融资目标在新形势下得到了涵盖、继承和发展，并与

"一带一路"倡议走进拉美紧密配合，为促进中拉合作的深化作出重要贡献。中拉论坛已成为促进双方区域性整体合作的主要平台，中拉论坛是中国同拉美建立的首个泛区域合作组织，填补了中国同发展中地区合作的最后空白，为双方整体合作发挥了重要的沟通协调作用。虽由于地区政经形势变化和疫情影响，近两年来论坛陷入低迷状态，但从2021年开始，论坛在地区大国的带动下又重新振作，截至2021年12月，双方在15个领域举办了33场活动，特别是第三届部长级会议的成功召开并通过两个重要成果文件，为今后中拉整体合作继续深化带来了新的活力和希望。中拉政府各部门之间的现有固定工作机制是维护双边关系正常发展的有力保障，目前中国与众多拉美国家建有战略伙伴关系，建立了双边战略对话及重大事件相互通报制度。中拉各种类型的高委会、各部门的双边混委会、外交部之间的政治磋商及技术层级的交流运转良好，沟通顺畅，这为保障中拉关系始终沿正确方向前进奠定了牢固的基础。与时俱进，根据形势变化不断提出新政策理念是中拉合作机制动态完善的重要途径，疫情期间，中国根据本国经济发展的新需要、国际形势和中拉关系的新变化先后提出了一些涉拉的新政策、新理念、新领域和新规划，如双循环，全球发展倡议，健康和数字丝绸之路，绿色发展理念，平等、互利、创新、开放、惠民的新时代中拉关系，等等，不断强化中拉现阶段和未来合作的政策引领，不断增添双方合作机制的新内容，这为中拉合作工作机制在动态发展中不断完善提供了不可或缺的补充。

（五）合作恢复的全面性

2021年，中拉关系除在政治和经济领域持续取得突出成就外，在其他领域也克服了各种困难，以线上、线下相结合的方式保持了稳定发展，双边关系呈现出全面和有效恢复的良好态势。在党际交流方面，众多拉美国家和政党领导人及上百个党派在线上参加了中联部主办的世界政党大会，中国共产党还首次同拉美国家共产党举行线上研讨会。在文化领域，尽管疫情阻碍了双方面对面文化交流，但线上的各种文化交流活动蓬勃开展，如音乐会、民间歌舞、艺术展等，丰富了中拉人民的文化生活并促进了相互了解。在教育领域，中国对拉美国家各级官员的研修培训已通过互联网部分恢复，拉美留学生继续在线上上课学习，中国在拉美的孔子学院和孔子课堂坚持开展教学活动，中国热和汉语热在拉美持续升温。在科技交流方面，双方召开了中拉论坛项下的科技论坛，双方就未来科技合作进行了深入探讨，为疫情后开展科技交流作出规划布局，拉在华从事科研工作的专家还获得中国科技奖，中国国家领导人亲自为其颁发荣誉证书。在智库研究领域，双方研究机构和高校的专家学者十分活跃，举办了大量线上和线下专题研讨会或论坛，为中拉关系的发展献计献策，贡献智慧。在地方交往上，中国外交部为西藏等几个省份或自治区举办了专场推介会，许多地方政府亦加大了同拉美国家驻华使馆接触和推介的力度，邀请拉美国家驻华使节到访，参加电视节目，为本国产品带货，引起中国消费者的强烈兴趣，促进了中国人民对拉美的了解。另由江苏省主办的中拉文明交流研讨会2021年也升格为论坛级别。在民间友好领域，涌现了一大批从事中拉友好的积极分子，他们自发地出资金，出场地，出技能，出谋划，举办了大量有益于增进双方民众相互了解的文化活动，成为促进中拉民心相通的一支生力军。在传播领域，中国传统新闻媒体不断改善对外传播质量，向拉美展示了中国正面形象，收到好的反响，新兴社交媒体在拉美的社会影响力越来越强，使用者与日俱增。出版工作也取得良好业绩，年内向拉美推出多部涉及中国政治、经济、文化和社会的西班牙语译作，为促进拉美民众对中国的深入了解提供了必要的精神食粮。与此同时，中国人民也对了解拉美政经形势、文化特色和风土人情寄予了更多渴望。

二、当前中拉关系面临的新机遇

为应对疫情和振兴经济，拉美正在考虑推出新的宏观政策以及调整产业优先发展方向，这给中拉在进行深入合作提供了众多新机遇。

（一）政策沟通契合的新机遇

在疫情期间，拉美提出要建立平等、可持续的发展模式，强调变革性恢复、全民化照护、过渡式发展和强化地区一体化等新的政策建议，而中国在同期也相继提出双循环新发展格局、高质量和绿色发展、第三次分配、共同富裕等重要理念并申请加入《全面与进步跨太平洋伙伴关系协定》以进一步融入区域和国际经济。双方的重要政策取向在很大程度上具有高度的契合性和对应性，这将为未来双方发展战略和政策的相互沟通、协调配合、相向而行和有的放矢提供了重要基础，进而为推动双边关系在新形势下深入发展创造积极条件和关键性保障。

（二）优先发展产业的新机遇

疫情期间，拉美根据自身经济短板和未来发展需要，提出了七大优先发展产业，即能源转换、城市公共交通电气化、数字经济、医药产业、循环利用、生物技术和可持续发展旅游。这一新产业政策对拉美未来发展具有战略性和决定性意义，而中国则在上述领域的很多方面走在了世界的前列，拥有技术、资金、产业链和应用经验的明显优势和实施落地的能力。完全可以通过双方的合作来满足拉方发展新产业的现实和潜在的各种需求，从而为双方未来的新型产业合作提供新方向、新引领和新体验。

（三）深化金融合作的新机遇

拉美摆脱当前经济困局的最核心要素是资金问题。在疫情期间，拉美为解决自身的资金匮乏，向国际社会提出了一系列重要主张，如要求扩大国际货币基金组织特别提款权规模并增加拉美国家的份额，视情向拉美中等收入国家也提供发展援助，设置官方的国际评级机构，对重债国实行减、免、缓债，建立应对加勒比地区气候变化基金，等等。这些主张与中国的相关立场有很多相同或相似之处，值得进一步深入研究和探讨。中国在金融领域有很多方面位于世界前列，中拉在该领域进行合作将突破传统意义的纯金融属性，使其更具有战略性、创新性和高端性。双方完全可以在该领域相互沟通，相互理解，相互尊重和相互支持，这对于推动国际金融体系的必要改革及增强发展中国家在全球金融治理领域的发言权具有重大意义。

（四）发展新兴科技的新机遇

当前世界上新一轮科技革命正方兴未艾，拉美也日益重视科技对经济的关键拉动作用，希望跟上国际科技进步的步伐，借新兴科技的推广应用来提高生产率，实现弯道超车和跨越式发展，最近拉美航天局的成立就是例证。而中国在新兴科技领域的创新和应用上也不断发力，在很多新机制、新理念、新技术、新业态和新应用上取得了丰硕的成果和丰富的经验，如新一代互联网IPV6、北斗导航、量子技术、5G基础设施和终端、可万物互联的鸿蒙和欧拉操作系统、人工智能、移动支付、电子商务、大数据、云计算、区块链乃至航天空间站等。在这些事关未来科技发展趋势和拉美急需补课的重要领域里，中国具有一定的优势，并可成为拉美平行或替代选择，中拉间应该开展更加深入的合作。从长远角度看，中拉在新兴科技领域的合作将在双边关系中占据越来越突出的位置，发挥越来越重要的作用，并为双边关系的深入发展提供越来越大的空间。

（五）互为发展选择的新机遇

这实际上构成中拉关系中最具潜力和最有内涵的重要组成部分。疫情期间的双边经贸数据表明，中国拉美互为发展选择和增长依托的地位得到了进一步的巩固和提升，中国已成为拉美多个国家的最大或第二大贸易伙伴以及拉美的主要投资来源地之一，同时中国人民对美好生活的向往也更多地依赖于从拉美输入的优质产品。中国的繁荣离不开拉美，拉美的发展也无法脱钩于中国。双方经贸利益的深度融和已呈不可逆转之势，双方互为发展新选择和新依托将成为中拉关系发展的最可靠保障和最强大动力。

三、当前中拉关系面临的新挑战

在中拉关系不断向前发展的同时，我们必须保持头脑清醒，看到中拉关系也面临着新的严峻挑战，其中最重要的是来自第三方的干扰。某些国家刻意给中拉关系注入意识形态的因素，在经贸领域为一些中国企业在拉美的相关项目设置障碍，特别是以所谓"安全"名义直接压拉美国家放弃使用中国的技术或标准，这不可避免地对中拉关系健康发展产生诸多负面影响。中国并不寻求在拉美的地缘优势、势力范围和意识形态输出，不寻求挑战或排挤特定国家在拉美的长期传统影响，不寻求以发展双边关系来损害拉美与其他国家和地区的多边合作，更不寻求做伤害拉美国家的主权、尊严、安全和发展利益的事。中方希望中拉双方能同心协力，排除外来干扰，共同应对挑战，继续推动中拉关系的深入发展。拉美需要，而且也具有足够大的空间来容纳来自世界各地的合作。如果说像新冠疫情这样的极端灾害都奈何不了中拉关系的健康发展，那么今后也不可能会有什么其他自然或人为的因素来逆转这一历史大趋势，"时"和"势"在中拉一方。

中阿关系稳步发展

李成文

【内容提要】2021年，尽管受到百年变局和新冠肺炎疫情叠加影响，中国同阿拉伯国家关系仍逆势而上，深入发展。在高层往来指引下，双方政治互信不断加深，务实合作全面推进，创新合作动力强劲，人文交流亮点纷呈。国务委员兼外交部长王毅三访中东，足迹遍及8个阿拉伯国家，并实现中阿外长级接触全覆盖，为深化中阿战略伙伴关系注入新活力。双方商定于2022年举行首次中阿峰会，预示着中阿关系将迎来提质升级的历史新阶段。

【关键词】中阿关系；命运共同体；中阿峰会

【作者简介】中国国际问题研究基金会研究员。

2021年，恰逢中国共产党成立100周年，新中国恢复在联合国合法席位50周年，又是"阿拉伯之春"10周年。在百年变局和新冠肺炎疫情叠加影响下，中东地区形势复杂多变，不稳定、不确定因素增加。尽管如此，中国同阿拉伯国家关系仍逆势而上，继往开来，健康稳定发展。

一、高层往来深化政治互信

领导人交往掌舵定向，是中阿关系发展的最大动力。2021年，习近平主席分别同埃及总统塞西、沙特阿拉伯王储穆罕默德、伊拉克总统巴尔哈姆和叙利亚总统巴沙尔通电话，并向四国领导人表示，中方愿与对方巩固政治互信，加强战略伙伴关系，共同推动构建人类命运共同体。这不仅是中国对四国的政策宣示，也体现了中国和所有阿拉伯国家发展友好合作关系的真诚愿望。

在同塞西总统的通话中，习近平主席表示，中埃关系是中阿、中非团结合作、互利共赢的典范，中埃要加强发展战略对接，携手共建"一带一路"，推动中埃全面战略伙伴关系迈上新台阶。塞西表示，埃方坚定支持中方在涉港、涉疆、台湾问题上的原则立场，坚定支持中方维护国家主权、安全、统一，坚决反对以人权为由干涉中国内政。

在同穆罕默德王储通话中，习近平主席表示，中沙已成为相互信任、互利共赢、共同发展的好朋友、好伙伴、好兄弟。中方从战略高度和长远角度看待同沙特的关系，尊重沙特主权和发展道路。中方支持沙方为推动全球气候治理和可持续发展提出的倡议和采取的措施。穆罕默德表示，中国是沙特值得依赖的好兄弟和重要战略伙伴。沙方坚定支持中方在核心利益问题上的正当立场，愿推进沙特"2030愿景"同"一带一路"倡议的战略对接，进一步提升沙中全面战略伙伴关系。

在同巴尔哈姆总统通话中，习近平主席指出中方高度重视发展中伊关系，支持伊人民自主选择符合本国国情的发展道路，反对任何外部势力干涉伊内政。巴表示，伊拉克理解中方为维护国家主权、安全和领土完整采取的举措，坚定奉行一个中国政策，愿同中方密切战略沟通，共同应对国际地区形势急剧变化，维护地区和世界和平稳定。

在同巴沙尔总统通电话中，习近平指出，叙利亚是最早同新中国建交的阿拉伯国家之一，也是恢复中国在联合国合法席位的提案国之一。中方愿同叙方一道，弘扬全人类共同价值，促进不同文明加强对话，维护国际公平正义，维护发展中国家共同利益。中方坚定支持叙方维护国家主权、领土完整、民族尊严，坚决反对外部势力干涉叙利亚内政。相信叙利亚将克服各种风险挑战，在捍卫独立、主权、领土完整的斗争中取得新胜利，叙利亚人民将迎来更美好的明天。巴沙尔表示，叙利亚政府和人民衷心感谢中方支持叙利亚维护国家主权、领土完整、民族尊严，反对外部势力干涉叙内政，维护国际法和国际公平正义。叙方高度重视同中国的友好关系，支持"一带一路"倡议，希望同中方拓展深化合作，欢迎中国企业加大对叙投资。中国特色社会主义取得巨大成功，叙方愿意学习借鉴中方有关理念经验。叙方将继续在涉疆、涉藏、涉港、人权、台湾、南海等问题上坚定支持中方。

2021年，全国人大常委会委员长栗战书先后同摩洛哥众议长马勒基、埃及众议长贾巴利、阿联酋国民议会议长萨格尔以及巴林国民议会议长兼众议长扎伊纳勒以视频方式举行会谈。双方就在新形势下加强立法机构交流与合作，深化各领域交流，团结抗疫，支持多边主义，推动世界多极化和经济全球化，共建"一带一路"等达成广泛共识。全国政协主席汪洋以视频方式会见了埃及参议长阿卜杜拉齐格。中央外事工作委员会办公室主任杨洁篪访问了卡塔尔和科威特。

2021年3月、7月和10月，王毅国务委员兼外交部长三访中东，遍及8个阿拉伯国家，并且实现了中阿外长接触的全覆盖。这是疫情发生以来中国外长首次访问阿拉伯国家，是2021年中阿关系发展的重头戏，也是中阿双方在百年变局和疫情叠加新形势下，对国际关系作出的重要贡献。

首先，访问增进了友谊。王毅在访问中，就进一步加强中阿抗疫合作与相关国家签署了多项协议，标志着中国同阿拉伯国家抗疫合作实现了"全覆盖"。王毅指出，中阿在抗疫中，最根本的是信念与共，最突出的特色是敢为人先，最宝贵的精神是理念相通，这是对中阿在灾难面前携手一心，共克时艰的经验总结，也是对中阿关系的新贡献。

其次，访问弘扬了正义。在3月的访问中，王毅提出关于实现中东和平安全的五点倡议，包括倡导相互尊重、坚持公平正义、实现核不扩散、共建集体安全、加快发展合作等内容。在7月的访问中，王毅又提出解决巴勒斯坦问题的三点思路，即巴勒斯坦切实增强巴权力机构的权威，支持巴内部实现团结和解，鼓励巴以双方以"两国方案"为基础重启和谈。王毅还表示中方欢迎巴以双方代表来华直接谈判，同时呼吁举行由联合国主导，安理会常任理事国和中东和平进程各攸关方参与的国际和会。王毅代表中方对公正合理解决巴勒斯坦问题再次发出正义呼声，表示要还巴勒斯坦人民一个公道正义。在访问叙利亚时，王毅对叙政府和人民坚决反对外来干涉的精神表示高度赞赏，称赞"叙利亚人民是有骨气的人民，叙利亚民族是能挺直腰杆的民族"。王毅还就全面解决叙利亚问题提出四点主张，得到叙方和地区国家的理解和认同。

再次，访问捍卫了公理。50年前，阿尔及利亚是带头将新中国抬进联合国的著名的"两阿提案"国之一。50年来，中国没有忘记老朋友，没有辜负发展中国家的厚望，兑现了在联合国和安理会这一票属于发展中国家的承诺。在访问阿尔及利亚时，王毅与阿方朋友回忆起50年风雨同舟的历程，深情地表示，正是在广大发展中国家帮助和支持下，中国才能走到今天。在贫穷落后的时候，中国就勒紧裤带支持发展中国家，今天正在加快发展的中国将为促进发展中国家的福祉作出更大贡献。王毅强调，中国将同阿尔及利亚等广大发展中国家更紧密地团结在一起，坚决捍卫主权和不干涉内政原则，坚决反对霸权主义和强权政治，坚决要求提升发展中国家的发言权和代表性，弘扬和平、发展、公平、正义、民主、自由的全人类共同价值，践行多边主义，共同构建人类命运共同体。

最后，访问促进了合作。访问中，王毅同各方深入探讨加强合作的途径，特别是就加强发展战略对接进一步达成共识。比如，中国同埃及签署了《中埃政府间合作委员会协定》，同阿尔及利亚同意商签《中阿全面战略合作五年规划》和共建"一带一路"实施方案，同沙特和阿联酋分别商讨加强"一带一路"倡议和沙特"2030愿景"及阿联酋"面向未来50年国家发展战略"深度对接。

各国对中国中东政策给予明确支持，对发展中阿关系表现出很大热情。埃及总统塞西表示，埃及将坚定不移、不受干扰地发展同中国各领域合作。阿尔及利亚总统特本表示，阿独立以来，对华政策从未改变，过去支持中国，现在支持中国，将来会更加支持中国。叙利亚总统巴沙尔强调，叙方在台湾、涉港、涉疆问题上无条件支持中方。阿联酋阿布扎比王储穆罕默德重申，阿方高度重视阿中特殊的全面战略伙伴关系，为双边关系取得的成就深感自豪。

二、抗疫合作谱写新的篇章

2021年，中阿双方继续并肩合作，抗疫图强，交出了一份可圈可点的答卷。

一是疫苗合作敢为人先。中阿加大合作力度，取得新进展，为国际社会团结抗疫作出了新贡献。2020年中国同阿联酋合作开展全球首个新冠灭活疫苗三期国际临床试验，[①] 创造了多国籍、大规模临床试验的记录。此次王毅访问阿联酋期间，双方又启动灌装中国疫苗生产线的合作项目，还就在阿设立全球首个"春苗行动"接种点达成一致。中方向巴勒斯坦再次捐赠100万剂疫苗，并同埃及联合向加沙捐赠50万剂疫苗。访问埃及时，王毅出席了中埃新冠疫苗合作生产项目实现100万剂"云见证"仪式。[②] 9月29日，由阿尔及利亚塞达尔集团与中国科兴公司合作的首批新冠疫苗克尔来福在康斯坦丁正式投入生产，阿尔及利亚成为非洲第二个实现中国疫苗本土化生产的国家。从2022年1月起产能将有望达到平均每月800万剂。

二是捍卫公理立场坚定。针对美西方在病毒溯源问题上对中国的无端攻击和恶毒指责，许多阿拉伯国家在国际场合站出来，旗帜鲜明地支持中国，反对将病毒溯源政治化。2021年7

---

① 《全球首个！国产新冠灭活疫苗启动国际临床 III 期试验》，健康界，2020年6月15日，https://www.cn-healthcare.com/articlewm/20200625/content-1124940.html?from=singlemessage，访问日期：2022年8月11日。

② 《赵立坚：将中埃关系打造成中阿、中非命运共同体样板》，光明网，2021年7月19日，https://m.gmw.cn/baijia/2021-07-19/1302415303.html，访问日期：2022年8月11日。

月6日，中国阿拉伯友好协会同阿拉伯中国友好协会共同举办了以"民间交流助推疫情后时期中阿友好合作"为题的线上会晤，全国人大常委会副委员长、中阿友协会会长艾力更·依明巴海、中国人民对外友好协会会长林松添、阿拉伯中国友好协会联合会秘书长艾哈迈德、12位阿拉伯国家对华友好组织负责人和中国外交部及阿盟代表与会。会议通过了《中国阿拉伯友好组织领导人关于维护世界公平正义、促进中阿共同繁荣、反对新冠病毒政治化的共同宣言》。从疫情之初一些阿拉伯国家亮起"中国红"，到多个阿拉伯国家在国际场合发声支持中国，再到双方民间组织共同发出团结抗疫反对病毒政治化的声音，均表明中国同阿拉伯国家为坚持正义捍卫公理再次站到了一起。

三是复工复产合作助力经济复苏。中阿双方通过双边和多边渠道，开展了各种形式的合作，对加快经济复苏发挥了积极作用。中方企业不惧疫情威胁，在严格防疫的同时，承建的埃及新行政首都中央商务区项目坚持施工。非洲第一高楼于2021年春节期间达到280米，超过了非洲所有其他建筑的高度，在当地社会受到热烈赞誉。这座"标志塔"摩天大楼塔冠最高点达到385.8米，被埃及人寄希望成为"像金字塔一样的地标性建筑"。位于阿联酋首都阿布扎比哈利法工业区的中阿产能合作示范园，规划总面积12.2平方公里，是落实两国领导人重要共识、服务"一带一路"建设的重大合作项目，于2018年5月正式开工建设。疫情期间，中国企业克服困难坚持施工。截至2021年10月，示范园管理服务中心和展示中心已经投用，园内道路实现试通车。

三、务实合作保持强劲势头

中阿务实合作不断创出新纪录。

传统领域合作继续走深走实。2021年上半年，中国从阿拉伯国家进口原油增长6.9%，阿拉伯国家继续成为中国最大原油供应地。中国已经成为阿拉伯国家最大贸易伙伴，2020年中国同阿拉伯国家贸易额达到2398亿美元，2021年上半年双方贸易额又实现25.7%的增长，达到1442.7亿美元，预计全年将大幅超过2020年水平。

投资领域和"一带一路"项目合作不断涌现新的成果。2021年5月，埃及成为非洲大陆第一个同中国合作生产疫苗的国家，生产能力达到年产2亿剂水平。7月，中国汽车制造厂商红旗在沙特开设了首家销售中心。7月15日，中国为阿尔及利亚建造的首艘豪华客滚船从广州南沙启航，开赴阿尔及尔港口，并于11月1日开启首航。8月，中国福建与沙特基础工业公司签约，正式成立投资400亿元人民币的大型石化联合体。9月，中国企业承建的"一带一路"项目阿尔及利亚奥兰体育场一期工程竣工。同月，奇瑞汽车组装项目落户苏丹，第一批300辆车运抵苏丹。同月，中国企业为埃及研制的城市域列车开始交付，塞西总统为项目揭幕。9月7日，宝钢股份公司与沙特阿美公司签订谅解备忘录，计划在沙特合作建设世界一流的全流程厚板工厂。由中石化洛阳工程有限公司参与承建的科威特15套核心炼油设施已于2019年12月12日，实现工程机械竣工，炼油厂投入运营后，每年可加工约3150万吨原油，将助推科威特经济从资源出口型向产品出口型转变。

四、创新合作呈现新的活力

近年来，创新发展、绿色发展合作成为中阿全面合作的新亮点。疫情之下，创新合作不但没有停止，而且迈出新的步伐，双方在5G、大数据、云计算、人工智能、电子商务、航空航天等领域合作方兴未艾。面对美国对中国5G技术围堵封杀，许多阿拉伯国家顶住压力与中国开展合作。2020年10月，沙特数据与人工智能局与华为建立了合作伙伴关系，2021年2月，华为公司与沙特综合电信公司签订5G商业合同，成为中国与阿拉伯国家开展高科技合作又一务实成果。4月，中国企业通过视频方式，签约沙特拉比格300MW光伏电站的工程采购和施工（EPC）项目合同，合同额折合人民币12亿余元。据统计，中国电商在海湾六国互联网用户覆盖率已达80%。此外，华大火眼核酸检测实验室、华为企业社会责任"未来种子"和迪拜光伏光热发电等项目，都为双方开辟了合作新领域，直接惠及人民。

距离埃及阿斯旺40公里的沙漠中心，一片光伏电板的"海洋"在阳光的照射下熠熠生辉，这是由中国企业承包建设的埃及本班光伏电站，该电站年发电量达到3.86亿千瓦时，有效缓解了当地用电需求，帮助埃及改善了能源结构。2020年8月，中国与卡塔尔就"美丽多哈"项目合作事宜线上签约，未来将在卡塔尔示范推广中国宁夏大学研发的绿色智能节水灌溉技术与装备，为当地干旱缺水问题提供解决方案。

五、人文合作促进民心相通

疫情下，中阿人文合作仍呈现积极发展的活跃景象。

文明对话继续增进共识。2021年9月14日，中国—阿拉伯国家合作论坛第九届中阿关系暨中阿文明对话研讨会以视频连线方式成功举行。中国政府中东问题特使翟隽、阿盟助理秘书长海法出席并致辞，来自中国和阿盟的40名代表和专家学者围绕"共建中阿命运共同体背景下的中阿文明交流"深入研讨。双方代表细数中阿两大文明对世界文明进步的贡献，强调在新形势下，更应增强命运与共的意识，共同应对时代挑战，促进民心相通，高质量共建"一带一路"。

文化交往深化友谊。9月，第四届中国与阿拉伯国家图书馆及信息领域专家会议线上举行，双方官员和专家就进一步加强中阿电子图书馆建设进行了深入研究。继阿联酋和沙特之后，埃及于2020年底将中文纳入小学教育体系，学中文热在阿拉伯国家不断升温。享誉世界的阿拉伯大诗人阿多尼斯在中国被越来越多的诗歌爱好者熟悉，2021年他的又一部中文版诗集在中国出版。中国古代经典《论语》《孟子》《老子》及诸多文化经典新译成阿拉伯语出版。中国电影和连续剧也受到更多阿拉伯观众的喜爱。

特别值得一提的是，习近平论治国理政的著作阿文版不断问世，为阿拉伯国家官员和学者民众提供了了解中国、了解中国共产党的最佳途径。9月，习近平《论坚持推动构建人类命运共同体》一书阿文版出版发行，为阿拉伯民众提供了又一份读懂中国的经典。

六、国际合作彰显道义担当

中阿在国际舞台上合作构成双方战略合作的重要组成部分。在2021年举行的联合国人权理事会第46、47、48届会议上，针对美西方对中国在涉港、涉疆、涉藏问题上的无理指责，绝大多数阿拉伯国家联署挺华发言，或以其他方式发出支持中国，反对干涉中国内政的正义之声。同样，在涉及阿拉伯国家主权和内政问题上，中国也对阿拉伯国家给予坚定支持。中阿相互支持屡屡挫败了美西方利用"人权"丑化和打压发展中国家的图谋，维护了共同利益，弘扬了公平正义。特别是在涉疆问题上，美西方对中国受到暴恐威胁视而不见，对中国打击恐怖主义、民族分裂主义和极端主义的正当努力无端指责污蔑，并妄图借此破坏中国的国际形象及同伊斯兰国家关系。阿拉伯国家站出来说公道话，有力回击了美西方对中国的攻击，为中阿友好增添了守望相助的动力。

数据安全是国际科技竞争的重要领域。近年来，美西方为了争夺数字经济主导权，破坏发展中国的数字发展权，不断利用数据安全破坏中国与发展中国家合作。面对这一挑战，中国同阿拉伯国家再次站到一起。2020年9月，中方发起《全球数据安全倡议》。2021年3月，中国同阿盟秘书处举行中阿数据安全视频会议，会后双方发表了《中阿数据安全合作倡议》，阿拉伯国家成为首个与中国共同发表数据安全倡议的地区。这一成果为全球数字治理注入了发展中国家的智慧和力量，增加了发展中国家在科技前沿领域的发言权，充分体现了中阿的高水平战略合作。

七、集体合作保持逆势而上

中阿合作论坛继续保持旺盛生机。4月6日，中阿合作论坛第九届企业家大会暨第七届投资研讨会在北京举办。[①] 全国政协副主席辜胜阻出席会议开幕式并发表主旨演讲。本次会议以"携手推进面向未来的中阿经贸合作"为主题，中阿政府官员、工商界人士及有关国际和地区组织代表等约800人现场或线上参会。6月，双方成功举办了第十七次高官会和第六次高官级战略政治对话。此外，论坛框架下文明对话会、技术转移与创新合作大会、广电合作论坛、北斗合作论坛等都以线上线下结合方式成功举行。9月，第五届中阿博览会在宁夏举行，共形成277个签约成果，涵盖电子信息、清洁能源、新型材料、绿色食品、产能合作、"互联网+医疗健康"、旅游合作等多个领域，计划投资和贸易总额1556.7亿元人民币。

2020年召开的中阿合作论坛第九届部长级会议通过的《安曼宣言》，明确写入了中阿"双方同意召开峰会，以拓宽中阿战略伙伴关系前景，服务于双方共同利益"。2021年7月18日，王毅访问埃及时，与阿盟秘书长盖特会晤并发表了《中华人民共和国外交部同阿拉伯国家联盟秘书处联合声明》，再次明确表示中阿双方"应为2022年于双方商定的日期举办首届中阿峰会做筹备，期待峰会推动中阿战略伙伴关系实现质的提升并迎

---

① 《中国—阿拉伯国家合作论坛》，外交部，http://russiaembassy. fmprc.gov.cn/web/wjb_673085/zzjg_673183/xybfs_673327/dqzzhzjz_ 673331/zgalb_673389/gk_673391/，访问日期：2022年8月11日。

来更广阔前景，服务于双方共同利益"。可以预见，在2021年中阿关系稳定发展基础上，2022年中阿峰会的召开将使中阿关系再上一个新的台阶。

第九章

多边外交成果丰硕
中国担当彰显正道

中国参与和引领全球治理的进程

——纪念新中国恢复联合国合法席位50周年

詹永新、张蛟龙

【内容提要】新中国恢复在联合国合法席位50年来，中国参与全球治理的深度和广度显著拓展，在全球治理中的角色和地位发生了巨大变化，在全球治理中的身份经历了从"适应者"到"参与者""引领者"的转变。新冠肺炎疫情全球大流行以来，中国以构建人类命运共同体为指导理念，提出了一系列全球治理方案。其中既包括中国发展所带来的全球机遇、中国对全球公共产品的贡献，也包括中国在全球治理理念和经验方面的贡献，对各类全球性问题的解决发挥了引领作用。百年变局与世纪疫情交织共振下，以联合国为核心的全球治理体系面临挑战，国际社会对联合国的需求也更加凸显。展望未来，中国坚定地立足于构建人类命运共同体的全球治理理念，始终坚定维护和完善以联合国为核心的全球治理体系，持续为全球治理贡献中国方案，推动全球治理体制向着更加公正合理的方向发展。

【关键词】中国；联合国；全球治理；中国方案

【作者简介】詹永新，中国国际问题研究基金会战略研究中心主任；张蛟龙，中国国际问题研究院国际战略研究所助理研究员。

1971年10月25日，第26届联合国大会以压倒性多数通过第2758号决议，决定恢复中华人民共和国在联合国一切权利，承认中华人民共和国政府代表是中国在联合国的唯一合法代表。这是中国参与全球治理的新起点，也是联合国真正具备普遍性、代表性、权威性的重要历史事件。50年来，中国始终坚定捍卫《联合国宪章》宗旨和原则，坚定维护多边主义和国际法，在全球治理中的身份经历了从"适应者"到"参与者"，再到"引领者"的转变。

一、全球治理中的中国与联合国

（一）全球治理中的联合国

全球治理的概念出现在冷战结束之后，但全球治理的实践却很早就存在。无论全球治理的概念如何界定，全球治理的实质是政府、社会组织和企业等共同合作，通过订立各类国际制度，在国际社会对主权国家管辖权以外的全球性问题形成有效管理，最终使国际社会接近秩序的过程。[1] 这其中，最为重要的就是国际组织，因为它们是各国为管理全球事务商定规范、规则的平台，也是国际秩序的制度体现。

---

[1] 苏长和：《中国与全球治理——进程、行为、结构与知识》，《国际政治研究》2011年第1期。

联合国及联合国系统是二战后国际秩序的体现，也是全球治理主体的主要组成部分。《联合国宪章》载明"维护国际和平及安全""发展国际间以尊重人民平等权利及自决原则为根据之友好关系""促成国际合作""协调各国行动"四大宗旨，确立"主权平等、履行国际义务、和平解决争端、不使用或威胁使用武力、协力采取行动、确保非会员国遵行维护国际和平与安全义务、不干涉内政"七项原则，确定了当代国际法基本原则和国际关系基本准则，是全球治理的价值准则。联合国是全球治理的机制，全球安全、世界经济、生态环境等影响全人类的跨国性挑战则构成了全球治理的对象，也是联合国主要应对的问题。从全球治理效果看，联合国的地位、有效性、透明度、适应性、权力分配等在不同时期具有不同的特点。

联合国在全球治理中的作用与角色，取决于国际格局演变和国际秩序调整。二战结束后，以美苏为主导的雅尔塔体系形成，奠定了战后世界两极格局。联合国即诞生于这样的两极格局中。随着美苏战后迅速进入冷战，联合国成为美苏竞争的主要舞台，成为两国及两大集团推行其战略目标的工具，其在全球治理中的效果也受到极大限制。[①] 随着欧洲一体化进程深化、以不结盟运动为代表的发展中国家力量壮大以及中国重返联合国，联合国内的战略失衡得以缓解。联合国在构建国际政治经济新秩序、推进世界非殖民化进程、推动国际发展等领域作出了重要贡献，全球治理效能有所提升。冷战结束后，一超多强的国际格局下，联合国在全球治理中的角色和地位呈现矛盾状态。一方面，联合国在发展、环境、人权等领域的作用有所提升。美国为维护一超地位，需要借助联合国向前苏东国家和发

---

① 张贵洪：《联合国与联合国学》，《国际政治研究》2020年第4期。

展中国家扩展其自设标准的民主、人权、市场为基础的国内规范，将其纳入美国主导的国际体系中。另一方面，美国自认为进入"历史终结"和"单极时刻"，屡屡挑战联合国权威，未经安理会授权多次对外使用武力。进入21世纪后，以新兴市场国家为代表的发展中国家群体性崛起，联合国及联合国体系内的战略失衡进一步缓解。一方面，新兴市场国家要求联合国改革，以适应国际格局的新变化。另一方面，以美国为首的西方国家不愿意放弃原有权力，缺乏改革动力和共识。同时，为霸权护持，美国开始拉各类小圈子，实行各类单边主义和保护主义，冲击联合国的权威性。因此，地缘政治回潮和大国竞争加剧，严重影响了联合国的全球治理效能。重建大国信任与合作共赢的国际关系，对联合国作用的发挥十分关键。

（二）中国参与联合国的历程

中国参与联合国的历程是中国参与全球治理历程的缩影。随着国际格局演变和中国发展壮大，中国参与联合国的意愿和能力越来越强。中国对联合国的参与行为经历了谨慎参与、全面参与、深度参与的变化，中国在联合国参与中的身份也经历了融入者、建设者、引领者的变化。

第一个阶段是1971—1991年，中国逐渐增加参与，是联合国的融入者。联大第2758号决议后，中国开始渐进地参与联合国事务，逐步融入以联合国为核心的全球治理体系。中国作为社会主义发展中大国，反对霸权主义、维护广大发展中国家的正当权益、推动建立公正合理的国际政治经济新秩序是当时中国联合国外交的主要任务和目标。1974年，邓小平率团出席联合国第六次特别会议，全面阐述了"三个世界理论"，提出了建立公正合理的国际政治经济新秩序的主张。中国先后恢复了在世界卫生组织、联合国粮农组织等机构的席位，逐渐开始参与其活动。20世纪70年代末80年代初，中国开始实行改革开放政策，并对和平与发展的时代主题作出重要判断。中国坚持奉行独立自主的和平外交政策，对多边国际事务更加重视，对联合国安全、环境等领域的参与逐步加强。1982年起，中国接受联合国维和行动费用摊派，开始参与联合国维和事务。1985年中国总理首次出席联合国大会并发表演说，表达了中国对联合国的新认识："世界需要联合国，联合国也需要世界。"1986年第六届全国人大四次会议通过的《政府工作报告》明确指出，中国遵循联合国宪章的宗旨和原则，支持联合国组织根据宪章精神进行的各项工作，积极参加联合国及其各专门机构有利于世界和平与发展的活动。这一时期，中国对联合国事务的参与特点是谨慎参与，熟悉联合国各机构的运作情况，有限接受联合国对华的各类援助，渐进融入联合国。

　　第二阶段是1992—2012年，中国践行全面参与，是联合国系统的建设者。冷战结束，两极格局终结，但国际形势复杂多变。中国奉行"韬光养晦、有所作为"的对外工作指导方针，将联合国视为发挥大国作用、展示良好形象的重要舞台。与此同时，联合国在"一超多强"的国际格局下，其地位与作用变得更为重要。这一时期，中国的国际地位也在逐渐提高，无论硬实力还是软实力都处于快速增长阶段。中国开始以更为积极主动的方式全面参与联合国涉及的各项全球性事务，从传统的经济、政治、安全领域向环境、网络、极地、外空等新兴领域延伸，全方位参与联合国及其各专门机构主持下的多边国际立法进程。相应地，中国参与和加入了一系列多边和全球性问题谈判以及公约，其中包括加入1982年《联合国海洋法公约》、1992年《联合国气候变化框架公约》、1992年《生物多样性公约》、2000年《联合国打击跨国有组织犯罪公约》、2003年《联合国反腐败公约》等。这一时期，中国积极参与联合国人权治理，截至2011年9月已加入27项人权公约。1995年，中国国家主席江泽民出席联合国成立50周年纪念活动。21世纪来临之际，面对国际力量对比和自身发展需要，中国对"联合国需要中国，中国需要联合国"有了更加透彻的认识和理解。2000年，江泽民主席出席联合国千年首脑会议并发表讲话，认为联合国在维护世界和平、促进共同发展、推动建立公正合理的国际政治经济新秩序方面，作用"不可替代"。2001年，中国加入世界贸易组织，是中国全面和制度性融入国际体系的标志。中国与外部世界的相互影响和互动愈加广泛、深刻。联合国对中国的作用和意义更加突出。2005年，胡锦涛主席出席联合国成立60周年纪念大会，提出建立持久和平、共同繁荣的和谐世界构想，表明中国将在国际事务中扮演更加负责、更加进取的大国角色。这一时期，中国参与联合国事务，可以说是全方位多领域深层次高质量，基本没有"空白点"。

第三阶段是2013年至今，中国深度参与联合国事务，并逐渐成为全球治理的引领者。2008年全球金融危机爆发后，国际力量对比发生深刻变化，新兴市场国家和一大批发展中国家快速发展，国际影响力不断增强，是近代以来国际力量对比中最具革命性的变化。与此同时，中国成为世界第二大经济体，中国与世界的互动频度、深度前所未有，实现"两个一百年"奋斗目标、实现中华民族伟大复兴必须要统筹国内国际两个大局，尽可能为这一目标创造良好的外部国际环境。因此，随着中国深度融入全球治理体系以及中国经济实力的大幅提升，中国获得了在全球治理体系中发挥引领性作用的历史性机遇，将积极参与全球治理提升到前所未有的高度。2015年、2016年中共中央政治局两次就全球治理进行集体学习，为深入参与全球治理作出战略规划。

在理念上，中国以构建人类命运共同体为牵引，为新时期联合国发展和全球治理变革提供了更多理念指引。2015年，习近平主席出席联合国成立70周年系列峰会，就构建人类命运共同体提出"五位一体"的总体路径。2017年，习近平主席在联合国日内瓦总部发表演讲，进一步提出建设"五个世界"的总体布局。

实践上，中国加强了与联合国合作，采取了一系列重大举措。在2015年联合国成立70周年系列峰会期间，中国宣布：一是设立为期10年、总额10亿美元的中国—联合国和平与发展基金、设立首期20亿美元的"南南合作援助基金"、设立国际发展知识中心。二是加入新的联合国维和能力待命机制，率先组建常备成建制维和警队，并建设8000人规模的维和待命部队；五年内为各国培训2000名维和人员，开展10个扫雷援助项目。三是5年内向非盟提供总额为1亿美元的无偿军事援助。中国自2019年起成为联合国会费第二大出资国，推动联合国资金和资源更多投向发展中国家关切领域。中国还推动多名中国籍人士担任联合国专门机构负责人、秘书长特别代表、驻地协调员等，为联合国事业贡献中国智慧、中国人才。凡此种种表明，中国从理念、实践两个方面深度参与联合国事务，引领全球治理向正确方向前行。

总之，中国不仅在联合国这一多边合作平台努力发挥建设性作用，维护自身及广大发展中国家的利益，还积极主动参与联合国事务，有效应对各类全球性问题，为世界各国提供中国方案和中国经验。二者的良性互动不仅符合中国自身发展需要，也极大增强了联合国在国际社会的权威。

二、世纪疫情下中国参与引领全球治理进程

世纪疫情与百年变局交织共振，考验全球治理效能，冲击全球治理韧性。这两个因素对全球治理的制约主要表现在大国合作势头减弱、多元主体协同缺失、治理对象复杂多样和治理机制存在缺陷等。在此大背景下，中国维护并践行真正的多边主义，秉持人类命运共同体理念和全人类共同价值，以实际行动坚定维护以联合国宗旨和原则为核心的国际秩序，以实际行动支持联合国在全球治理方面发挥核心作用，不断贡献中国智慧和中国方案，引领全球治理进程。

（一）支持联合国发挥全球治理核心作用

习近平主席指出，当今世界发生的各种对抗和不公，不是因为联合国宪章宗旨和原则过时了，而恰恰是由于这些宗旨和原则未能得到有效履行。2020年，中国发布联合国成立75周年立场文件，指出中国坚定捍卫联合国宪章宗旨和原则，维护以联合国为核心的国际体系和以国际法为基础的国际秩序。习近平主席在联合国成立75周年纪念峰会上提出"主持公道、厉行法治、促进合作、聚焦行动"的中国方案，指出联合国在新的时代背景下的发展方向。2021年是新中国恢复在联合国合法席位50周年，中国举办中华人民共和国恢复联合国合法席位50周年纪念会议，发布《中国联合国合作立场文件》，展现中国维护联合国核心地位的坚定立场。习近平主席在第76届联合国大会一般性辩论上的讲话时指出：世界只有一个体系，就是以联合国为核心的国际体系。只有一个秩序，就是以国际法为基

础的国际秩序。只有一套规则，就是以联合国宪章宗旨和原则为基础的国际关系基本准则。

2020年，习近平主席在第75届联大上宣布，中国将向联合国新冠疫情人道主义计划再提供5000万美元，设立5000万美元的第三期中国—联合国粮农组织南南合作信托基金，中国—联合国和平与发展基金在2025年到期后延期5年，设立联合国全球地理信息知识与创新中心和可持续发展大数据国际研究中心。2020年中国实现脱贫，提前10年实现《联合国2030年可持续发展议程》（2030议程）的减贫目标，对世界减贫的贡献率超过70%。

（二）推动构建人类卫生健康共同体

新冠肺炎疫情全球肆虐，疫苗民族主义盛行，全球免疫鸿沟增大。中国秉持人类命运共同体理念，提出推动构建人类卫生健康共同体。

一是发起新中国成立以来最大规模人道主义援助。截至2021年9月上旬，中国已向200多个国家和地区提供口罩、防护服、检测试剂等物资援助和商采便利。9月上旬，初步统计总量约为3200多亿只口罩、39亿件防护服、56亿人份检测试剂。[①] 此外，中国尽己所能，向全球提供抗疫物资原材料，协助打造了多所病毒检测实验室，为地区和全球抗疫提供保障。

二是以实际行动支持世卫组织发挥核心作用。2020年，在第73届世界卫生组织视频会议上，中国宣布在两年内提供20亿美元国际援助、在华设立全球人道主义应急仓库等一系列推

---

① 王骁波等：《携手推动新冠疫苗公平可及》，《人民日报》2021年11月1日第17版。

动国际抗疫合作的重大举措。10月，中国正式加入新冠肺炎疫苗实施计划（COVAX）。2021年，中国宣布向新冠肺炎疫苗实施计划捐赠1亿美元，未来3年内再提供30亿美元国际援助，用于支持发展中国家抗疫和恢复经济社会发展。

三是推动疫苗公平可及，引领国际抗疫合作。在全球健康峰会上，中国宣布支持本国疫苗企业向发展中国家进行技术转让；支持新冠肺炎疫苗知识产权豁免；倡议设立疫苗合作国际论坛。二十国集团峰会上，中国提出"全球疫苗合作行动倡议"，包括保障疫苗及原辅料贸易畅通，推进疫苗互认等。截至12月底，中国已向120多个国家和国际组织提供超过18.5亿剂疫苗，2021年全年将努力对外提供20亿剂；[①] 中国正同16个国家开展疫苗联合生产，初步形成7亿剂的年产能。中国对外提供的疫苗总量中，超过九成流向亚非拉等发展中国家。

（三）推动构建全球发展共同体

当前，世界不仅正面临单边与多边、保护与开放的激烈较量，也面临着贫富差距、发展鸿沟扩大的全球性挑战。为此，中国坚定不移推动高水平开放，同世界各国共同构建开放型世界经济，为破解全球发展不平衡不充分提供中国方案。

一是提出全球发展倡议，构建全球发展共同体。受疫情影响，世界经济深度衰退，全球产业链供应链遭受冲击，公平和效率、增长和分配、技术和就业等全球化过程中积累的矛盾更加突出。为推动全球发展迈向平衡协调包容新阶段，中国在第76届联大上提出了全球发展倡议，秉持发展优先、以人民为中

---

① 曲颂：《推动抗疫国际合作，中国在行动》，《人民日报》2021年12月16日第3版。

心、普惠包容、创新驱动、人与自然和谐共生、行动导向等理念，加快落实联合国2030年可持续发展议程，为推进全球发展事业指明方向。

二是坚持开放发展，加强多边经济合作。中国多次表示支持经济全球化，实施对外开放基本国策，构建更高水平开放型经济新体制。2020年，区域全面经济伙伴关系协定完成签署并于2022年生效，中欧投资协定谈判完成。2021年，中国提出申请加入《全面与进步跨太平洋伙伴关系协定》。中国提出了《全球数据安全倡议》，并希望以此为基础探讨制定反映各方意愿、尊重各方利益的数字治理国际规则，决定申请加入《数字经济伙伴关系协定》。

三是推动"一带一路"高质量发展。博鳌亚洲论坛2021年会发布的《亚洲经济前景与一体化进程》报告显示，面对新冠肺炎疫情的冲击，相比全球投资贸易的大幅度萎缩，"一带一路"建设展现出强大的韧性和活力，相关项目持续推进，合作成果亮点颇多，贸易和投资逆势增长。1—10月，中国对"一带一路"沿线国家合计进出口9.3万亿元人民币，增长23%。[①]为各国抗疫情、稳经济、保民生发挥了重要作用。2020—2021年，中国主办了"一带一路"国际合作高级别视频会议、"一带一路"亚太区域国际合作高级别视频会议，聚焦抗疫合作、经济复苏、绿色发展、互联互通等主题，为深化抗疫国际合作、推动全球经济复苏和发展作出重要贡献。各方共同发起"一带一路"疫苗合作伙伴关系倡议和"一带一路"绿色发展伙伴关

---

① 《10月出口增速超预期　外贸稳中向好有支撑》，中国网，2021年11月8日，http://zjnews.china.com.cn/yuanchuan/2021-11-09/311137.html，访问日期：2022年8月12日。

系倡议，加强疫苗国际合作，支持建设绿色丝绸之路。

四是推动构建更加平等均衡的全球发展伙伴关系。中国强调应将落实2030议程置于国际发展合作的核心，支持联合国发挥统筹协调作用。2020年，中国全面落实G20缓债倡议，积极参加联合国秘书长古特雷斯发起的"新冠肺炎疫情时期发展筹资"进程大会，积极落实二十国集团"延债倡议"，总额超过13亿美元，免除有关非洲国家截至2020年底到期对华无息贷款债务。中国积极推动性别平等和妇女赋权，向联合国妇女署捐款1000万美元，继续设立中国—联合国教科文组织女童和妇女教育奖，倡议在2025年再次召开全球妇女峰会。2021年中国成立了可持续发展大数据国际研究中心，建立了中国国际可持续交通创新和知识中心，为推动落实可持续发展作出重要贡献。

（四）推动构建人与自然生命共同体

作为全球生态文明建设的参与者、贡献者、引领者，中国努力推动构建公平合理、合作共赢的全球环境治理体系。

全球气候治理方面，2021年中美签署《中美应对气候危机联合声明》《中美关于在21世纪20年代强化气候行动的格拉斯哥联合宣言》，促进全球气候变化国际合作。2020年，习近平主席在第75届联大上宣布中国二氧化碳排放力争2030年前达到峰值，2060年前实现碳中和。2021年中国在领导人气候峰会上提出构建人与自然生命共同体。具体而言，就是要坚持人与自然和谐共生、绿色发展、系统治理、以人为本、多边主义、共同但有区别的责任原则。2021年中国构建起碳达峰、碳中和"1+N"政策体系。中国发布《2030年前碳达峰行动方案》《中国应对气候变化的政策与行动》白皮书，正式向《生物多样性公约》秘书处提交《中国落实国家自主贡献成效和新目标新举措》和《中国本世纪中叶长期温室气体低排放发展战略》。

全球生物多样性治理方面，2020年9月21日中国发布联合国生物多样性峰会中方立场文件《共建地球生命共同体：中国在行动》，系统阐述中国生物多样性保护的经验成就和立场主张，指出中国将秉持人类命运共同体理念，积极参与全球生物多样性治理。2021年10月，中国成功主办《生物多样性公约》缔约方大会第十五次会议第一阶段会议，中国提出共建地球生命共同体、开启人类高质量发展新征程的四点主张，出资15亿元人民币设立昆明生物多样性基金。

三、维护联合国权威与地位，完善全球治理体系

展望未来，中国将会为联合国的发展和改革作出更大贡献，推动全球治理体系更加客观反映国际政治现实、体现多极化发展进程，为世界贡献更多的中国方案，和其他国家一起继续坚持推动构建人类命运共同体。

（一）百年变局与世纪疫情下联合国权威面临挑战

当今世界正经历全球化与反全球化、多边与单边、合作与对抗、公平正义与强权政治的历史考验。这样的国际环境下，联合国的权威面临一系列挑战。一是世界经济环境之变。新冠肺炎疫情对全球供应链、产业链、价值链产生巨大冲击，使经济全球化遭遇逆流，引发世界经济深度衰退。二是国际政治环境之变。世界经济深度调整、新科技革命蓬勃发展、大国竞争加剧，地缘政治风险上升，意识形态和社会制度对抗风险增加，这些因素对国际体系和国际格局造成了广泛而又深刻的影

响。三是全球治理环境之变。全球发展不平衡加剧，新冠肺炎疫情全球大流行迟迟无法控制，国家民粹主义和狭隘民族主义思潮泛起，一些西方国家奉行本国优先，编制各类小圈子，实行"脱钩筑墙"，使得国家间的零和博弈进一步加剧，全球化进程在一些国家和领域出现逆转，以联合国为代表的全球治理体系受到严重冲击。总之，世界经济环境变化和国际政治环境变化叠加，产生了全球治理困境，致使各国以联合国为核心处理国际事务的共识减弱，联合国发挥作用的空间被日益加剧的大国竞争挤压。[①]

（二）百年变局与世纪疫情下联合国角色更加重要

虽然联合国面临严峻挑战，但联合国在全球治理中的重要性却更加凸显。人类社会已经进入互联互通、你中有我、我中有你的时代，各国利益休戚相关、命运紧密相连，全球性威胁和挑战需要强有力的全球性应对。习近平主席在第76届联合国大会上指出，联合国应该高举真正的多边主义旗帜，成为各国共同维护普遍安全、共同分享发展成果、共同掌握世界命运的核心平台。越是复杂严峻的形势越能彰显出联合国的权威和作用。联合国虽然主要建基于二战后的地缘政治和地缘经济现实，但仍然是国际舞台上最具有权威性和高度影响力的国际机构。践行和维护真正的多边主义是最符合各国人民利益的必由之路，是应对全球性挑战的唯一选择和正确方向。

一是联合国是国际体系的核心，国际法是国际秩序的基础，联合国宪章宗旨和原则是国际规则的根源。联合国是获得

---

① 刘恩东:《大变局下的联合国与全球治理新议题》,《人民论坛》2021年第12期。

国际合法性的重要源泉，这种合法性来源于会员国的普遍性和所赋予的国际制度权力，来源于体现在联合国宪章中的共同价值观——宗旨和原则。① 中国在一系列多边场合不断呼吁国际社会坚守和平、发展、公平、正义、民主、自由的全人类共同价值，恰恰是对联合国宪章宗旨和原则的弘扬和守护。

二是联合国是维护和践行真正的多边主义核心机制和全球治理的主要平台。真正的多边主义坚持共商共建共享原则，以平等相待为前提，以合作共赢为目标，其实质是大家的事大家商量着办，大家的利益大家共同维护。联合国是多边主义理念的产物，也是多边主义实践的平台。国家间的协调一致是联合国开展集体行动的前提。联合国是全体会员国维护和践行多边主义的大舞台，是实现世界和平与发展的核心机制和平台。联合国的普遍性和代表性离不开广泛的国际参与，联合国的权威性和行动力离不开主要大国的共同维护。

（三）中国将更加坚定维护联合国的权威，完善全球治理体系

过去的50年历程表明，中国始终是真正多边主义的践行者，世界和平的建设者，全球发展的贡献者，国际秩序的维护者，公共产品的提供者。中国将继续坚持真正的多边主义，维护以联合国为核心的国际体系、以国际法为基础的国际秩序、以《联合国宪章》的宗旨和原则为基础的国际关系基本准则；将继续加强全球抗疫合作，凝聚抗疫合力；将继续推动全球共同繁荣，全面落实2030年可持续发展议程，帮助发展中国家进

① 杨洁篪：《五十年深化同联合国合作 协力构建人类命运共同体》，《求是》2021年第21期。

一步提升自主发展能力；将继续构建开放型世界经济，维护多边贸易体制，为世界发展创造更多机遇。未来中国将继续以公平正义为理念积极参与引领全球治理体系改革，使其符合变化了的世界政治经济格局，顺应和平发展合作共赢的历史趋势，满足应对全球性挑战的现实需要。

四、结　语

中华人民共和国恢复在联合国合法席位50年来，中国参与全球治理的深度和广度显著拓展，在全球治理中的角色和地位发生了巨大变化，成为完善全球治理体系的积极力量。党的十八大以来，中国以构建人类命运共同体为指导理念，提出了一系列全球治理的方案，这既包括中国发展所带来的全球机遇、中国对全球公共产品的贡献，也包括中国在全球治理理念、经验和智慧方面的贡献，对各类全球性问题的解决发挥了引领作用。展望未来，中国将始终坚定维护联合国权威，坚定维护联合国在国际事务中发挥核心作用，坚持国际上的事要由大家商量着办，世界前途命运应由各国共同把握，推动全球治理体系朝着更加公正合理的方向发展。

亚太区域经济合作的进程与展望

詹永新、罗 程

【摘要】2021年是中国加入亚太经济合作组织30周年。30多年前，苏东剧变、冷战结束，世界进入一超多强的格局，多极化、全球化、地区一体化迅速发展，和平与发展成为时代主题。亚太经合组织正是在这样的背景下应运而生的。亚太经合组织的出现将亚太合作推上了新阶段，为促进亚太地区的发展、稳定和繁荣奠定了机制基础。1991年，中国正式成为亚太经合组织大家庭成员。30年来，中国日益深入参与亚太经合组织合作，既是亚太经合组织合作的受益者，更是亚太经济合作坚定的支持者和重要的贡献者，从"积极融入"到"深入参与"再到"主动引领"，"中国足迹"已深深地铭刻在亚太经合组织诸多重要进程之中。当前，百年未有之大变局与新冠肺炎疫情交织叠加，全球与地区环境空前复杂，亚太经合组织"亚太共同体"建设注定是一条曲折复杂之路。展望21世纪20年代，在推动亚太地区合作、维护亚太地区和平稳定与发展、促进亚太地区的经济增长与繁荣等方面，亚太经合组织这个地区合作的主要舞台仍然大有可为。

【关键词】亚太经合组织；亚太经济合作；茂物目标；布特拉

加亚愿景；亚太共同体

【作者简介】詹永新，中国国际问题研究基金会战略研究中心主任；罗程，中国太平洋经济合作全国委员会秘书处处长、助理研究员。

　　亚太地区是我国安身立命之所，是中国大国外交、周边外交和"一带一路"建设的核心区域。2021年是中国加入亚太经济合作组织（APEC，简称"亚太经合组织"）30周年，亚太经合组织作为我国加入的第一个区域经济合作组织，对我国的改革开放和经济发展产生重大影响，也是我国参与地区合作的主要舞台。

一、亚太经合组织的成立与发展

　　20世纪60年代以来，亚太地区经济迅速发展。进入80年代后，加强经济合作，推进区域经济一体化逐渐成为共识。

　　1980年9月15—17日，"太平洋共同体研讨会"（Pacific Community Seminar）在澳大利亚首都堪培拉召开，东盟、韩国、日本、加拿大、美国、澳大利亚、新西兰及其他太平洋群岛国家的代表与会。会议尝试创立一个旨在促进太平洋地区合作，并且期望能够使太平洋地区政府参与的进程，以扩大太平洋地区的信息交流。此次会议标志着太平洋经济合作理事会（原名Pacific Economic Cooperation Conference，1990年改名为Pacific Economic Cooperation Council，PECC）的正式成立，太平洋经济合作理事会是非政府的、民间的和非官方的机构，代表着商界、学术界、专业领域和政府组织。

1982年6月3—5日，太平洋经济合作理事会第二次会议在泰国首都曼谷召开，决定建立一个常设委员会及四个专题工作组，这标志着太平洋经济合作理事会实现机制化。1986年，在加拿大温哥华举行的第五届太平洋经济合作理事会大会上，中国、中国台北、中国香港正式成为太平洋经济合作理事会的成员。太平洋经济合作理事会等机制的建立，为亚太经合组织的成立做了实践与理论准备。

1989年11月5日，亚太经合组织首届部长级会议正式召开，来自澳大利亚、新西兰、美国、加拿大、日本、韩国、印尼、马来西亚、菲律宾、新加坡、泰国、文莱等亚太地区12个成员的外交部部长和经济贸易部部长出席了会议，澳大利亚外交部部长埃文斯主持会议，澳大利亚总理霍克做主旨发言。这是地区合作的全新开始。

1993年第五次亚太经合组织部长级会议和第一次亚太经合组织经济体领导人非正式会议先后在美国西雅图召开。亚太经合组织领导人除了宏观讨论加深地区合作外，还就建设"亚太经济大家庭"（a community of Asia Pacific economies）提出了一些具体的措施，倡议为了本地区的人民，建设一个稳定、安全和繁荣的亚太地区。① 西雅图会议是亚太经合组织从部长级会议机制升级到领导人会议机制的开始，标志着太平洋地区的合作机制发展到了更高阶段。

亚太经合组织现有21个成员经济体，包括中国、日本、韩国、俄罗斯、中国台北、中国香港、印尼、泰国、菲律宾、马

---

① "1993 APEC Ministerial Meeting," APEC, accessed December 18, 2021, https://www.apec.org/Meeting-Papers/Annual-Ministerial-Meetings?SelectedYear=1993&Page=1.

来西亚、新加坡、越南、文莱、澳大利亚、新西兰、巴布亚新几内亚、美国、加拿大、墨西哥、智利、秘鲁，范围遍及东北亚、东南亚、大洋洲、北美和南美的广阔地区。截至2021年12月，亚太经合组织成员人口约占世界总人口的38%，贸易约占世界贸易总额的一半，经济约占世界经济总量的62%。成立30多年来，亚太经合组织不仅强有力地支撑了亚太经济保持活力和韧性，也为多样性的经济体实现经济一体化作了开拓性的贡献。

（一）从"茂物目标"到"布特拉加亚愿景"

1994年，亚太经合组织领导人在印尼茂物提出了"发达成员在2010年、发展中成员在2020年实现贸易投资自由化"的目标。"茂物目标"是亚太经合组织进程的灯塔，它作为长期奋斗目标，赋予了亚太经合组织持续的生命力，维持了它的发展。

"茂物目标"的两个核心是贸易投资自由化便利化（TILF）和经济技术合作（ECOTECH），通常被称为亚太经合组织的"两个轮子"。20多年来，APEC在贸易投资自由化便利化方面基本上完成了目标。比如，在1994—2019年，亚太经合组织成员经济体的商品贸易从4.1万亿美元增长到19万亿美元，几乎增长为原来的5倍；投资增长更快，投资存量从1.5万亿美元增长到19.6万亿美元。亚太经合组织成员经济体的关税大幅降低，从1994年的13.9%下降到2019年的5.2%，其中发达经济体平均关税为3.2%，发展中经济体平均关税为5.9%。截至2021年底，在经济技术合作方面，亚太经合组织实施了2800多个项目，当年制定的合作内容也基本上得到了开展。总体来看，亚太经合组织"茂物目标"基本实现，对亚太地区和全球经济的发展作出了巨大贡献，促进了区域经济一体化，提高了亚太地区人民的福祉。

在"茂物目标"2020年到期之际，亚太经合组织领导人通过了"2040年APEC布特拉加亚愿景"，展望到2040年建成一个开放、活力、强韧、和平的亚太共同体，实现亚太人民和子孙后代的共同繁荣。亚太经合组织将通过"贸易和投资""创新和数字化""强劲的、平衡的、安全的、可持续的和包容的增长"三条路径来实现这个愿景。

"布特拉加亚愿景"设定的"亚太共同体"建设已成为亚太经合组织新目标，是亚太地区对亚太经合组织"后2020年时代"议程的新共识，延续了亚太经合组织"茂物目标"推进区域贸易投资自由化便利化的精神，维护了亚太经合组织支持多边贸易体制的传统价值，抓住了数字经济蓬勃发展的时代趋势，强调区域平衡、可持续和包容增长，必将推动亚太地区经济持续增长。

（二）亚太经合组织合作的主要成果

亚太经合组织成立以来，顺应全球化的历史潮流，聚焦经济发展与合作，反映了亚太地区人民谋求发展的共同心愿，对推动亚太地区的经济发展和经济一体化，促进地区大融合作出了如下重大贡献。

第一，全力推动贸易投资自由化便利化和经济技术合作。在成员经济体的共同努力下，亚太经合组织成员的平均关税大幅减少，2019年，亚太经合组织内部的贸易量增长为1994年的近5倍；非关税壁垒大幅度减少；企业办理登记手续时间大幅缩减。30年来，随着国际形势和地区经济的发展，其优先合作领域不断变化，截至2021年底，在各合作领域里，亚太经合组织已开展了2800项合作项目。亚太经合组织成员1989年—2019年无论是贸易、经济发展速度、人均国内生产总值增长等，都普遍高于世界平均水平，使10亿以上的人口脱贫，从低收入状态发展到中等收入。

第二，积极推进地区发展议题。近年来，在亚太经合组织的贸易投资自由化取得实质性进展之后，"发展"方面的合作成为亚太经合组织进程的主题词，推动亚太经合组织走向"以人为本"的合作。"包容性增长""创新型增长""可持续增长"等发展方面的议题近10年来都是亚太经合组织的核心议题，讨论内容之广泛和次数之多远远超过地区经济一体化问题。而传统的亚太经合组织贸易投资自由化方面的工作，越来越强调支持以世贸组织为核心的多边贸易体系，及促进亚太地区的经济一体化。

第三，促进地区交流。亚太经合组织领导人年度会晤机制为各成员经济体讨论本地区和国际热点问题、开展多边和双边外交提供了良好平台。通过部长级会议、高官会、委员会和工作组等工作机制，亚太经合组织成员经济体在各合作领域的官员、商界人员、专家学者得以经常性地会见、沟通。"APEC商务旅行卡计划"更是为亚太经合组织成员的商务人员从事跨境商务提供了便利。迄今，亚太经合组织商务旅行卡的持卡人数已经超过27万。[①]

第四，在机制建设方面。亚太经合组织成立以来，形成了独具特色的合作方式，即"APEC方式"。各成员在自主自愿、

---

① "Report of the APEC Vision Group—People and Prosperity: An APEC Vision to 2040," APEC, accessed December 18, 2021, https://www.apec.org/Publications/2019/12/Report-of-the-APEC-Vision-Group.

协商一致的基础上开展合作；以集体行动计划为指导，同时允许各成员基于自身情况制订单边行动计划；在亚太经合组织合作总体进程中坚持灵活性，以实现循序渐进。这种方式既照顾了地区经济体不同的经济发展水平和承受能力，又避免了机制的僵化和约束性，保持了亚太经合组织的活力，同时也为其他的地区合作机制提供了良好的示范。

二、中国与亚太经济合作

加入亚太经合组织30多年来，我国在亚太地区的影响力和本地区对我国的关联度都在上升。我国的经济实力有了突飞猛进的增长，从1991年的3800亿美元到2020年的14.6万亿美元，足足增长了35倍。与此同时，我国的对外贸易也是大幅增长，进出口额从1991年的1300亿美元到2020年的4.7万亿美元，也是足足增长了35倍。中国经济已同亚太地区高度融合，中国与亚太经合组织成员贸易额已占对外贸易总额的59%，中国是16个亚太经合组织成员的第一大贸易伙伴，这跟1991年中国加入亚太经合组织时的状况不可同日而语。

（一）亚太经合组织为中国的高速发展提供了有利的地区环境

亚太经合组织加强了亚太地区的经济一体化，增强了亚太区域的地区合作，使一个合作、开放和稳定的亚太地区成为过去三十多年的主基调。当我国实行改革开放政策、以经济建设为中心的时候，与亚太经合组织合作为我国的经济发展创造了良好的外部环境，使我们能够专注于经济发展，而免受战争、冲突等的干扰。

（二）亚太经合组织促进了中国的经济快速增长

亚太地区是我国贸易、投资的主要去向和来源，在我国贸易、投资中的总体比例达到70%以上。世界上最大的三个经济体——美国、中国和日本都在亚太经合组织内。亚太经合组织的贸易投资自由化进程和经济技术合作项目，为我国的贸易、投资提供了广阔的市场。

（三）亚太经合组织为中国参与全球治理提供了有益的平台

加入亚太经合组织以来，中国不断借鉴其他成员经济管理体制中的先进经验，提升贸易投资自由化便利化水平，提升改革开放水平，为加入世贸组织创造了有利条件，也为中国参与二十国集团、金砖国家等全球经济治理平台合作积累了宝贵的经验。

近年来，我国在亚太经合组织进程中的引领作用日趋明显。中国不仅提出了一些新的理念，比如亚太命运共同体、亚太互联互通等，也积极推动本地区原有理念的落实，如亚太自贸区，以包容、可持续发展为核心的新型发展观，等等。可以毫不夸张地说，中国在亚太经合组织里的角色有了华丽转身，是亚太经合组织进程的积极参与者，未来方向的积极探索者，正在以更加积极的姿态提升自身话语权与发挥影响力。

（四）中国为推动亚太经济合作作出了自己的贡献

中国积极倡导开放的地区主义，支持亚太经合组织合作的宗旨和原则，推进区域经济一体化。中国积极倡导相互尊重、平等互利、自主自愿、协商一致的"APEC方式"，推动贸易投资自由化和经济技术合作两个轮子一起转，促进亚太经合组织不同发展阶段成员共同推进区域经济合作。

2001年，中国在上海举办了亚太经合组织第九次领导人非正式会议，会议达成了旨在推动实现"茂物目标"的"上海共识"，为亚太经合组织确立了一个面向21世纪的政策框架，为推动亚太区域合作迈出坚实步伐，增强各成员应对亚洲金融危机挑战、恢复全球经济增长的信心和决心，为21世纪亚太区域合作开辟了道路。

2014年，中国在北京成功举办了亚太经合组织第二十二次领导人非正式会议，会议通过了《北京纲领：构建融合、创新、互联的亚太——APEC领导人宣言》《共建面向未来的亚太伙伴关系——APEC成立25周年声明》，启动了建设亚太自贸区进程，指明了创新改革增长路径，制定了亚太互联互通蓝图，为亚太经合组织注入了巨大活力。

中国积极参与亚太经合组织各领域的合作。推动世贸组织《贸易便利化协定》在亚太经合组织成员中落地，不断提升贸易投资自由化便利化水平。在亚太经合组织框架内，中国倡议制定《走向21世纪的科技产业合作议程》，牵头提出《APEC促进全球价值链发展合作战略蓝图》《促进互联网经济合作倡议》《亚太经合组织推动实现亚太自由贸易区北京路线图》等一系列倡议和战略规划，为亚太经合组织发展注入了源头活水，为亚太合作作出了重大贡献。

中国以自身对外开放带动亚太地区整体开放，又以推动地区经济一体化为建设人类命运共同体提供了助力。

三、对亚太经济合作的展望

当前百年未有之大变局与新冠肺炎疫情交织叠加，全球与地区环境空前复杂，亚太经合组织"亚太共同体"建设注定是一条曲折复杂之路。展望20世纪20年代，在推动亚太地区合作、维护亚太地区和平稳定与发展、促进亚太地区的经济增长与繁荣等方面，亚太经合组织这个地区经济合作的主要舞台仍然大有可为。

（一）空前复杂的亚太合作形势

我国所在的亚太地区，正是"百年未有之大变局"的核心区域。当前亚太经济合作面临的百年变局包括如下几个方面。

第一，抗疫及恢复经济。当前，全球新冠肺炎疫情跌宕起伏，病毒不断变异，多国单日新增病例屡创新高。疫情防控形势依然严峻，保护人民健康、实现经济复苏任务艰巨。如何发挥亚太经合组织的集体力量联合抗疫，减轻疫情对民生的影响、加快经济复苏的步伐，对亚太经合组织来说是一个重大的考验。

第二，大国间博弈仍在加剧。从趋势角度看，中美两国的博弈势头将持续，仍是今后一段时间内影响国际关系的重要因素，对亚太经合组织合作也会造成复杂影响。在地区合作层面，美国推出"印太战略"，试图另搞一套，将中国排除在外，将会削弱亚太合作。

第三，区域合作的路径之争日趋复杂。当前，逆全球化和逆区域化、单边主义趋势仍在持续，亚太区域合作中贸易投资自由化便利化、经济技术合作"两个轮子"都遇到障碍，全球化与地区合作进入低潮期，使世界面临"两套标准、两套产品、两套市场"的风险。如何在全球化和区域化的低潮期，应对科技革命和第四次工业革命的挑战？这对于传统上专注于贸易投资自由化便利化的亚太经合组织来说，本身就是巨大的挑战。

第四，区域合作机制的并存与竞争。亚太地区数量众多的区域、次区域和双边自由贸易协定（FTA）并存，由于亚太地区经济体在经济发展上存在较大差异，众多自由贸易协定在规则和标准上也存在较大差异，在成员组成上也存在交叉或重合，从而产生"意大利面碗"现象。近年来，美国退出跨太平洋伙伴关系协议，推出"印太经济框架"，企图构建封闭排外的贸易集团，给亚太经济合作形势带来不确定性和复杂因素。

（二）亚太经合组织与亚太经济合作的前景

当前空前复杂的全球与地区环境，让亚太经合组织的"亚太共同体"建设蒙上阴影。但"阳光总在风雨后"，全球化与区域化终将回归，合作仍是主流，"脱钩论"不可能成立。

首先，携手抗击疫情，恢复经济。

疫情再次证明，我们生活在一个地球村，各国休戚相关、命运与共。在新冠肺炎疫情仍在肆虐的情况下，如何发挥亚太经合组织的集体力量，联合抗疫，减轻疫情对民生的影响，加快经济复苏的步伐？这对亚太经合组织来说是既是考验，也是机遇。

2021年7月，亚太经合组织召开领导人非正式会议，重点商讨应对新冠肺炎疫情及其经济影响等问题，并发表联合声明，呼吁克服疫情影响，加速经济复苏。11月举行的亚太经合组织第二十八次领导人非正式会议通过了《2021年亚太经合组织领导人宣言》，表示将继续致力于公平分配疫苗，扩大疫苗生产供应；支持就新冠肺炎疫情开展更深入的区域和国际合作；重申将团结合作应对疫情，确保本地区以更加创新、包容和可持续方式恢复增长。亚太经合组织为抗击疫情所做出的努力为亚太地区合作抗疫提振了信心。

自新冠肺炎疫情暴发以来，虽然亚太经济经历了严重衰退，但由于前所未有的政策支持及部分经济体出色的疫苗创新和生产能力，地区经济将出现强势复苏。

其次，继续发挥亚太地区稳定器的作用。

在国际形势和国际关系充满不确定性的情况下，亚太经合组织倡导的亚太合作精神更是具有特殊的意义。亚太经合组织这种跨太平洋合作机制，在调解地区国家关系方面可以发挥独特的作用，能有益地推动双边和多边关系，从而稳定地区形势，推动区域的发展。过往，亚太经合组织成员因应形势，克服挑战，携手扛住了两次金融危机的狂风骤雨，经受了时代变迁的考验。相信各成员经济体能携手应对挑战，全球化与区域化一体化将在亚太地区继续前行，合作仍是主流。

最后，构建"亚太共同体"。

从2021年开始，亚太经合组织进程的核心就是落实"布特拉加亚愿景"，建设"亚太共同体"。这是当前各成员关心的共同话题。从"布特拉加亚愿景"的三条路径和亚太经合组织当前的合作领域来看，"亚太共同体"建设至少应该包含自由贸易、互联互通、数字经济、包容发展等方面的内容。

2021年的亚太经合组织领导人非正式会议正式通过了《奥特奥罗亚行动计划》，明确了各成员经济体和集体要采取的行动，以及对行动进展进行评估的方式，为实现"布特拉加亚愿景"，构建"亚太共同体"提供了行动指南。

四、结　语

一个稳定和繁荣的亚太地区，为我们过去40多年的改革开放提供了保障。而今后，我们深化改革开放，完成建设现代国家的重任，完成中华民族的伟大复兴的历史使命，依然需要一个和平、合作、和谐的亚太地区。

我们纪念加入亚太经合组织30周年，其意义在于要以习近平外交思想为指引，一方面在更高起点上推进改革开放，另一方面继续高度重视亚太经合组织的作用，支持亚太经合组织的发展，始终不渝扎根亚太、建设亚太、造福亚太。

上海精神　价值永恒

——回望上海合作组织20年

姚培生

【内容提要】2021年是上海合作组织成立20周年。习近平主席以视频方式出席上海合作组织成员国元首理事会第二十一次会议并发表重要讲话。会议既总结了上海合作组织20年来取得的成果，又对今后的工作提出了规划。会议再次肯定"上海精神"具有独特价值，是凝聚上合的灵魂；上海合作组织为维护中亚地区和平稳定作出了特殊贡献，是有效打击"三股势力"的国际合作平台；元首理事会重申"中亚是上合组织的核心区"有重要意义；上海合作组织家庭志同道合，没有内耗；行进目标明晰，发展前景广阔。

【关键词】上海合作组织；上海精神；中亚；"一带一路"；反恐

【作者简介】中国国际问题研究基金会研究员。

2021年是上海合作组织（以下简称"上合组织"）成立20周年，是值得纪念的年份。9月16—17日，上海合作组织元首理事会第二十一次会议在塔吉克斯坦首都杜尚别举行。9月17

日，中国国家主席习近平在北京以视频方式出席上合成员国元首理事会第二十一次会议并发表主旨讲话。[①] 成员国领导人签署的《上海合作组织二十周年杜尚别宣言》（以下简称《杜尚别宣言》），在肯定该组织二十年来成就的同时，发布了未来的规划、目标和具体任务。这是一份非常重要的文件。此次会议有承前启后的特殊意义。习近平主席在讲话中高度评价"上海精神"和上合组织20年中取得的合作成果，明确肯定上合组织的20年是"蓬勃发展、成员国互利合作硕果累累的20年"。他用"共促政治互信""共护安全稳定""共谋繁荣发展""共担国际道义"总结了上合的成就，高度评价上合"为构建新型国际关系和人类命运共同体作出重要理论和实践探索"。此次会议还启动了接收伊朗为成员国的程序，并吸收沙特、埃及、卡塔尔为新的对话伙伴，引起国际舆论极大关注。不容置疑，上合已进入新时代，朝着更加紧密的命运共同体迈进。回顾上合20年历程，人们可以看到这个政府间国际组织缘何与众不同，独具特色。

一、"上海精神"的生成和其独具的价值

"互信、互利、平等、协商、尊重多样文明、谋求共同发展"，这20个字是对"上海精神"准确而全面的表述，这一精神是该组织超越冷战思维而独创的理念，是凝聚成员国的核心

----

① 《习近平出席上海合作组织成员国元首理事会第二十一次会议并发表重要讲话》，中国政府网，2021年9月17日，http://www.gov.cn/xinwen/2021-09/17/content_5638072.htm，访问日期：2022年8月12日。

价值，是保证组织不迷失方向的指针。在霸权国家依然为所欲为、冷战思维顽固不化的当今，"上海精神"弥足珍贵，更加彰显了顺应时代潮流、构建人类命运共同体的独特价值。当然，"上海精神"也不是一天内形成的，有其历史进程。上合组织的前身是"上海五国"，而五国机制是在苏联解体后形成的，此前是中国和苏联为裁减边境地区军事力量和在边境地区建立信任措施而设立的双边谈判机制。苏联解体后，原本的中苏边界线遂转变为中国与俄罗斯、哈萨克斯坦、吉尔吉斯斯坦、塔吉克斯坦四国接壤的边界线，于是双边机制从1992年起转变为中国一方与俄、哈、吉、塔四国组成一方的谈判机制，"上海五国"机制就是这样形成的。（这个机制并不承担讨论边界线走向问题的任务，这一任务由另一套谈判机制承担——作者注）不难想象，当年裁减边境地区的兵力和军事装备也属非常敏感的问题，但五国以发展睦邻关系为重，尊重历史经纬，依据互谅互让原则，通过坦诚友好磋商，用了不到5年时间就在所有重大问题上达成一致。1996年和1997年，中国一方与俄、哈、吉、塔四国为一方，先后签署了《关于在边境地区加强军事领域信任的协定》和《关于在边境地区相互裁减军事力量的协定》。① 这两份协定是亚洲地区首次涉及军事问题的两个重要文件，引起国际舆论广泛关注。之后，上海五国开始探讨成员之间政治、安全、经济、文化等多领域的合作问题。在此过程中，共同语言不断增加，相互信任不断加深。正如2001年6月15日《"上海合作组织"成立宣言》中所指出的，"'上海五国'

① 《关于在边境地区加强军事领域信任和相互裁减军事力量的〈上海协定〉和〈莫斯科协定〉签署20周年纪念》，人民网，2017年4月24日，http://world.people.com.cn/n1/2017/0424/c1002-29231574.html，访问日期：2022年8月11日。

进程中形成的以'互信、互利、平等、协商、尊重多样文明、谋求共同发展'为基本内容的'上海精神'，是本地区国家几年来合作中积累的宝贵财富，应继续发扬光大，使之成为新世纪'上海合作组织'成员国之间相互关系的准则"。① 如此，20世纪60年代中苏边境地区曾经发生过的不和甚至对峙气氛，遂被互信合作、友好相处的气氛所取代。这一根本性变化已被写入史册。历史证明，"上海精神"在国际关系中是一种全新的理念。新在何处？新在这一精神完全超越冷战思维，新在顺应世界多极化的历史潮流。上合开创了以平等、协商为核心的新合作观，以共同安全、综合安全和可持续安全为主要内容的新安全观和以多元包容为特征的新文明观。"上海精神"既是上合组织生存的灵魂，同时又是一切行动的准绳。在上合组织里，所有成员国的地位是平等的，解决问题的方式是民主协商，追求的是共同利益。上合大家庭的凝聚力正是源于"上海精神"。

二、上合为地区乃至全球安全稳定作出了特殊贡献

（一）中亚地区的和平和稳定应归功于上合

安全合作是上合成立时确定的主要目标。上合组织在其成立宣言中就指出，"'上海合作组织'各成员国将严格遵循《联合国宪章》的宗旨与原则"，"共同致力于维护和保障地区的和

① 《"上海合作组织"成立宣言》，外交部，https://www.mfa.gov.cn/web/gjhdq_676201/gjhdqzz_681964/lhg_683094/zywj_683106/200203/t20020320_9388571.shtml，访问日期：2022年8月12日。

平、安全与稳定"。① 上合组织在成立当天即签署了《打击恐怖主义、分裂主义和极端主义上海公约》。② 这是国际上首个明确把反恐作为目标任务的国际性合作文件。在国际社会联合反恐前，上合组织能制定出如此重要的文件，显示了该组织当时的历史站位和远见。众所周知，苏联解体后，国际形势并未变得温和可控，相反美国利用单极优势，操纵并依托北约，称霸扩张行动有增无减。美国北约连续发动战争和制造地区冲突，使国际秩序发生严重混乱，对世界和地区安全稳定造成重大威胁。连美国前总统卡特都承认美国是世界上最好战的国家。人们不会忘记，当年美国、北约和联邦德国领导人曾许诺戈尔巴乔夫，华约解散后北约不会东扩。但后来的事态发展证明，北约不但无收敛之意，反而加快步伐东扩。尤其是美国联军在2001年和2003年先后发动阿富汗战争和伊拉克战争之后，中东地区混乱加剧，中亚地区成为恐怖分子渗透目标地。在美国占领阿富汗的20年间，阿不但没有被改造成所谓的民主国家，反而变为各种恐怖势力、极端主义、毒品和武器走私等破坏性势力的聚集繁殖地。但是，由于上合组织和集体安全条约组织这两垛护墙发挥了阻隔作用，恐怖势力和极端势力向中亚大规模外溢的企图未能得逞。在2021年9月17日上合成员国元首理事会第二十一次会议期间，上合组织和集安组织成员国领导人还首次举行联合峰会讨论阿富汗问题。习近平主席提出了解决问

① 《"上海合作组织"成立宣言》，外交部，https://www.mfa.gov.cn/web/gjhdq_676201/gjhdqzz_681964/lhg_683094/zywj_683106/200203/t20020320_9388571.shtml，访问日期：2022年8月12日。

② 《打击恐怖主义、分裂主义和极端主义上海公约》，外交部，http://treaty.mfa.gov.cn/web/detail2.jsp?objid=1531875928119，访问日期：2022年8月12日。

题的三点建议：支持阿国内各方通过对话协商早日达成包容性政治安排，同阿开展接触对话，及时向阿提供人道主义和抗疫支持。俄总统普京表示，美国和北约在阿存在多年，对阿造成沉重后果，应当承担这个国家基础建设的主要支出。作为上合轮值主席国，塔吉克斯坦总统拉赫蒙还提议围绕阿富汗建立一条可靠的安全带，以防止恐怖组织扩张到上合组织和集安组织所在地区。

（二）反恐组织和功能得到进一步加强

在杜尚别峰会上，为更加有效应对安全挑战和威胁，上合成员国倡议增设新机制，包括在杜尚别设立单独常设机构——上合组织禁毒中心（塔吉克斯坦）；将塔什干上合组织地区反恐怖机构升级为上合组织应对安全威胁和挑战综合中心（俄罗斯联邦）；在上合组织地区反恐怖机构基础上设立上合组织信息安全中心（哈萨克斯坦共和国）；在上合组织地区反恐怖机构基础上，在比什凯克设立上合组织打击跨国有组织犯罪中心。人们从这些新设机制的名称就可看到，上合今后反恐的目标任务更加明确，机构将更加专业化，效能会得到新的加强。这是一张具有防打双重功能的安全网，覆盖上合的关键地区。

（三）制定共同安全合作原则，为其他国际组织作出了范例

自2001年制定反对"三股势力"的《上海公约》后，上合组织已制定了10多份专门的安全合作文件，这些文件涉及应对毒品、武器走私、信息安全、成员国间边防合作问题，其中《上海合作组织反恐怖主义公约》《上海合作组织反极端主义公约》两个独立文件既是对2001年《上海公约》原则的重申，同

时也是履行公约原则的具体化。这些开放性的国际多边法律文件都与地区安全直接相关，充分展示了上合成员国在维护地区安全问题上的使命担当和追求安全利益的共享性。可以说，在其他国际性组织中尚未见到内容如此丰富、原则如此明了的安全合作文件。

（四）上合反恐具体成果显著

上合内部设立的地区反恐怖机构是地区安全体系的有效组成部分，自2014年成立以来为推动上合成员国共同打击"三股势力"作出了重要贡献。上合组织成员国通过努力，利用各种机制和手段预防并制止了区域内一系列的恐怖主义犯罪活动，摧毁多个武装分子培训基地，抓获国际恐怖组织成员多名，缴获大量爆炸物装置、枪支和弹药，屏蔽大量宣扬恐怖主义和极端主义的网站和相关信息。仅在2020年，成员国主管机关就捣毁了50余个恐怖团伙，阻止40余起恐怖袭击。这是上合组织对国际反恐斗争的重大贡献。反观美国和北约，它们不是把主要力量用于维护地区和平和稳定，而是在全球扩展势力范围，挤压俄罗斯安全空间，频繁发动战争，对反恐实行双重标准，制造人道主义灾难，散布谎言谣言，唯恐天下太平。

三、中亚依然是上合组织核心区

杜尚别峰会启动上合组织第二轮扩员进程的同时，还向国际社会重申：中亚依然是上合组织核心区。这一信息也引起了舆论的关注。这是因为，无论从哪个角度审视和评估，中亚始终是上合组织经营的中心区。

（一）定位中亚依然是上合组织核心利于地区的长期安全稳定

中亚地区地域辽阔，战略地位的重要性对中亚国家本身，对中国、俄罗斯和其他环中亚国家都是显而易见的。人们都记得，中亚国家刚获得独立时，原苏联境内外的民族分裂势力和极端势力就向中亚方向聚集，与中亚国家相邻的阿富汗逐渐成为他们生存的温床，而上合组织中的3个中亚国家又与阿富汗直接接壤。现在美国联军虽然已撤离阿富汗，但地区安全形势依然有不确定性，阿富汗国内能否维持真正稳定仍是问号。2020年11月，美国当局还把联合国认定的恐怖组织"东伊运"从黑名单上除去，其用心昭然若揭，已引起上合组织成员国尤其是中国的高度警惕。事实证明，阿富汗问题已不是阿一国的问题，而是关系到中亚整个地区安全走向的重大问题。习近平主席在2021年杜尚别峰会上重申，在尊重阿独立主权领土完整前提下，在协助贯彻"阿人治阿，阿人所有"基本原则过程中，上合组织与集安组织可在中亚发挥独特优势和各自影响。

（二）中亚地区是陆上丝绸之路的关键地区

自从"一带一路"倡议实施以来，中亚地区的地缘优势日益显现，无其他地区可替代。自新冠肺炎疫情发生后，中国与欧洲往来的货物50%以上要经过中亚国家。陆上沿线国家，尤其是东欧、西欧国家，大量采购中国的抗疫物资、医疗卫生设备和生活日用品，中欧货运班列发挥了独特作用，被形象地赞誉为"救命班列"。肯定地说，没有这条贯通亚欧大陆的经济动脉，会有更多的境外民众受灾和罹难。这条动脉为地区设施联通树立了标杆。

（三）中亚将是亚欧大陆上未来的经济驿站

受到苏联解体冲击和自然条件的制约，中亚地区的社会经济发展还有待时日。目前，除了哈萨克斯坦，其他4国还处于现代化的起步阶段。而中亚的发展振兴也将辐射到西亚、南亚地区，利于亚欧大陆的整体发展。因此，中国将通过双边和上合组织平台，一如既往，为中亚的发展提供力所能及的帮助。习近平主席在杜尚别元首理事会上强调，上合应走"开放融通之路……发挥山水相邻、利益交融的独特优势，坚持开放合作导向，相互成就发展振兴的美好愿望"，"推动共建'一带一路'倡议同各国发展战略及欧亚经济联盟等区域合作倡议深入对接……促进各国经济融合、发展联动、成果共享"。就此，习近平主席还公布了中国拟向上合提供的援助或资助的具体项目。自然，这些项目的实施对象主要是中亚国家。

四、上合组织具备发展的势和利

上合组织成立之初，美国西方并未看好该组织的发展前景，甚至唱衰和质疑该组织的持续力。然而，20多年来，上合组织在"上海精神"的指引下，在不长时期内已将本组织建设成为有鲜明特色的跨地区国际组织，成为多极世界中一个有独立政治影响力的中心。上合组织的目标是向紧密的命运共同体迈进。在2018年6月青岛举行的上合峰会上，习近平主席就提出要在"上海精神"指引下，齐心协力构建上海合作组织命运共同体。① 在杜尚别峰会上，习近平主席又提到要将上合建成更加紧密的命运共同体。中方对此提出的方案大致是：通过双边或多边友好合作，进一步增强成员国间的互信；采用一切可能手段和潜力，旨在达到地区安全稳定的目标；不断丰富务实和人文领域的合作，拉近成员国内部民众的距离；通过传统和现代手段，积极建立与联合国和其他地区、国际组织的伙伴网，进一步扩大上合组织在全球的影响力。我们认为，达到上述目标的势和利在上合组织一边。

（一）上合组织扩员是组织成熟的标志

杜尚别峰会启动上合组织第二次扩员程序进一步提升了组织的国际形象，是成熟的标志，尤其在当前特别复杂的国际形势下，证明世界上越来越多国家对上合组织表现出浓厚兴趣。扩员过程不是一般的机械过程，需要经历一个复杂的程序。但申请国加入的过程，是政治理念和法律上不断融合组织要求的过程。以伊朗为例，它2005年就获得上合组织观察员国地位，2008年正式向上合组织提出加入申请。2015年联合国安理会最终通过了伊朗核协议，该国从而消除了加入上合组织的限制条件（上合组织宪章规定，受联合国制裁的国家不能成为上合组织正式成员国——作者注）。由此可见，上合组织对扩员问题非常谨慎，要求严格，从未为了扩员而扩员。启动扩员程序后，伊朗成为上合组织正式成员国指日可待。伊朗是地区大国，且一直担当上合组织天然伙伴的角色，在解决地区冲突中

① 《弘扬"上海精神" 构建命运共同体——在上海合作组织成员国元首理事会第十八次会议上的讲话》，中共中央党校，2018年6月11日，https://www.ccps.gov.cn/xxsxk/zyls/201812/t20181216_125696.shtml，访问日期：2022年8月12日。

发挥着不可或缺的作用，它一贯支持各国共同打击恐怖主义和毒品犯罪。这对上合组织至关重要。

（二）上合组织没有内斗内耗

有些学者常渲染或夸大上合组织内部的分歧或不同意见，想象所谓中俄"争夺"上合组织的经济主导权或政治主导权，西方有些人早期甚至还预言中俄在上合组织中如"二虎相争"，他们当然希望出现这种局面。这里需要指出，中俄和中亚4国（哈、吉、塔、乌）都是上合组织的创始国，地位是平等的，拥有同样的发言权。诚然，在解决具体问题过程中，每一个成员国都有权代表本国提出自己的建议或方案，有差别或不同看法是很正常的，比如在扩员问题上。但20年多来，成员国始终坚持通过平等协商方式解决问题，就一系列重大问题达成了共识，这恰恰是上合组织解决问题的"钥匙"，这把"钥匙"是成员国共同打造的。中俄两国间牢固的新时代全面战略协作伙伴关系，这不仅体现在双边合作框架内，同时也体现在多边合作框架内。如果中俄两大国在上合组织中搞内斗或争夺，该组织不可能有效运作20多年，早就四分五裂了。可见，"争夺"论是伪命题。

（三）经济等务实领域的合作潜能巨大

与政治安全领域合作成果相比，上合组织在务实领域的合作成果目前还没有达到期望的水平，这是事实。但这并不是成员国不作为造成的，而是由历史因素和各种内外制约复杂因素造成的。历史因素就是苏联解体重创了中亚各国经济，包括俄罗斯经济，后果至今未消除。外部因素是美国欧盟长时间对俄罗斯实施经济制裁，直接间接地影响了中亚国家的发展。还有，20世纪的亚洲金融危机和21世纪的美国次贷危机，使上合组织所有成员国尤其是中亚国家，都蒙受了重大损失。目前除哈萨克斯坦外，乌兹别克斯坦、吉尔吉斯斯坦和塔吉克斯坦三国经济都未恢复到预期水平。有人在经济上将上合组织与欧盟相比，这是不恰当的，欧盟的前身都是资本充足的发达国家，两者完全不在同起跑线上。但在今天，上合组织具备不断发展的势和利：势就是已经形成的全球化，利就是上合组织本身的运营机制在不断完善。随着成员国间政策和法规对接加快，基础设施联通水平不断提高，上合组织地区内务实合作的潜能必将得到发挥。上合组织领导人签署的杜尚别宣言，还首次就经济领域12个重大方面的合作达成重要共识，足见各方提振经济的决心。习近平主席在杜尚别峰会上表示，中方愿继续分享市场机遇，力争未来5年同本组织国家累计贸易额实现2.3万亿美元目标，优化贸易结构，改善贸易平衡。目前，上合组织成员国加上观察员国的总人口接近35亿，而成员国2020年的国内生产总值已超过19万亿美元。因此，有充分理由相信，地域如此广阔、体量如此庞大的组织，终将成为全球最强的经济动力源。

五、结语

20年前成立的上海合作组织，成长历程引人注目。不同社会制度、不同意识形态、不同宗教信仰、不同幅员体量、不同发展道路的国家，能够坐在一张圆桌旁，通过平等协商方式探讨和解决政治、安全、经济、文化等各个领域的合作问题，为其他国际组织做出了示范。上合组织20多年的历史是一笔极为宝贵的财富，新的征程已经开启。正如习近平主席在杜尚别峰会上所说："今天，上海合作组织已经站在新的历史起点上。我们应该高举'上海精神'旗帜，在国际关系民主化历史潮流中把握前进方向，在人类共同发展宏大格局中推进自身发展，构建更加紧密的上海合作组织命运共同体，为世界持久和平和共同繁荣作出更大贡献。"